Barbara Langmaack
Soziale Kompetenz

Barbara Langmaack

Soziale Kompetenz

Verhalten steuert den Erfolg

www.beltz.de

© 2004 Beltz Verlag · Weinheim und Basel
Umschlaggestaltung: Federico Luci, Odenthal
Umschlagillustration: Picture Press, Hamburg
Satz: WMTP, Birkenau
Druck und Bindung: Druckhaus Beltz, Hemsbach
Printed in Germany

ISBN 3 407 85783 7

Inhalt

Teil 2

(1.) Vergangenheit ist lebendig – Die Szene bereinigen
(2.) Was soll ich glauben? Auf doppelte Botschaften
reagieren (3.) »Sprich nicht über den anderen, sprich mit

ihm!« Interpretationen vermeiden (4.) Achtung! Respekt wahren (5.) Das habe ich gleich geahnt! Intuition nutzen (6.) Die Leiche im Keller – Vermeidungen aufdecken (7.) Wieso – weshalb – warum? Kritisch denken – kritisch fragen (8.) Bleib mir vom Leibe! Distanz und Nähe gestalten (9.) ... denn alle Schuld rächt sich beizeiten – Sich entschuldigen – Entschuldigung annehmen (10.) »Den mag ich nicht« – Sympathie und Antipathie hinterfragen (11.) Gehen in den Schuhen des anderen – Empathie entwickeln (12.) Gibt es mich denn viermal? Feedback geben und nehmen (13.) »Wenn ich könnte, wie ich wollte!« Verzichtleistungen erbringen (14.) Verlass Dich drauf! Verbindlichkeiten einhalten

Teil 3

Vorwort

Soziale Kompetenz ist nicht immer gleich soziale Kompetenz, davon möchte ich in diesem Buch überzeugen. Über eine begrenzte Generalisierbarkeit hinaus ist ihr Einsatz als Schlüsselqualifikation von der Auswahl ihrer Einzelelemente und von den unterschiedlichsten Voraussetzungen abhängig. Eine ihrer Grundvoraussetzungen ist sicherlich immer die Persönlichkeitsstruktur der Menschen, die in Interaktion treten wollen oder müssen. Aber nicht nur hier stoßen Unterschiede in Wahrnehmung und Verhalten aufeinander, sondern darüber hinaus veranlassen verschiedene Kulturen, verschiedene Erziehungsstile, unterschiedliche ethische Bewertungen von zwischenmenschlichem Geschehen sowie auch unterschiedliche körperliche Verfassung unterschiedliches Handeln.

Eine weitere wichtige Voraussetzung ist die jeweilige Situation, in der soziale Kommunikation stattfinden soll. So stellt die Abteilung einer Firma eine andere Situation dar als ein Team. Eine Familie wiederum ist keine Zweierbeziehung, und eine Schulklasse gleicht als Situation schon gar nicht einem Freundeskreis. Jede der Situationen erlaubt, verbietet oder erfordert eine bestimmte Art und Weise des zwischenmenschlichen Umgangs und benötigt dazu ein Bündel ausgewählter sozialer Qualitäten. Manche Situationen lassen es von vornherein zu, eine Interaktion auf der persönlichen Ebene intensiv zu gestalten, andere, besonders hierarchische, bieten dazu wenig Gestaltungsmöglichkeiten. Soll hier zwischen den Personen persönliche Nähe und damit Vertrauen Raum greifen, so müsste der Einsatz von sozialer Kompetenz, wie z. B. Empathie, das Vermeiden von Interpretationen oder das Ansprechen von Konfliktherden dieses bewirken. Bis dahin ist oft ein weiter Weg.

Jeder Mensch hat im Laufe seiner Sozialisation viele Konstellationen zwischen sich und anderen kennen gelernt. Manche davon sind ihm vertraut geworden, andere haben ihn schon immer überfordert. Darüber hinaus wird er in jedem Lebensalter mit neuen Situationen konfrontiert, in die er sich erst hineintasten muss und für die er neue oder andere Kompetenzen lernen oder mobilisieren muss. Bislang gut einsetzbare soziale Qualitäten werden nicht mehr gebraucht, andere erstmalig angefragt. Ein Beispiel hierfür ist der Aufstieg auf der Karriereleiter oder ein Wechsel im Familienstand. Von einer Mutter, einem Vater werden andere soziale Kompetenzen abgefordert als von einer Partnerin, einem Partner.

Weiterhin ist soziale Kompetenz über die Bindung an Person und Situation hinaus immer nur eine Teilmenge von Handlungskompetenz im umfassenden Sinn. Diese wird durch Fach- und Sachwissen, durch strategisches Können und soziale Kompetenz erst gemeinsam zu einer Schlüsselqualifikation, die zugleich Sachkenntnis und Umgangsstil aufschließen kann.

Soziale Kompetenz entzieht sich darüber hinaus weitgehend dem Prinzip der kognitiven Erlernbarkeit. Sie bildet sich eher zweckfrei mit der Entwicklung des Menschen selbst und auch nur so, nämlich zweckfrei, kann sie weitergebildet werden, obwohl sie überwiegend zweckgebunden im Alltag des Geschehens zu finden ist.

Auf dem Hintergrund der Tatsache, dass soziale Kompetenz einen Vertrauensvorschuss braucht, damit sie sich überhaupt entfalten kann, und mit dem Hinweis auf eine weitgehende Zweckfreiheit während des Lernens sollten die Texte dieses Buches gelesen werden. Die spätere Zweckgebundenheit sozialer Kompetenzen wird davon profitieren.

Ich bin sicher, dass der Leser wenig akademisches Interesse am Thema hat. Eher wird ihn individuelles und praktisch umsetzbares Interesse an Titel und Inhalt zum Lesen veranlassen. Ich erhoffe mir, dass dieses Buch von Menschen gelesen wird, die besser verstehen wollen, was soziale Kompetenz zu einer Schlüsselqualifikation im Umgang miteinander macht. Ich erhoffe mir

Leserinnen und Leser, die den Schlüssel suchen, der Menschen aufschließt, damit sie über Fähigkeiten, Kenntnisse und Informationen hinaus tragfähige Brücken von Mensch zu Mensch bauen können. Persönliches Können und soziale Verhaltensweisen sind solche Schlüssel, um sich bei der Arbeit, beim Lernen und besonders bei konflikthaften Situationen nicht aus der Menschlichkeit zurückziehen.

In den Texten wird für diese Art des Zugangs ein Bild von sozialer Kompetenz skizziert, welches aus beruflichen und persönlichen Erfahrungen, verbunden mit theoretischem Wissen, entstanden ist.

In einigen Zwischenstopps werden Geschichten erzählt, die aus unserem heutigen Alltag stammen und solche, die längst in Literatur und Schauspiel Bekanntheit erlangt haben, aber im Zusammenhang mit dem Thema neue Aktualität bekommen.

Auch sind solche Themen zu finden, die für den einen oder anderen Leser vom Inhalt her vertraute Pfade darstellen. Ich selbst gehe gern vertraute, mir schon bekannte Wege, auch im Gelände der Fachliteratur. Es kann ja nicht schaden, Bekanntes wiederzufinden, es neu zu sehen, anders zuzuordnen, andere Fragen zu stellen.

Für andere wird die Konfrontation mit bestimmten Theorien neu sein. Für diese Leser sollen vor allem die Informationen zur Persönlichkeitsstruktur, zur Theorie der innerpsychischen Dynamik, zu Angst und Abwehr eine Art Anstoßlektüre darstellen, die zu ausführlicher Information in anderen Werken animiert.

Es fügte sich gut, dass ich drei Co-Autoren fand, deren Beiträge ganz unabhängig voneinander wie aufeinander abgestimmt das Lernen von sozialen Kompetenzen in drei Lebensphasen darstellen: Schule – Ausbildung – Fortbildung.

Darüber hinaus möchte ich meinen langjährigen Kollegen und Co-Autor bei anderen Veröffentlichungen Michael Braune-Krickau erwähnen, aus dessen Feder einige Texte stammen, die während der gemeinsamen Arbeiten in Seminaren und an Fachliteratur entstanden und die eingeflossen sind, so dass es an mehreren Stellen fast einer gemeinsamen Handschrift gleicht.

Der Leser kann in den Texten wie in einem Garten umhergehen, mal hier, mal da lesend, die Gedankengänge und Hinweise miteinander verknüpfend, um auf diesen Wegen zu erfahren, was im Einzelnen zu sozialer Kompetenz gehört und wie man sie erlernen und anwenden kann.

Allerdings ist es auch möglich, den im Inhaltsverzeichnis geschilderten Weg zu gehen und die Texte der Reihe nach zu lesen. Von dieser Art des Vorgehens erhoffe ich mir am ehesten eine Kommunikation zwischen Autorin, Buch und Lesendem.

Barbara Langmaack
Hamburg, im März 2004

Teil 1

1 Einstieg: Soziale Kompetenz aus vernetzter Perspektive verstehen

Kompetenz, lat. = Zuständigkeit

Seit geraumer Zeit wird soziale Kompetenz als Schlüsselqualifikation verstärkt gefordert und gefördert. Neben fachlichem Können und Wissens- und Informationsvermittlung wird sie mehr und mehr zuständig für die Mitarbeiterauswahl und auch bei deren Qualifizierung an vordere Stelle gesetzt. Sie soll beruflichen und privaten Alltag erfolgreich mitgestalten und vermehrt der Effizienz dienen.

In den Programmen der Bildungsangebote – speziell auch in denen, die mit Führung zu tun haben und sich damit an Wirtschaft und Dienstleistung wenden – findet man zunehmend mehr »Soziale Kompetenz« als neue Zielformel. Meist wird nur in Stichworten informiert: Situationsgerechtes Auftreten, Rhetorik, Teamfähigkeit. Hierzu ist schnell einmal zugestimmt, ehe darüber nachgedacht wird, welche Fähigkeit im Detail hinter den Sammelbegriffen gefordert wird.

»Fachwissen allein reicht nicht mehr« ist ein viel gehörter Ruf. Aber Fachwissen hat noch nie gereicht! Immer schon entschied die Qualität des Umgangs miteinander, ob auf der fachlichen Ebene die Erwartungen und Ziele erreicht wurden.

Selbst Ingenieure und Verwaltungsangestellte, die zumeist eindeutig formulierte Ziele anstreben, durften noch nie ausschließlich am Funktionieren und am Resultat interessiert sein. Auch sie mussten sich immer schon die dritte Dimension, die der sozialen Kompetenz, zu eigen machen, um handlungsfähig zu sein.

Was mich veranlasst hat, das Thema aus meiner Sicht auf-
zugreifen, waren vielfältige Begegnungen, hauptsächlich mit
Menschen in den unterschiedlichsten Berufssituationen, in
Lern- und Arbeitsgruppen, in Zweier-Situationen, bei Veränderung der Firmenstrategie und der Arbeitsplätze, und nicht zuletzt in Konfliktsituationen.

Weiterhin ist es meine Beobachtung, dass die Aussagen darüber, was soziale Kompetenz genau beinhaltet, stark voneinander
abweichen. Damit wurde mir deutlich, dass soziale Kompetenz
kein einmal festzulegender Begriff mit einem klar definierten
Inhalt ist, sondern aus einer Reihe von Bausteinen besteht, die
je nach Anforderung der Situation und der Erwartungen und
Bedürfnisse der Beteiligten neu zusammengestellt werden. Will
man soziale Kompetenz beschreiben, so könnte folgendes Bild
solcher Bausteine zutreffen:

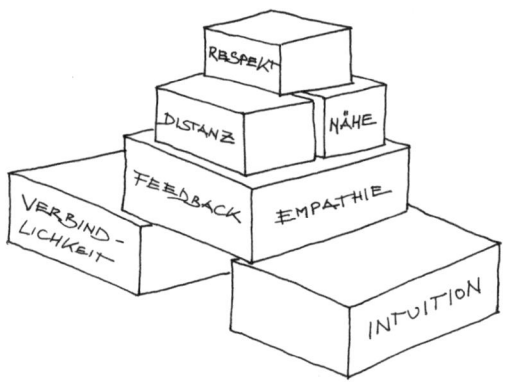

Abb. 1: Bausteine sozialer Kompetenz

Wird situativ eine einzelne soziale Kompetenz abgerufen, so untermauern andere Kompetenzen diese mit. Und erst wenn Kon-
sens darüber entsteht, was soziale Kompetenz in der jeweiligen
Situation bedeutet und in welchem Kontext sie gebraucht wird,
weiß man, worauf man achten muss, was gekonnt, gelernt, geübt werden muss. Nur so sind Absprachen zu gemeinsamem
Verständnis, zum Trainieren, zum Beurteilen und Evaluieren
einverständlich möglich. Und für diesen Bogen vom Verstehen

bis zum Anwenden will dieses Buch theoretisches Verständnis wecken und praktische Hinweise geben. Im Fundus der Literatur, die zu sozialer Kompetenz auf dem Markt ist, finden wir Schriften, die als so genannte Ratgeberliteratur gelten. Aus ihr erfahren wir das Erlernen von Grundfertigkeiten im Umgang miteinander, wie Fragetechniken, Gesprächs- oder Verhandlungsführung. Daneben steht solche Literatur, die sich das Erfassen von sozialen Modellen und das Erstellen von Grundlagen für Kommunikationskonzepte zur Aufgabe gemacht hat oder Schriften, die sich mit analytischen Kategorisierungen befassen.

Ich will versuchen, komplizierte und vielschichtige zwischenmenschliche Interaktionen, die aus sozialer Kompetenz gespeist werden, unkompliziert und zu anregendem Nachvollziehen darzustellen. Die Texte sind für solche Leser gedacht, die sich in ihrem Alltag nicht explizit mit solchen Themen beschäftigen und die doch tagtäglich von den Auswirkungen zwischenmenschlichen Handelns betroffen sind.

Dazu zählen nicht nur Vorgesetzte, Leiter von Projektgruppen oder Teams, sondern generell Personen, die aktiv auf ein Geschehen zwischen Menschen und auf die daran beteiligten Menschen Einfluss nehmen, im Privatleben wie im Berufsleben.

So gesehen kann soziale Kompetenz auch zunächst umschrieben werden als aktive Beziehungsgestaltung

⇨ zu mir selbst
⇨ zu meinen Gegenübern und
⇨ im Netz des Geschehens zwischen uns.

Das bedeutet, sich auf einen komplizierten, aber lebenswichtigen Prozess des gegenseitigen Verstehenwollens und reflektierten Beeinflussens einzulassen, was wiederum nur gelingen kann, wenn wir uns schrittweise durch Handeln und Reflexion eben dieses Handelns einander annähern. Nur wenn in solchem Vorgehen das eigene Handeln und die eigene Sicht der Dinge verstanden und glaubwürdig dargelegt wird und die Sichtweise des

Anderen gehört und akzeptiert wird, kann soziale Kompetenz als Qualität entstehen und fortbestehen.

Ich würde nicht darüber nachdenken und schreiben wollen, wenn ich nicht von der hohen Aktualität überzeugt wäre, sozialer Kompetenz mehr Beachtung zu schenken. Mir ist dabei aber durchaus bewusst, dass hier eine uralte Qualität neu gebündelt wird, in der die ethischen Werte damals wie heute sichtbare Grundpfeiler des Umgangs miteinander darstellen. Ob alte Werte oder neue soziale Qualität, kann hier nicht die Frage sein. Immer schon war es der wirksame Echovorgang von Mensch zu Mensch, der zur Handlung antrieb und zu Motivation verhalf. Immer schon war es das Verhalten, welches den Erfolg steuerte.

Die Thesen und Hypothesen in meinen Texten entsprechen nicht in allem der theoretischen und praktischen Darlegung sowie der Definition von sozialer Kompetenz bei anderen Autoren. Damit möchte ich einen Beitrag leisten, um die aus meiner Sicht oft unbestimmten Aussagen neu zu diskutieren. Eine große Anzahl von Begriffen muss mit umsetzbaren Inhalten gefüllt werden und weitere Differenzierung erfahren, um für die Praxis umsetzbar zu sein.

Die meisten Bausteine sozialer Kompetenzen sind seit alters her bekannt, werden im Alltagsleben gelernt und anerkannt – oder aber einfach vergessen. Hierzu gehören z. B. Respekt voreinander und Toleranz füreinander, Mut und authentische Selbsteinschätzung. Der Auswahl der für mich wichtigen Aspekte sozialer Kompetenz mag eine gewisse Subjektivität anhaften. Sie ist getroffen im Zurückgreifen auf jahrelange Beobachtung, Begleitung und aktive Einmischung in Gruppenprozesse vielfältiger Art, wie sie im Alltag von Firmen, sozialen oder kirchlichen Einrichtungen, in Ausbildungs- und Freizeitgruppen, in Familie und Freundeskreis zu beobachten sind. Wenn es ausdrücklich um soziale Kompetenz geht, sind natürlich Konfliktsituationen und ihre Bewältigung oder Lehr-Lern-Situationen von besonderem Interesse. Beide gelingen oder scheitern auf der Ebene des menschlichen Umgangs.

In oben genannten Situationen wird immer deutlicher, dass die traditionellen Lern- und Erfahrungsorte, wie Elternhaus und Schule, nicht mehr als alleinige Institutionen für soziales Lernen angesehen werden können. Immer häufiger müssen auch gut vorbereitete junge Menschen in Anbetracht der steigenden Ansprüche vonseiten der Wirtschaft soziale Kompetenz weiterentwickeln, zumal die Anforderung an Wissen und Können gleichzeitig emporschnellen. Umso sicherer aber muss ein Fundus an verlässlicher sozialer Kompetenz diesen Anspruch stützen.

Die Beschäftigung mit sozialer Kompetenz kann darum auf keinen Fall bei Fragetechniken oder bei Fertigkeiten zur Gesprächsführung stehen bleiben, sondern wird erst Qualität erlangen, wenn sie sich darüber hinaus mit den Einzelfähigkeiten, die soziale Kompetenz ausmachen, auseinandersetzt.

Es sind immer zwei Schwerpunkte, die über kognitive Fähigkeiten und über methodisches Geschick hinaus Handlungskompetenz ausmachen:

Sach- und Fachthemen	**Psychosoziales Echo**
←	→
– Ein Problem taucht auf	– Vertrautes zurücklassen müssen
– Entwicklung einer neuen Idee	– Trauer
– Konfrontation mit Veränderung, Trennung Produktänderung Einbrüche im Umsatz	– Angst vor Neuem »Werde ich das können?«
	– Sympathie und Antipathie »Werde ich im Team akzeptiert?«
	– Umgang mit Macht und Status
– Formulierung von Zielen	– Besitzstandswahrung »Wer wird entscheiden?«
– Entscheidungen treffen	– Leistung erbringen
– Neue Wege beschreiten	»Wer wird mich loben?« »Vor wem werde ich mich blamieren?«

Keine Fachlichkeit, und sei sie noch so hoch qualifiziert und wissenschaftlich belegt, kann persönliche Zuwendung, Toleranz, eine grundsätzlich positive Einstellung zu Menschen ersetzen, die sich in Sprache und Verhalten ausdrückt. Vor allem Gefühle, die erwachsen gelebt werden, und eine konstruktive Werteinstellung sind Türöffner für sozial kompetente Interaktion.

Weit über allem fachlichen Können steht ohne Frage die Autonomie des Menschen, verbunden aber mit der Tatsache seines zwischenmenschlichen Gebundenseins. Das zu akzeptieren und in den Alltag zu übernehmen, ist weit mehr als ein handelsübliches Fortbildungsprogramm. Die einzelnen Bausteine der sozialen Kompetenz, denen wir uns widmen werden, lassen sich also nicht im Schnellverfahren lehren, und der Lernende braucht gewisse Zeit, um über das Verstehen hinaus Sicherheit im Handeln zu erlangen. So bilden sich diese Garanten für das Zusammenleben nicht von heute auf morgen, zumal es dabei mehr um persönliche Bildung als um Erlernen geht. Was lange vernachlässigt war, braucht Geduld, Zeit zum Einüben und vor allem dürfen sie nicht zu früh in ihrem Erfolg gemessen werden.

Darüber hinaus muss verstanden werden, worum es geht. Schon Carl Rogers war es in den 60er Jahren ein wichtiges Anliegen, die psychologischen Theorien, die dieses Lernen stützen, so zu formulieren, dass sie sich mit den Erlebnissen und Erfahrungen ganz normaler Menschen decken, denn diese sind es, die sozialpsychologische Zusammenhänge verstehen müssen.

Das erscheint ebenso notwendig, wenn es um die Ausgestaltung der sozialen Kompetenz geht und es soll darum Leitgedanke beim Aufbau der Lern- und Praxiskapitel in diesem Buch sein. Es sollte selbstverständlich werden, dass jeder Vater, jede Mutter, jeder Vorgesetzte psychologische Phänomene wie eine Übertragung, eine Abwehr, die Entstehung und Wirkung von Sympathie und Antipathie analysieren und einordnen kann. Es müsste zur Grundausstattung eines jeden gehören, mit einer geschärften Wahrnehmung und einem relativ angstfreien Konfliktbewusstsein für das eigene Wohlergehen und für das Funktionieren von Beziehungen Sorge zu tragen.

Soziale Kompetenz hat viele Gesichter

Trotz vielfacher Veröffentlichungen und Diskussionen zum Thema wird derzeit noch sehr unterschiedlich darüber befunden, was genau unter Sozialkompetenzen allgemein bzw. unter den sozialen Kompetenzen einer Person zu verstehen ist. Die »soziale Kompetenz« gehört theoretisch wie empirisch zu den eher wenig fundierten, vor allem aber nur unscharf definierten psychologischen Konstrukten. Gelegentlich wird der Begriff »soziale Kompetenz« zunächst als Globalkonstrukt verwendet, und der Spielraum für Auslegung und Interpretationen ist relativ hoch.

Darum soll es hier in einem ersten Schritt darum gehen, den Begriff inhaltlich zu füllen und fassbarer zu machen. Ehe ich die Definition vorstelle, auf die hin die Schwerpunkte in diesem Buch aufgebaut sind, gebe ich eine Erläuterung des Kompetenzbegriffes und weise auf Definitionen anderer Autoren hin.

Wie immer Sozialkompetenz auch formuliert wird, alle Autoren stimmen darin überein, dass sie mehr ist als ein Sammelbegriff für Fähigkeiten und erlernbare Fertigkeiten des einzelnen Menschen. (siehe auch den Praxisbeitrag von Walzik, S. 215)

Soziale Kompetenz entsteht aus dem Zusammenspiel eines Bündels von Fähigkeiten und Verhaltensweisen, mit denen der Einzelne zusätzlich zu seiner fachlichen Kompetenz gestaltend Einfluss nimmt auf andere Menschen, auf Gruppen oder auf ganze Systeme.

Soziale Kompetenz ist somit kein fester Charakterzug, sondern das Ergebnis des oben erwähnten Zusammenspiels.

Je nach Situation, Problemlage und Erwartung der beteiligten Personen wird ein anderes Set von Bausteinen aktiviert und ist ein anderes Zusammenspiel nötig, um positiv und konstruktiv Einfluss nehmen zu können.

Das erklärt auch die Beobachtung, dass in dem einen Arbeitsfeld ein bestimmtes Verhalten als sozial kompetent erlebt wird, das in einem anderen Kontext nicht als solches gilt, ja sogar als Versagen dargestellt wird.

Damit wird soziale Kompetenz zu einem Begriff, dessen Inhalt vom Umfeld mit definiert wird, in dem sich die Menschen bewegen. Im einen Fall wird Toleranz z. B. als Offenheit und Zulassen von Unterschiedlichkeit verstanden, im anderen Fall löst die gleiche Toleranz das Gefühl aus, diese Person könne nicht entscheiden, sei unsicher oder konfliktscheu.

Der Kompetenzbegriff wird auch in der Literatur in unterschiedlichen Verständnissen verwendet.

- In soziologisch orientierten Veröffentlichungen wird er beispielsweise häufig im Verständnis von »Befugnis« bzw. im Sinne eines »formal zugesprochenen Einflusses« verwendet.
- In pädagogischen Publikationen bezeichnet der Kompetenzbegriff eine individuelle Fähigkeit und Disposition.
- In personalwirtschaftlichen und organisationstheoretischen Werken wird der Begriff gelegentlich im Sinne von »Unternehmenspotenzial« verwendet, etwa als eine »Kernkompetenz« von Vorgesetzten sowie Mitarbeitern.

Olaf Geramanis (Organisationsentwicklung S. 37, 1/02) nennt soziale Kompetenz eine Eigenschaft, die zwar im Besitz der jeweiligen Person ist, aber als eine spezifische Fähigkeit des Einzelnen immer auf eine gesellschaftliche Veränderung abzielt. Das heißt, jeder Einzelne sollte sich so sozial verhalten, dass aus dem Verhalten aller eine Gemeinschaft entstehen kann. »Das Prekäre an einer einseitigen Deutung zeigt sich dann«, so Geramanis, »wenn die Betrachtung lediglich unter dem Gesichtspunkt der ökonomischen Verwertbarkeit geschieht.«

Eine weitere Definition findet sich bei Urdis:

Soziale Handlungskompetenz ist die Fähigkeit und die Bereitschaft einer Person, ein inneres Bild einer sozialen Situation zu entwickeln, daraus abgeleitet Ziele zu entwerfen und zu formulieren, situations- und zielangemessenes Handeln zu planen, durchzuführen und zu bewerten und schließlich über diesen Prozess zu reflektieren und zu kommunizieren.

Dieter Euler dagegen umreißt soziale Kompetenz mit folgendem Text und erläutert die spezifischen Schwerpunkte so:
»Soziale Kompetenz« ist die Fähigkeit, in spezifischen Situationstypen mit den jeweiligen Kommunikationspartnern zu kommunizieren, latente und manifeste Kommunikationsstörungen zu bewältigen und im Rahmen einer Metakommunikation die Einzelstandpunkte und Interessen miteinander zu verbinden.

Schwerpunkte, die diese Definition füllen, sind verkürzt wiedergegeben, die folgenden:

- Verbale und nonverbale Artikulation,
- Interpretation der genannten Artikulation,
- Metakommunikation,
- Sensibilität für Kommunikationsstörungen,
- Reflexion von situativen und personalen Bedingungen,
- Umsetzung der Reflexionsergebnisse in ein agentives Handeln. (Euler 2001)

Angeregt durch die dargestellten Definitionen sowie ihre Auslegung und im Hinblick auf die zu übenden oder zu erlernenden Einzelkompetenzen in diesem Buch entspricht folgende Formulierung meinen Inhalten am besten:

Soziale Kompetenz ist ein Bündel von Fähigkeiten, um in sozialen Situationen auf der zwischenmenschlichen Ebene zu kommunizieren und zu kooperieren. Mit fachlichem und methodischem Können zusammen bildet soziale Kompetenz den Dreiklang, aus dem Handlungsfähigkeit entsteht. Alle drei zusammen werden eingesetzt, um eine erwünschte oder geforderte Wirkung unter Einbeziehung persönlicher und kollektiver Werte zu erzielen.

Die Formulierung gilt für alltägliche Situationen im privaten Umgang ebenso wie für Team- oder Projektgestaltung und für

Führungsaufgaben. Diese Definition entspricht der Aussage, die in vorhergehender Skizze gemacht wird: Bei kommunikativem Handeln sind es immer fachliches Können, das »Gewusst was«, und soziale Kompetenz, das »Gewusst wie«, die gemeinsam als Qualitätsschlüssel zu gesetzten Zielen führen.

Dafür müssen solche Verhaltensweisen und Fähigkeiten einer Person geweckt und eingesetzt werden, die die Zielerreichung in vorgegebenen Situationen steuern und beeinflussen. Jeder trifft mit einer ganz bestimmten persönlichen Ausstattung an sozialer Kompetenz auf eine spezielle Situation und deren speziellen Anspruch. Jede Situation wiederum hat Wirkung auf alle an ihr Beteiligten, fordert anderes Verhalten und andere Fähigkeiten ab. Somit hat jeder auf jeden Wirkung und erzielt Rückwirkung. Daraus ergibt sich fast automatisch die Schlussfolgerung, dass soziale Kompetenz in ihrem Einsatz nie absichtslos ist. Mit ihr soll immer etwas bewirkt werden, sie ist zumeist einem Soll-Ist-Vergleich ausgesetzt und damit einer Steuerung zugänglich, die die Differenz zwischen Absicht und Wirkung reduzieren hilft. Vielfältige Faktoren steuern und beeinflussen eine Person und ihr Verhalten. Das soll in folgender Skizze dargestellt und verdeutlicht werden:

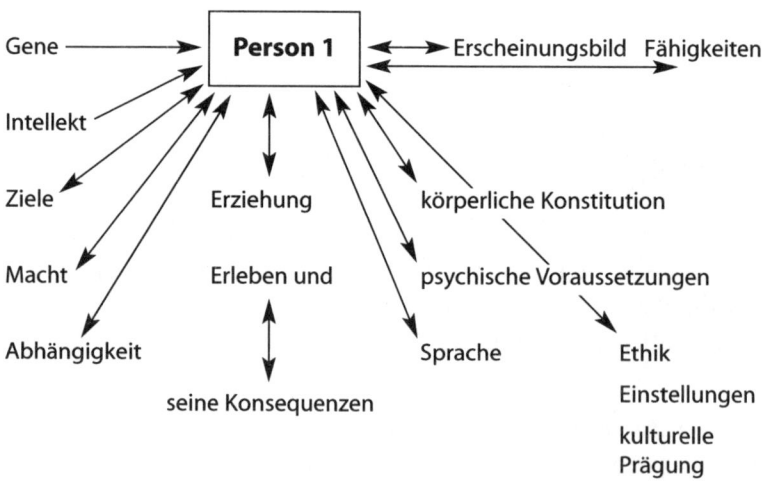

Hieraus entwickelt sich ein Verhaltensrepertoire, welches nie absichtslos ist. Es reagiert auf eine Wahrnehmung beim Gegenüber (Person 2) und will mit seinem Verhalten etwas bewirken, es will seinerseits Einfluss nehmen.

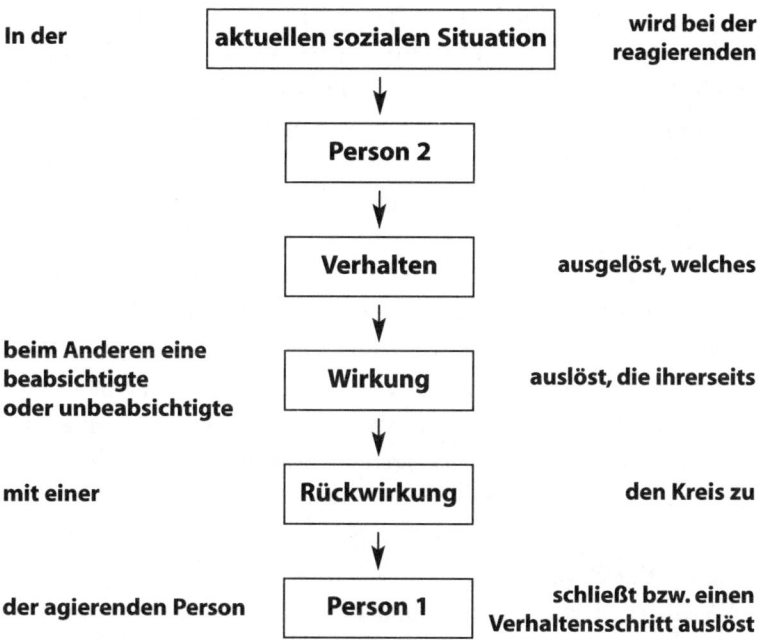

Die Einflussnahme auf dieses Zusammenspiel von Wirkung und Rückwirkung hängt in hohem Maße von der Wahrnehmungssteuerung aller am Prozess Beteiligten ab: Was kann er wahrnehmen, entweder, weil er schon etwas davon weiß oder es lange kennt (»eine Ahnung hat«) oder, weil es ihm von anderer Seite her gezeigt wird (was lässt der Andere sehen, hören, fühlen). Deshalb werden die Wahrnehmungsfähigkeit und ihre einzelnen Abläufe als wichtige Bausteine in diesem Buch ausführlich besprochen.

Soziale Kompetenz
ist Kunst und Handwerk,
ist alt und neu zugleich!

Ein Handwerk kann man erlernen, das künstlerische Talent muss geweckt, wiederbelebt oder ermutigt werden. Das stimmt auch für soziale Kompetenz. Ein solches Kunsthandwerk »Soziale Kompetenz« lässt sich getrost mit dem Spielen eines Musikinstrumentes vergleichen. Die erlernbare Technik muss sich mit dem virtuosen Teil des Spielers zusammentun, um ein Werk hervorzubringen, das den anderen aufhorchen lässt und zu einer Reaktion motiviert.

Theoretisieren hilft nicht, um aus Tönen Musik zu machen.

Auch für die soziale Kompetenz stimmt, was Fritz Perls in erster Linie für die Gestalttherapie gesagt hat: »*Lass Dein Denken los, komm zu Deinen Gefühlen.*« Auch hier ist es nicht mit dem Verstehen und Einüben allein getan. Man muss über die Gedanken hinaus auch die eigenen Empfindungen spüren und sich auf die des Anderen einlassen wollen.

»Zwischen denen stimmt es.« So drücken wir landläufig gelungene Beziehungen aus.

Wenn es zwischen Menschen stimmt, können fachliche Unstimmigkeiten ohne großes Wenn und Aber gelöst werden oder aber zu einem Kompromiss führen, der von allen Beteiligten mitgetragen wird. Das Handwerkliche daran lässt sich lernen und üben. Das Künstlerische daran bedarf der Veranlagung, des Milieus und der Frage nach persönlicher Begabung, die nur in Grenzen und langsam zu wecken ist. Bin ich jemand, der mit Mut, Neugierde und Lust an der Auseinandersetzung in kritischen Situationen aktiv wird oder liegt es mir mehr, der stille Beobachter zu sein, der sich in andere einfühlt und mit Intuition die richtige Weichenstellung zwischen Menschen beherrscht.

Ähnlich geht es mit der viel gepriesenen

Kreativität

von der wir uns so viel versprechen und die wir mitunter wie

eine Ware einfordern, entspringt sie doch einem höchst komplizierten Vorgang. »Seien Sie kreativ«, wird ein Team aufgefordert, wenn es etwa um eine Produktentwicklung oder um eine
Strategieänderung geht, und schon fühlen sich einige unter Er-
folgsdruck gesetzt. Der aber zeigt wenig Wirkung.

> Kreativität nämlich ist die Fähigkeit,
> gespeichertes Wissen und
> intuitive Einfälle mit
> eigenen Erfahrungen oder mit erlebten Tatsachen
> in Beziehung zu setzen.

Innovationen und aufsehenerregende Erfindungen, die Bestand
haben, sind zu allermeist aus diesem Material entstanden. Nur
selten geschieht dieser Dreischritt allerdings auf Abruf. Sind
Teams hingegen zu kreativ im Entwickeln von Ideen, hat man
nachher die Schwierigkeit, dass ein Zuviel an zu verwertendem
Material verarbeitet werden muss und die Fülle der Einfälle die
Aufgabenerfüllung behindert. Hier eine Auswahl zu treffen und
dabei alle gebührend zu berücksichtigen, erfordert ein weiteres
Mal soziale Kompetenz.

Kreativität wird oft assoziiert mit Kunst, mit dem künstleri-
schen Ausdruck, mit dem Einzigartig-Neuartigen. Diese Art der
Kreativität wird als

expressive Kreativität

bezeichnet: einem Gedanken, einem Gefühl oder einer Vorstellung auf ganz neue, mitunter geniale Art und Weise Ausdruck
zu geben.

Im Alltag stoßen wir weitaus häufiger auf eine andere Art der
Kreativität, die als

operationale Kreativität

bezeichnet wird: Sie zielt auf die Verbesserung und Entwicklung
von Produkten, Dienstleistungen, von Strukturen und Abläufen.
Ihr verdanken wir z. B. die Vielzahl von Erleichterungen und

Verbesserungen in Haushalt und Werkstatt, die unser Leben angenehmer und die Arbeit produktiver machen. Die operationale Kreativität ist in diesem Sinne nie Selbstzweck, sondern immer ein Mittel zum Zweck, das umso kreativer werden kann, je stärker es getragen wird von sozialen Kompetenzen.

Zum Kreativsein gehört es

– Fehler machen zu dürfen,
– Entwürfe zu gestalten und diese wieder zu verwerfen,
– einen unfertigen Gedanken äußern zu dürfen,
– Rivalität als Ansporn zu nutzen,
– spielerisch tätig zu sein und
– für dieses untereinander Akzeptanz zu finden.

Soziale Kompetenz ist aber nicht nur Kunst und Handwerk, sie ist wie diese alt und neu zugleich. Sie war und ist zu allen Zeiten die Hauptsache in privaten und beruflichen Bezügen. Sie ist weder Luxus in Zeiten der Hochkonjunktur noch alleinige Hoffnung in Zeiten des Rotstifts. Zu keiner Zeit lässt sich der »menschliche« Weg zu anderen durch Wissen oder Geld ersetzen.

Die aktuellen Bausteine sozialer Kompetenz lernen wir nicht nur in diesem Buch oder in anderen Veröffentlichungen kennen, wir werden darüber hinaus tagtäglich mit ihnen konfrontiert: Lernen durch Erfolg und Misserfolg.

Eine der älteren und oft zitierten Anregungen zu sozialkompetentem Verhalten ist uns von Sokrates überliefert. Der Philosoph spricht von drei Sieben, durch die alles, was ein Mensch sagen oder tun will, zunächst überprüft werden soll:

Das erste Sieb ist das Sieb der Wahrheit.
Das zweite Sieb ist das Sieb der Güte.
Das dritte Sieb ist das Sieb der Notwendigkeit.

Wenn wir also zu dem Schluss kommen, dass der Schritt auf den Anderen zu der Wahrheit entspricht, grundsätzlich mit Wohlwollen geschieht, und aktuell eine Situation verändert, so haben wir einer uralten Anregung entsprochen, die die meisten sozialen Kompetenzen auch heute noch umspannt.

Ohne die ökonomische Brisanz und den notwendigen Lernprozess zu ignorieren, ist die Kunst, zwischenmenschliche Beziehungen zu verstehen, zu gestalten und langfristig zu halten, eine Basisqualität menschlicher Existenz schlechthin.

2 Auf dem Wege zum Verständnis

Warum soziale Kompetenz gerade jetzt Konjunktur hat

Die verstärkte Aufmerksamkeit, die sozialer Kompetenz im Beruf und in privaten Bezügen zugestanden wird, hat ihre Ursache zum großen Teil in Veränderungen gesellschaftlicher wie technisch-organisatorischer Art.

Daraus resultieren neue Anforderungen und Bedürfnisse an das Verhalten der Interaktionspartner. Seit längerem beobachten wir eine Zunahme von neuen Arbeitsformen. Teamarbeit von längerer Dauer und autonome Arbeitsgestaltung sind ebenso geläufig wie mobile Arbeitsplätze, die quasi überall dazugeschaltet werden können.

Beide Arbeitsformen sind eigentlich mehr noch von gut funktionierenden Kontakten abhängig als es in traditionellen Arbeitsformen wünschenswert war. Müssen doch persönliche Kontakte immer häufiger über technische Mittel gestaltet werden.

Obwohl sich diese und viele andere Veränderungen in vernetzten Systemen vollziehen und daher selten einzeln wahrzunehmen sind, versuche ich im Folgenden skizzenartig diese Vorgänge anzusprechen, ein Denkanstoß, der zur eigenen Beobachtungen anregen soll.

Aspekte des Wandels

Änderung 1: Wie zeigt sich heute Individualität im Arbeits- und Geschäftsleben?

Schauen wir mit offenen Augen in Firmen und Produktionsstätten, in Dienstleistungsbetriebe wie Pflege- und Versorgungsdienste, wie Schulen, Hotels oder Tagungsstätten und in deren Werbeprospekte, so stehen wir vor einem Angebot, das sich in Aussehen und Inhalt wenig bis gar nicht voneinander unterscheidet.

Ob staatliches Gymnasium oder konfessionelle Privatschule,
ob Quelle oder Otto,
ob Mercure oder Ramadan,
ob Miele oder gar ein tschechisches Modell (falls sie nicht sowieso in der gleichen Fabrik produziert werden!),
ob Caritas oder städtischer Sozialdienst,
ob Hamburger Sparkasse oder Dresdner Bank:
Die Ware ist nahezu identisch in Qualität, Design und Technik, sie variiert wenig im Preis und unterscheidet sich selten in der Lieferzeit.

Die Dienstleistung zeigt sich in jedem Handgriff perfekt, wird – ob Hotel oder Pflegestation – rasch, professionell freundlich und ordentlich erledigt. So wetteifern Wirtschaftsunternehmen und Dienstleister umso mehr mit ausgefallenem Komfort und wirksamen Werbeideen, um ihre Individualität herauszustellen und sich abzuheben von den anderen.

Das war in dieser Form nicht immer so. Heute hat der Käufer zwar Auswahl unter Vielem, aber auch die Qual der Wahl unter Gleichem.

Umso mehr wird die zwischenmenschliche Qualität, in der die Ware, mehr noch die Dienstleistung angeboten wird, das Zünglein an der Waage. Das »Wie« eines Kaufvertrages, in aller Regel mehrere Kundengespräche, das »Wie« eines pflegerischen

Dienstes, in aller Regel mit intimem körperlichem Kontakt verbunden, oder das »Wie« beim Kontrollieren einer Fahrkarte oder beim Abwickeln eines Bankgeschäftes lässt mich die dahinter stehende Institution in ihrer zwischenmenschlichen Qualität erkennen, anerkennen oder in Frage stellen. Unter dem Vorzeichen der weitestgehenden Übereinstimmung fast aller anderen Produktfaktoren wird im Firmen- oder Dienstleistungsvergleich dieses »Wie« der Kommunikation so aktuell wichtig. Dazu aber bedarf es besonderer Aufmerksamkeit bei Aus- und Fortbildung aller beteiligten Anbieter.

Änderung 2: Vielfalt des Marktes

Nicht nur die Angebotsgleichheit ist das Neue am Markt, sondern daneben eine unübersehbare Angebotsvielfalt. Gleichheit und Vielfalt, welches im ersten Hinschauen paradox aussieht, steht in vielen Branchen eng nebeneinander. Ganz unter der Hand ist damit auch ein Wandel vom Verkäufer- zum Käufermarkt eingetreten.

Neben dem »Von-der-Stange-Käufer« breitet sich zunehmend eine Käuferschaft aus, die ihr ganz spezielles Produkt in Auftrag gibt, eines, das exakt ihrer Problemlage entspricht. Das aber zu entwerfen, herzustellen und bis zur endgültigen Ablieferung zu betreuen, erfordert ein hohes Maß an Einfühlung in den Kunden. Immer schon verkaufte ein Architekt ja kein Papier mit Strichen und Schraffierungen, sondern mit dem von ihm entworfenen Gebäude bietet er Sicherheit, Heimatgefühl, Status sowie die Möglichkeit, Gäste zu empfangen oder sich zurückzuziehen, als »Ware« an.

Ebenso können wir ein Auto sozusagen vom Band kaufen und dabei nichts anderes als die Farbe bestimmen oder aber wir erhalten ein individuell ausgestattetes Modell, welches alle Sonderwünsche berücksichtigt und dann bis zur Fertigstellung persönliche Betreuung verlangt.

In beiden Beispielen ist es letztendlich auch hier der zwischenmenschliche Umgang, der das Zünglein an der Waage für einen zufriedenen Kunden ausmacht.

Nur über menschliche Kompetenz findet man den Draht zueinander, auf dem dann ein Produkt entstehen kann, mit dem Käufer und Verkäufer auf Dauer zufrieden sind.

Es geht auch hier darum, die zwischenmenschliche Komponente dem Wissen und Können zuzufügen und damit ein Erfolgsrezept in der Hand zu haben, welches die Individualität und zugleich die Effektivität auf beiden Seiten zufrieden stellt.

Änderung 3: Führung auf neuen Wegen

Damit wären wir bei einem weiteren Feld, in welchem ein Wandel stattgefunden hat. Ob durch Neubesetzung auf den oberen Ebenen, ob durch Generationswechsel oder durch Prozesse, die vom politischen Umfeld mitgesteuert werden oder firmeninternem Wandel unterliegen, angestoßen durch neue Aufgabenfelder, bei denen die Mitgestaltung der Mitarbeiter Vorrang hat, haben Führungsstrategien in den vergangenen Jahren gleich mehrfachen Wandel durchgemacht. Über lange Zeit wurde Führung aus den »3 K« gestaltet:

Kommando
Kontrolle
Korrektur

Das führte eher zu Distanz zwischen Führenden und Geführten und gestaltete zwischenmenschliche Begegnungen als eine Oben-Unten-Kommunikation, die von wenig persönlichem Zugang zueinander geprägt war.

Lange schon hat sich diese Form der Führung gewandelt in einen Prozess aus

Fordern,
Fördern,
Feedback geben,

der alle Ebenen einbezieht, ohne eindeutige Führung zu verwischen. Führen wird hier als ein Interaktionsprozess gestaltet, der, soll er Effizienz zeigen, auf soziale Kompetenz aufgebaut sein sollte. In der Umsetzung dieses Führungsstils wird der Mitarbeiter in Planung und Durchführung der Aufgabe aktiv eingebunden, und es wird ihm Eigeninitiative in gegebenen Grenzen abverlangt. Das kann jedoch nur gelingen, wenn auf der psychosozialen Ebene dafür Sorge getragen wird, dass Identifikation mit dem Unternehmen, mit der Art und Weise des Arbeitens und mit dem Produkt entstehen kann.

Was anderes als die Qualität der soziale Kompetenz könnte hier die maßgebliche Komponente sein, auch wenn sie nicht wie fachliche Kompetenzen festgeschrieben werden kann. So wird ernst genommen, was lange schon zu beobachten war: Unter diesem Verständnis von Führung werden nicht nur Produkte hergestellt oder Dienstleistungen erbracht, es formen sich auch die Menschen durch die Arbeit, die sie verrichten, Vorgesetzte wie Mitarbeiter. Auf diese Weise entwickeln Menschen im Beruf nicht nur ihr fachliches Know-how weiter, sondern in gleichem Maße ihre soziale Kompetenz und mit ihr die Persönlichkeit. Es ist keine neue Weisheit, aber eine mit neuer Gültigkeit, dass Ziele und Ergebnisse immer nur so gut sein können wie die Menschen, die sie gestalten. Wo aber Mitarbeitern selbstorganisierte Arbeitsprozesse abverlangt werden, ist ein Vorgesetzter in gewissem Sinn auch Kunde dieser Mitarbeiter. Dieser Trend ist nicht mehr ganz neu:

»Wirklich wertvoll in einem Unternehmen sind nicht die Maschinen und Fabrikhallen, sondern die Menschen, die darin arbeiten, und der Geist, in dem sie es tun«, ließ schon in den 70er Jahren der langjährige VW-Chef Heinrich Nordhoff seine Mitarbeiter wissen.

Hinter diesen hohen Anspruch will man auch im 3. Jahrtausend nicht zurück. Heute sind die Mitarbeiter erst recht die wichtigste Ressource, auch wenn das Unternehmen keine Hochkonjunktur hat. In der Wirtschaft dachte man lange, es sei ja nicht von

Schaden, wenn Führungskräfte auch über »weiche« Kompetenzen verfügten. Heute weiß man, dass dies von hoher Notwendigkeit ist. Es hat fatale Auswirkung, wenn ein Vorgesetzter keine Haltungs- und Verhaltenssicherheit zeigt. Fehlende Klarheit und Verlässlichkeit bei Vorgesetzten erzeugt unsichere Mitarbeiter und verunsicherte Kunden.

Nicht vorhandenes Einfühlungsvermögen, fehlende Selbstkontrolle oder zurückgehaltenes Feedback, allesamt Zeichen sozialer Inkompetenz, machen Kommunikation oberflächlich und zufällig, weil nicht in den Personen verankert. Auch Nichtkommunikation ist so gesehen Kommunikation, denkt man einmal daran, wie intensiv und häufig man mit ungeklärten Beziehungen beschäftigt ist. Nach einer Klärung hätte man eine Menge Energie für andere Dinge zur Verfügung.

Im aktuellen Führungsverständnis findet derjenige Akzeptanz, der für eine Strategie einsteht, welche fachliches Können, kognitive Fähigkeit und die Fähigkeit zu konstruktiver Zusammenarbeit ausbalanciert.

Änderung 4: Leben und Arbeitsleben im Wandel

Eine Auswertung von 4000 Stellenanzeigen (Pressemitteilung 17/98, Bundesinstitut für Berufsbildung) ergab, dass dreiviertel aller Stellenausschreibungen soziale Kompetenz im Anforderungsprofil voraussetzen. Sie wird in den letzten Jahren nicht mehr als Ergänzung von fachlichem Können angesehen, ist aber auch keine Neuentdeckung. Es ist auch nicht die »soziale Ader«, die in gewinnorientierten Firmen plötzlich wichtig wird. Soziale Kompetenz, diese menschliche Seite der Arbeit, bildet das dritte Standbein zum Handeln.

Auch wenn die Lebensarbeitszeiten in naher Zukunft im Wandel sein werden – von lebenslanger Berufstätigkeit bis Frühruhestand ist alles im Umbruch –, so ist höhere Lebensqualität nicht zu erreichen, ohne gleichzeitig die Qualität der Arbeit zu überdenken.

»Qualität des Arbeitslebens« ist mehr als materielle Existenzsicherung, Schutz der Gesundheit, fachliche Weiterbildung und berufliche Entwicklungsmöglichkeiten.

Seine wirkliche Qualität erhält das Arbeitsleben erst dann, wenn es in eine soziale Qualität eingebettet ist, wenn persönliche Anerkennung, Dispositionsspielräume im Denken und Handeln und die Beteiligung an Entscheidungen bestätigen, dass der Einzelne als Mensch ernst genommen wird und in der jeweiligen Gruppe wichtig ist.

Soziale Kompetenz ist nicht mit »Nettsein« erreicht, jedenfalls nicht, wenn dieses Nettsein als zweckorientierte Freundlichkeit oder als bequemer Kompromiss daherkommt. Soziale Kompetenz setzt die Beziehung zu den Menschen an die erste Stelle, ohne dabei den Zweck der Zusammenarbeit aus den Augen zu verlieren.

Zwischenmenschlicher Stress macht stumm. Und verstummte Menschen kommunizieren nicht aktiv. Als Anschauungsort hierfür dient bereits das Klassenzimmer, und zwar lange bevor wir als Erwachsene kommunizieren. Dort schon haben wir begriffen: Wenn's mit den Mitschülern nicht klappt, klappt's auch mit dem Aufpassen-Lernen-Behalten-Antworten nicht. Sozialer Stress macht also schon im Klassenzimmer stumm! Und dies nicht nur untereinander. Auffällig ist die Beobachtung, dass sich auch ein konfliktreiches oder gestörtes Verhältnis zwischen Lehrer und Schüler auf seine Beziehungen zu anderen Schülern auswirkt. Wer mit der Lehrerin nicht klar kommt, ist auch unter den Mitschülern häufiger Außenseiter und wenig kooperativ.

Übersetzt auf das Arbeitsleben geraten uns leicht diejenigen Szenen vor das innere Auge, in denen wegen eines gestörten Verhältnisses zwischen Vorgesetztem und Mitarbeiter, auch zwischen Kollegen oder zwischen intern und extern Beteiligten der Motor bei der Zielerreichung auf der Sachebene nur stotternd läuft. Psychischer Stress macht weit über die Schulerlebnisse hinaus auch im Arbeitsleben stumm oder lärmt ohne wirklichen Erfolg vor sich hin.

Störungen wie Highlights im Arbeitsbereich lassen das Privatleben nicht unangetastet. Es belastet oder beflügelt den ganzen Menschen und schafft im positiven Fall erhöhte Arbeits- und Lebenszufriedenheit. Der Wunsch nach Lebenszufriedenheit geht an dieser Stelle mit der Überzeugung einher, dass beim Karrierebegriff Männer sowie Frauen nicht mehr den Weg steil nach oben meinen, schon gar nicht in kürzester Zeit, sondern dass das Leben mehr und mehr zu einem Werdegang gestaltet werden soll, in dessen Verlauf neben Können auch persönliche Handlungsfähigkeit wächst und zu Zufriedenheit führt. Dieses geschieht fast unter der Hand mit dem Wachsen von sozialen Kompetenzen.

Änderung 5: Multikulturelle Gesellschaft

>Grüß Gott« oder
>Hyvää päivää« oder
sag ich doch lieber »Hey«

Wenn schon eine einfache Begrüßung ein Problem darstellt, welch hohe Bedeutung erhält soziale Kompetenz dann erst durch die rasch zunehmende Entwicklung von Unternehmenskooperationen aus mehreren Ländern und damit aus unterschiedlichen Kulturen und Kontexten. Wenn man auch davon ausgehen kann, dass die unternehmerische Strategie für Betroffene und Interessierte hinlänglich verständlich aufbereitet ist, so gilt das noch lange nicht für die individuellen und zwischenmenschlichen Welten, die da im Kleinen wie im Großen einander begegnen.

Aus Mitarbeitern von Konkurrenzunternehmen werden, ehe man die Firmenstruktur recht verstanden hat, Kooperationspartner oder Kollegen im gleichen Haus. Andere, unbekannte kulturelle Wertesysteme und Kommunikationsformen sind zu verstehen, und damit umzugehen muss erlernt werden.

Zu Anforderung an Verlernen und Neulernen auf organisatorischer und mehr noch emotionaler Ebene gesellt sich die Forderung nach hoher Flexibilität im Umgang mit anders sozialisierten Kollegen und Vorgesetzten.

Der Arbeitsplatzwechsel verursacht Wohnortwechsel, verursacht Wechsel des privaten Bezugsrahmens, verursacht unter Umständen den Wechsel von Denkmustern und Bewertungen, mit denen man in der neuen Umgebung konfrontiert wird. Das ist zeitintensiv und erfordert Interesse am Neuen und Anderen. Wenn Verständnis nicht aufzubringen ist, wird zumindest Toleranz erwartet.

Diese Art von Flexibilität als Konsequenz auf eine hohe Veränderungsgeschwindigkeit kann nur dann ohne Schaden erbracht werden, wenn Veränderung und Weiterentwicklung gestützt und in der Balance gehalten werden. Kohäsion, jene Verankerung in Beständigkeit, die die Seele gesund hält, muss mit Lokomotion, der Bewegung in der Veränderung, einen Rhythmus bilden. »Wer nach allen Seiten offen ist, ist nicht ganz dicht«, habe ich zu dieser Art des Nomadentums einmal scherzhaft-ernst von Ruth Cohn gehört.

Um zwischenmenschlich erfolgreich auf interkultureller Ebene zu agieren, gilt es nicht nur andere Wertsysteme und die damit zusammenhängenden Denkstrukturen und Handlungsweisen zu verstehen und auf sie zu reagieren, sondern ebenso diese Andersartigkeit im Denken, Fühlen und Handeln zum Nutzen der gemeinsamen Aufgabe aktiv einzusetzen und sich trotzdem an entscheidenden Stellen abzugrenzen. Besonders Vorgesetzte sollten sich kundig machen, was Hierarchieverständnis, zwischenmenschliche Normen oder religiöse Pflichten und Regeln aus Kulturen, die für sie neu sind, angeht. Interkulturelle Kontakte gelten immer auch als Chance für neue Impulse im Zusammenleben und für das Infragestellen der eigenen Person und der vertrauten Kultur.

Selbst wenn wir nicht gleich global denken, sondern uns auf die lieben Nachbarn beschränken, deren Städte und Strände wir doch fast jährlich im Urlaub aufsuchen, so sind wir im interkulturellen Umgang miteinander am Arbeitsplatz doch nahezu Analphabeten. Während wir im »germanischen Kulturkreis« eher an distanziert-korrekten Umgang miteinander gewöhnt sind, sind die Angelsachsen längst im You-Bereich, im »Easygoing«, auch wenn die Kontakte rein beruflicher Natur sind. Während wir als Deutsche in Konfliktsituationen trotz besserem Wissen immer noch gern die Schuldfrage an den Anfang stellen, anstatt uns auf die Ursachensuche zu begeben, hat der Engländer längst eine Lösung im Kopf und ist danach erst für die Zusammenhänge, die dazu geführt haben, offen. Nur gut, dass wir es nicht allzu oft mit arabischen Kulturen zu tun haben, denn dort hat die Bestrafung des am Konflikt vermeintlich Schuldigen in aller Regel sozialen Ausschluss zur Folge. Oder ist Arabien doch dichter bei uns als wir zugeben wollen?

Auch in ganz familiären oder nachbarschaftlichen Umgebungen, im heimatlichen Umfeld, in untergeordneten Funktionen des Arbeitslebens: ohne persönliches Aufeinanderzugehen bleiben wir Fremde. Mut, Respekt und Toleranz als soziale Kompetenz sind auf beiden Seiten nötig, vor allem aber Neugierde: Wie sieht Leben aus an den Orten, aus denen die Fremden kommen, zwischen Menschen, deren Lebensstil ich nicht kenne? Wie kann gemeinsames Leben aussehen zwischen mir und den Fremden? Wo hat es seine Grenze, über die hinaus das Wissen übereinander vorerst noch nicht zum gemeinsamen Handeln führt? Nur durch interessierte Offenheit wird man Zugang zu Andersartigkeit finden. Nur so auch wird man Antworten bekommen auf oben gestellte Fragen und dem Anderen seinerseits eine Chance geben, soziale Barrieren abzubauen.

Änderung 6: In mobilen Arbeitswelten Orientierung finden

Seit Jahren schon werden Menschen, die sonst ihre Aufgaben am eigenen Schreibtisch erledigten, immer mobiler. Unternehmen vernetzen ihre Mitarbeiter in so schnellem Tempo, dass inzwischen allein in Deutschland 6 Millionen Telearbeitsplätze

existieren. Wenn viele davon auch nur einen Teil ihrer Arbeits-
zeit unterwegs verbringen, und die Zahl der Freiberufler das
mobile Arbeiten erhöht, zeigt diese Zahl doch einen deutlichen
Trend. Für einen Großteil von Tätigkeiten wird auch in der Firma der feste Schreibtisch durch das Büro im Container ersetzt.
Per Notebook, mit dem Organizer, am Telefon lässt sich das
meiste erledigen, egal ob man im Hotel, in der Bahn oder an
einem anderen beliebigen Ort sitzt, und das kann im Prinzip
rund um die Uhr geschehen.

Immer präsent, immer erreichbar – und doch allein.

Bei von solcher Art gestalteten Tätigkeiten sind zwar die Da-
tenbanken miteinander ohne Verzögerung und jederzeit ver-
netzt, die Menschen dagegen nur selten in persönlichem Kontakt. Und kommt dieser dann zustande, so ist er auf kleine
Einheiten reduziert. Kunden und Kollegen aus Partnerfirmen
bleiben oft Fremde, und für die Frage nach der Person hinter
der E-Mail bleibt alle Phantasie offen. Wenn man einer australi-
schen Studie Glauben schenken darf (Apotheken-Rundschau
März 2004), so fühlen sich 69 % der dort befragten leitenden
Angestellten durch die elektronische Post gestresst. Nicht nur
das rasche Antworten, sondern mehr noch die eigene Anforderung, die E-Mail-Nachricht nicht nur inhaltlich korrekt zu formulieren, sondern auch den Empfänger als solchen anzusprechen.

Umso wichtiger scheint es, die zerstückelten gemeinsamen
face-to-face-Zeiten optimal zum Beziehungsaufbau zu nutzen.
Hier ist dann in aller Beschränktheit an Zeit und persönlicher
Zuwendung der Ort, Interesse zu zeigen an bislang nur aus Daten und Phantasien gestalteten Persönlichkeiten. Das »soziale
Repertoire« muss an dieser Stelle seinen Einsatz nutzen. Elektronische Kommunikation und persönlicher Kontakt dürfen
weder Konkurrenz noch Ersatz füreinander sein.

Auch hier, in den virtuellen Welten, bei Kommunikation, die
im eigentlichen Sinn keine ist, braucht man letztlich eine Bezie-
hungsbrücke, in der die virtuelle Kontaktaufnahme ihr Fundament findet. Arbeitsnomaden brauchen ebenso wie die jahr-

hundertealten Nomadenvölker ihre menschlichen Bezüge, in denen sie sich verbunden fühlen, brauchen ihre persönliche Orientierung und eine Beheimatung.

In den zunehmenden virtuellen Arbeitsgestaltungen wird darum soziale Kompetenz als Gemeinschaftssicherung eine der Kernaufgaben sein, die ihre Gestaltung erst noch finden muss. Nur der Zusammenklang von Technik und Nicht-Technik kann in Veränderungs- und Konfliktprozessen zu neuer Stabilität führen.

Zwischenstopp bei einem modernen Arbeitsnomaden

Im Folgenden nehmen wir Einblick in das Leben eines modernen Arbeitsnomaden, wie es mit der weltweiten Tätigkeit von Firmen immer öfter zu finden ist.

Christian Eihausen war schon ein mobiler Mensch, als noch niemand von der Lust oder Last des ständigen Unterwegsseins redete. Während seines Studiums wechselte er von Darmstadt nach Eindhoven, studierte in Chicago und arbeitete in Malaysia. Seit 1996 ist er viermal umgezogen, hat sechsmal die Aufgabengebiete gewechselt und noch öfter seine Chefs.

Job-Rotation nennt die Firma das Prinzip, durch das Mitarbeiter in wenigen Jahren einen guten Teil der Welt bewohnen können. Vorausgesetzt, er zeigt »Initiative und Risikobereitschaft«. Eihausen wurde von Hamburg nach Schwalbach geschickt, dann tauschte er die strategische Arbeit gegen Verantwortung im Verkauf. »Eine gute Zeit war das, mit vielen Erlebnissen.« Eihausen war zufrieden und wurde doch wieder unruhig. Bevor Routine einsetzte, wurde es Zeit für den Absprung. »Irgendwann flacht die Lernkurve ab. Dann ist es sinnvoll, nach neuen Aufgaben zu suchen«, sagt er.

Die bekam er in Genf. Wenige Monate zuvor war er Vater geworden. Seine Frau verkaufte ihre Anwaltskanzlei und zog mit dem Sohn hinterher. »Wir treffen jede Entscheidung gemeinsam. Wenn meine Frau einen Ort ablehnt, gehen wir da nicht hin. Entweder wir ziehen gemeinsam um oder gar nicht, wir wollen nicht leben wie viele Kollegen, die Frau und Kinder nur am Wochenende sehen, weil sie Hunderte von Kilometern entfernt arbeiten.«

Auch in der Schweiz hielt es ihn nicht lange: Um sein Bild als Manager abzurunden, fehlten Erfahrungen in der Personalführung. Zwei Monate später fing er in Newcastle an. Wie bei jedem Umzug war er der Erste, der losfuhr, sich ein Hotelzimmer nahm und ein Nest für die Familie suchte. »Wir packen alles ein und packen alles wieder aus«, sagt Eihausen. Während im neuen Haus noch das Chaos regiert, findet Eihausen immerhin schon Zuflucht in der Firma. »Der erste Tag in meinem neuen Büro ist wie der letzte in meinem alten. Ich brauche nur meinen Computer einzustöpseln und mache da weiter, wo ich aufgehört habe.« Neuankömmlinge sind an allen Standorten überall auf der Welt der Normalfall und gehören sofort zur Familie. Denn Zeit darf man nicht verlieren – man könnte schließlich bald wieder weg sein.

Die wahren Fallen der Mobilität liegen für Eihausen im Alltag: »Den Nachbarn so weit zu kriegen, dass er sich mit uns einlässt, obwohl er weiß, dass wir in zwei Jahren schon wieder fort sind, das ist die eigentliche Leistung.« Noch dazu in der »englischsten Stadt Englands«, in der es kaum Deutsche, und deshalb auch keine deutsche Spiel- oder Sportgruppe gibt. An jedem neuen Ort dauere es mindestens ein halbes Jahr, bis das Gefühl, fremd zu sein, langsam nachlasse. Zumal Eihausen mindestens eine Woche im Monat in anderen Ländern unterwegs ist, in den Vereinigten Staaten, auf den Philippinen oder in Westeuropa. »Mich hält dieses Leben aktiv und motiviert«, sagt er.

Verschleißerscheinungen? Müdigkeit? Sehnsucht nach Bodenhaftung? Manchmal, aber das verfliegt schnell wieder. Eineinhalb Jahre Newcastle sind um. Im gewohnten Takt meldet sich der Drang nach Neuem.

Also auf nach Singapur, Kuala Lumpur oder Amerika? Nein, diesmal hat er um ein Jahr verlängert. Natürlich bleibt er nicht aus Bequemlichkeit. Er hat neue Aufgaben bekommen, mehr Verantwortung. Das waren seine Bedingungen. Jetzt ist er für 130 anstatt für 70 Mitarbeiter zuständig. Damit steigt die Lernkurve für mindestens ein weiteres Jahr. Für ihn hat sich das flexible Einstellen auf wechselnde Länder und multikulturelles Umfeld gelohnt.

So ist soziale Kompetenz auch in diesem internationalen Netz von Veränderungen inzwischen zu einer strategischen Größe geworden, die an ökonomischen Erfolgen beteiligt sein wird, auch wenn dieses nur schwerlich messbar ist. Nicht die verkaufte Stückzahl oder eine wohlgefüllte Kasse kann hier die geeignete Messlatte sein, wohl aber die Zwischentöne, in denen über das Unternehmen und sein Klima gesprochen wird.

Änderung 7: Sozialisation allein reicht nicht mehr

Einerseits wird soziale Kompetenz immer gefragter, andererseits kann sie nicht mehr als selbstverständliches Ergebnis von Erziehung und Bildung vorausgesetzt werden. Das Vertrauen auf eine gelungene Sozialisation in Kindheit und Schule (siehe Kap. 8) wird daher ergänzt werden müssen durch organisierte Lehr- und Lernprozesse. Dabei bleibt der bildungstheoretische Aspekt, für welche Ziele bzw. welche normative Ausrichtung Sozialkompetenzen gefördert werden sollen, eine offene Frage jeder Institution.

Soziale Kompetenz wird bei dieser Entwicklung mehr und mehr ein Lern- und Lehrfach des Erwachsenenalters bzw. der frühen Ausbildungsjahre werden, und ihre Lernorte dort noch finden müssen. Einige Praxisberichte im letzten Teil dieses Buches geben hierzu einen Einblick.

Menschlichkeit und Zwischenmenschlichkeit in Fortbildungsseminaren oder kontinuierlichen Lernprozessen über längere Zeit zu erlernen, hört sich immer noch ein wenig exotisch an, und der Lernende gerät schnell in den Verdacht, es wohl nötig zu haben. Aber so wie lebenslange Weiterbildung, die auf anderen Gebieten auf dem besten Wege ist Selbstverständlichkeit zu werden, wird man auch bei dem Erlernen von sozialer Kompetenz zunehmend mit hoher Akzeptanz rechnen können.

Wir haben an sieben Schwerpunkten den Wandel der letzten Jahre in Wirtschaft und Gesellschaft beschrieben. Dieser Wandel lässt soziale Kompetenz in neuem Licht erscheinen und hat ihr zu neuem Respekt verholfen. So hat soziale Kompetenz, wie wir sehen, zwar einen hohen Stellenwert im Veränderungsprozess von Gesellschaft und Arbeitsleben, aber eine Neuerfindung des 21. Jahrhunderts ist sie nicht. Sie ist, wie gesagt, weder Luxus in Zeiten der Hochkonjunktur noch alleinige Hoffnung in Zeiten des Rotstifts.

3 Persönlichkeit steuert das Verhalten

*In jedem Ich ist bereits
das Du und das Wir und
die Welt enthalten.*

Ruth Cohn, 1991

Einführung

Persönliches sozialkompetentes Verhalten, so wie wir es hier darstellen, ist bestimmten Bedingungen unterworfen, ohne die das Verhalten zwar als Regelwerk funktionieren kann, nicht aber als wirkliche Qualität, um auch schwierige Interaktionen menschlich zu gestalten.

Diese Bedingungen beziehen sich als Erstes auf die Person selbst, auf den Umgang mit der eigenen Psyche sowie mit der körperlichen Energie. Sie beziehen sich auch auf die Ethik im Hintergrund des Handelns und auf das Wertesystem des Menschen. Die Frage nach der Identifizierung mit der Firma oder Institution, in die die Person eingebunden ist, wird dabei nicht ausgelassen. Außerdem ist jeder Einsatz von sozialer Kompetenz abhängig und getragen zugleich von den jeweiligen gesellschaftlichen und politischen Einflüssen und Gegebenheiten. Mit diesen vielfältigen Bedingungen werden wir uns in den Texten dieses Kapitels beschäftigen.

Dirigent des eigenen Orchesters:
Ich in Kommunikation mit mir

Am besten wissen es die Sozialpsychologen, dass man soziale Strukturen und die in ihnen ablaufenden Prozesse nur verstehen kann, wenn man bemüht ist, die einzelne Person zu verstehen. Ein Grundwissen über die Person muss vorausgesetzt werden, um zwischenmenschliche Kommunikation nicht nur zu verstehen, sondern auch zu gestalten.

Ein Gedicht eines 12-jährigen Schülers soll die Überlegungen zum »Ich« der Person einleiten:

Ich – ich bin selber,
niemand in der großen Welt ist wie ich.
Ich bin anders als du
und jeder andere.
Ich bin nichts als ich selbst.
Ich – ich bin selber,
niemand wie ich,
und ich bin wie kein anderer,
ich bin nur ich selbst,
das kleine alte Selbst.
Ich weiß nicht genau, was mich anders macht,
ich glaube, es ist meine Art mich zu geben.
Niemand ist derselbe wie der andere,
besonders ich.
(Pat Kirk)

Die Beschäftigung mit der eigenen Person wird daher hier einen relativ breiten Raum einnehmen. Damit soll im Text ausgedrückt werden, dass das Wissen über und das Können von sozialer Kompetenz seinen Bezugspunkt eindeutig bei jedem einzelnen Menschen hat.

Soziale Kompetenz wird in der Gemeinschaft erfahren und gelebt, aber von Individuen gestaltet.

Darum beginnen wir auf dem Weg zum Verständnis von Interaktion beim Verständnis der einzelnen Person, beim Ich.

»Jeder Mensch ist eine kleine Familie«, sagt Novalis, und meint damit die psychische Struktur des Menschen. Für alles, was innerhalb dieser imaginären Familie geschieht und wie sie sich nach außen zeigt, ist die Person, auch das Ich genannt, gewissermaßen als Familienvorstand verantwortlich. Sie gibt für jeden im Familienteam den Einsatz zum Auftritt nach außen. Muss beispielsweise ein Kind getröstet werden, so tritt die liebevoll Helfende ins Rampenlicht, während bei einer Auseinandersetzung mit dem Nachbarn oder Kollegen eher der gestrenge und sachorientierte Teil der Person ins Licht treten muss. So hat, wenn es gut läuft, immer der Teilaspekt mit der größten Kompetenz für die jeweilige Situation den Hauptanteil an der Interaktion.

Bei der Auswahl der Einzelaspekte orientiert sich die Person am Umfeld, an den anderen Menschen sowie am Thema, mit welchem die Menschen sich beschäftigen. Selbststeuerung heißt dieses Verhalten fachlich ausgedrückt. Auf dem Hintergrund von Selbstbewusstheit und Selbstanerkennung werden die eigenen Impulse sowie die eigene Energie kontrolliert. Die Person behält vor allem auch das eigene Werte- und Bewertungssystem mit seinen ethischen Grundannahmen im Auge, ohne welches soziale Kompetenz manipulativ angewandt werden könnte.

Setze ich meine emotionalen und kognitiven Fähigkeiten gezielt ein?

Weiß ich, wo ich stehe und wo es mit mir hingehen soll?

Ist das mit Blick auf Fakten und andere Menschen realistisch?

Unter Selbstbewusstheit verstehen wir von daher die Fähigkeit, Subjekt und Objekt in einer Person zu sein, sich selbst zweifach zu erleben: als Handelnder sowie als Auswählender und Bewertender. Dabei geht es immer aufs Neue um Selbstanerkennung.

Stehe ich bei mir selbst in gutem Ruf?

Auch Selbstzweifel bis hin zu Selbstablehnung bleiben nicht aus. Wer seine eigene Person allerdings dauerhaft ablehnt, ist kaum zu einem verträglichen Zusammenleben fähig, kann er doch nicht einmal mit sich selbst leben. Verhängnisvoll wirkt auch die so genannte Selbstpräsentationsfalle, in die man gerät, wenn man von sich einen Eindruck erweckt, den man auf Dauer nicht aufrechterhalten kann.

Bewusstheit kann sich in sozialen Interaktionen erst richtig entfalten. Dieses bestätigt uns R. A. Spitz: »Alle Selbsterkenntnis ist das Gewahrwerden der eigenen Person, mit dem Wissen darum, wie ›andere‹ darauf reagieren« (Spitz 1967). So gesehen ist das Handeln eines Menschen immer ein am Handeln anderer orientierter Vorgang.

Selbstanerkennung ist umso gefestigter, je zuverlässiger im frühen Kindesalter die Anerkennung durch die erwachsenen Bezugspersonen gestärkt wurde und eigene Entwicklung Förderung erfuhr. Diese Fähigkeit der Selbststeuerung, geübt im Kinder- und Jugendalter, ist eine der Grundlagen für den Schritt in die sozialen Kompetenzen der Erwachsenenwelt. Bei jeder neuen Interaktion greift die Person auf Aspekte zurück, die ihr aus dem Bündel persönlicher Eigenschaften und Verhaltensweisen vertraut sind und misst sie an Reaktion und Verhalten des Gegenübers im aktuellen Geschehen. Nur wer die eigene Person in dieser Weise steuern kann, kann auch in Gruppen ein mitgestaltendes Glied sein. Sich selbst im Blickwinkel zu haben und daraus »Ich will« oder »Ich werde« zu denken und zu sagen, war lange Zeit als egoistisch verpönt und ist doch die Grundlage jeder gesellschaftlichen Veränderung und Entwicklung. Für sich selbst einzustehen, anstatt in indifferente Statements auszuweichen, die nicht wirklich die eigenen sind, ist eine zentrale Intervention, wenn es um entspanntes Zusammenleben gehen soll.

Genau genommen ist dieses schon ein Baustein sozialer Kompetenzen, wie sie in Kapitel 6 aufgeführt sind. »Ich« zu sagen und zu denken gelingt umso besser, je mehr man dabei zeitgleich und mit gleicher Wichtigkeit die anderen und das Allgemeinwohl im Blick hat.

»Autonomie in der Interdependenz« wird dieses Ausbalancieren zwischen dem Einzelnen und den anderen, zwischen der Person, den Systemen und dem Umfeld genannt. Es geht darum, immer wieder neue Balance zu finden zwischen den eigenen Möglichkeiten und denen der anderen. Gegenläufige Bedürfnisse sind miteinander in Verbindung zu bringen, ohne tatsächliche Grenzen zu verwischen. Wenn ich verleugne, dass ich eine Person bin, die ihr eigener Regisseur ist, gebe ich mich der Illusion hin, hilflos und abhängig zu sein: »Die anderen werden es schon für mich entscheiden.« Wenn ich verleugne, dass ich angewiesen bin auf andere, gebe ich mich ebenso einer Illusion hin: »Ich und nur ich kann es machen!« Ohnmacht und Allmacht heißen diese Illusionen und stimmen beide nicht. Immer bin ich partiell mächtig und partiell abhängig.

Um den angedeuteten Zusammenhang von Ich-Bewusstheit und Ich-Kontrolle zu untermauern, folgt hier eine Gegenüberstellung von Begrifflichkeit und Anwendung:

Ich-Bewusstsein:	**Ich-Kontrolle:**
Das Wissen über mich selbst ist die Fähigkeit, die eigenen Stimmungen, Gefühle und Antriebe sowie ihre Auswirkungen auf andere zu erkennen und zu verstehen.	Die Beurteilung meiner selbst ist die Fähigkeit, Impulse und Stimmungen zu beherrschen, vorschnelle Urteile zu vermeiden, erst zu denken, dann zu handeln und in Eigensupervision das Handeln zu überprüfen.

Beispiele:

Für gewöhnlich habe ich einen langen Atem, wenn es um Geduld geht. Im Normalfall fallen meine verbalen Beiträge eher kurz aus.	Im aktuellen Fall bin ich gleich zu Anfang »ausgerastet«. Was war die Ursache? Gestern erlebte ich mich als Vielrednerin und sehr umständlich obendrein. Was oder wer hatte dazu den Anlass gegeben?

Im Allgemeinen neige ich dazu, den andern mit seiner Meinung auf jeden Fall zunächst anzuhören. Über seine Sicht der Dinge nachzudenken, hat für mich Selbstverständlichkeit.

Mit meinen Gefühlen halte ich mich zurück, nur gute Freunde erkennen meist meine Bewegtheit.

Heute bin ich Herrn X schon über den Mund gefahren, ehe er ausgesprochen hatte. Welche alten Erfahrungen kommen da hoch?

Beim letzten Meeting bekam ich zu hören, ich sei ein außergewöhnlich emotional gesteuerter Mensch. Ja, ich war mir auch selbst fremd. Wieso bin ich über mein Maß hinausgegangen und wie ging es mir danach?

So können die ich-bewussten Aspekte der aktuellen Ich-Kontrolle zuarbeiten und damit zu einer Selbststeuerung einladen. Das kann zu einem Verhalten führen, welches der Situation und den anderen Personen angemessenen ist und welches den persönlichen Energiehaushalt, die körperlichen und psychischen Kräfte steuert. Denn:

Ich-Bewusstheit ist die
Voraussetzung für Ich-Kontrolle
Ich-Kontrolle ist die
Voraussetzung für Energie und Wertekontrolle und damit für die »Ich-Steuerung«
Ich-Steuerung ist die
Voraussetzung für soziale Kompetenz

Die Energiekontrolle, von der in diesem Schema die Rede war, ist oftmals das eigentliche Zünglein an der Waage. Sie gibt uns Auskunft, ob Geist, Seele und Körper überhaupt noch mitmachen. Die verfügbaren Kräfte so einzusetzen, dass Gesundheit auf seelischer und körperlicher Ebene erhalten bleibt, nimmt dem Einzelnen niemand ab. Dafür kann man nur selbst sorgen. Im Auto leuchtet eine rote Lampe, sobald es auf »Reserve« fährt. Wo befindet sich dieses Signal beim Menschen und in wessen Blickfeld ist es zu sehen? Müssen mich erst andere auf meine Erschöpfung aufmerksam machen?

Selbststeuerung ist Ausdruck des Zutrauens in die eigenen Fähigkeiten und ist zugleich ein Impuls, mit diesen Fähigkeiten auch das Leben und Arbeiten in Gemeinschaft mitzugestalten. In besonderem Maße sind Lehrende und Führende hier in die Pflicht genommen. In herausgehobenen Positionen dürfte es z. B. keine Chance geben, um mit Stress zu prahlen. Solcher Raubbau verdient auf die Dauer weder Mitleid noch Bewunderung, sondern fordert eher auf, den Energieeinsatz zu überprüfen und die Selbstpräsentation, wie sie vorne beschrieben ist, einzuschränken.

Zwischenstopp bei Freuds Seelenmodell: Die Psychodynamik der inneren Kräfte

Damit die Struktur des Ichs, seine Entwicklung und die der Selbstbewusstheit noch besser zu verstehen ist, soll hier ein Einblick in die Anteile der menschlichen Seele gegeben werden, wie sie Sigmund Freud lehrte, und damit Verständnis für das Zusammenspiel der einzelnen Ich-Anteile geweckt werden.

Ein Blick auf das so genannte Freudsche Seelenmodell soll Aufschluss geben über die drei großen Akteure im Menschen. Im Prinzip korrespondiert diese Sicht der Psyche mit dem vorne beschriebenen Bild vom Menschen als eine kleine Familie. Bei Sigmund Freud heißen die drei Akteure, die die psychische Einheit Mensch darstellen:

Über-Ich – Ich – Es

Freud selbst spricht von einem »seelischen Apparat«, der aus diesen drei Instanzen besteht, welche von der Realität umgeben sind. Mit dieser Realität ist alles gemeint, was von außen auf den Menschen Einfluss nimmt.

Das Über-Ich	gilt dabei als der Vertreter von Norm, von Moral und Gewissen. Es ist gleichzeitig der soziale Faktor des seelischen Apparates. In den frühen Lebensjahren sind es Eltern und Erzieher, die die Stimme des Über-Ichs übernehmen. Ihre frühen Anweisungen »du sollst ...«, »du darfst ...« oder »du musst ...« begleiten den Menschen meist sein Leben lang, auch wenn er im Laufe des Erwachsenwerdens mehr und mehr die Regie in eigene Hände übernimmt und sich mit dem Über-Ich eigenständig auseinander setzt.
Das Ich	ist die psychische Entscheidungsinstanz des erwachsenen Menschen. Sie entscheidet, welcher Impuls aus dem Es in Handlung und Sprache umgesetzt wird. Es sollte auch die Instanz sein, die zwischen Über-Ich und Es vermittelt, wenn diese, wie so oft, miteinander im Konflikt stehen. Das Ich ist der lernfähige und intelligente Anteil des seelischen Apparates. Am bewusstesten handelt es dort, wo es eng mit der Außenwelt konfrontiert wird.
Das Es	gilt als der innerpsychische Vertreter des Lustprinzips, der möglichst viele seiner Wünsche und Bedürfnisse befriedigt sehen möchte. Dieses Es wird mit dem Menschen geboren und kennt nur einen Impuls: Lust. »Es ist ein schreiendes Bündel von Trieben«, schreibt Ruth Cohn (Cohn, 1991). Es schreit nach Erfüllung und kennt keine Vernunft. Man könnte das Es die angeborene Hemmungslosigkeit nennen, wäh-

rend das Über-Ich der erworbenen Hemmung gleicht.

Nur allzu häufig tritt das Es als Gegenspieler dieses Über-Ichs auf.

Die Realität steht als Sammelbegriff für alles, was den Menschen umgibt, was von außen Forderungen stellt oder Angebote macht. Die Realität, wie sie hier gemeint ist, reicht vom engsten Umfeld des Menschen bis zum Weltall.

Grafisch dargestellt ergibt sich aus diesen Überlegungen ein übersichtliches Schema.

Dieses generelle Schema wird selbstverständlich variiert durch individuelle Dispositionen (Charakterzüge, Eigenschaften), durch Entwicklungsbedingungen (Biographie, kulturelles Umfeld) und durch die aktuelle Situation.

Immer aber gilt: Sowohl das Über-Ich als auch das Es sind in ständigem Bemühen, ihre Anliegen, Wünsche gegen den jeweils Anderen durchzusetzen und ihre Forderungen dem Ich abzuverlangen.

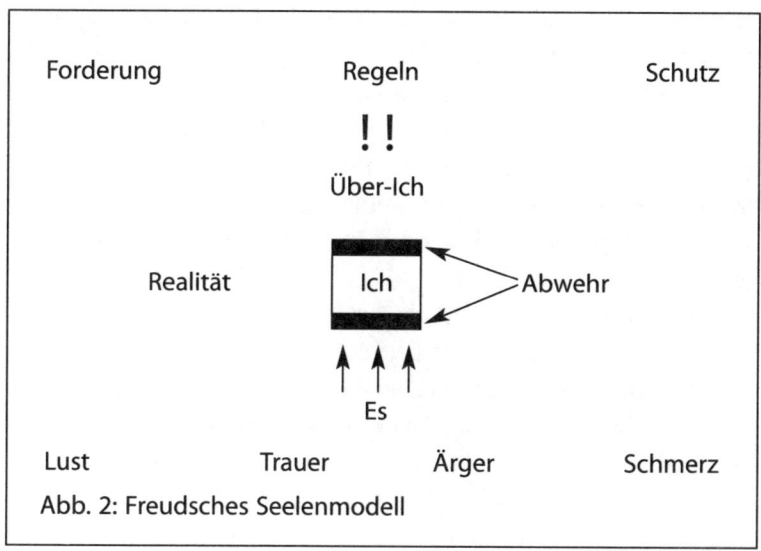

Abb. 2: Freudsches Seelenmodell

Die zentrale Aussage der tiefenpsychologischen Darstellung von der Psyche des Menschen lautet in wenige Worte gefasst:

> Der Mensch wird in Verhalten und Handlung bestimmt durch ihm innewohnende Antriebe. Er hat nur bedingt Einsicht in diese seine Motive und Ziele.

Hierfür sind frühkindliche Erfahrungen verantwortlich, die mit den ersten Vertretern des Über-Ichs gemacht wurden, mit Vater, Mutter, Lehrer und Pfarrer, mit moralischen Zeigefingern oder mit Lob und Ansporn.

Das Resultat dieser individuellen Erfahrungen ist eine individuelle Prägung der jeweiligen Person, was ihre Selbstbewusstheit angeht und damit die Qualität ihrer sozialen Kompetenz.

Ist das Ich, diese entscheidende Instanz im seelischen Apparat, von Anliegen und Forderungen der anderen Instanzen überschwemmt, so reagiert es mit Widerstand und baut gegen das Über-Ich und gegen das Es Barrieren auf.

Diese Barrieren werden mit

Abwehr

bezeichnet. Aber: Barriere ist Barriere für alles. Was nicht durchgelangen soll, bleibt draußen. Und alles andere auch! Auch weniger ängstigende Impulse aus dem Es und nützliche Einwände des Über-Ichs finden keinen Durchlass mehr.

Stark abwehrende Menschen wirken oft wenig lebendig, wobei Abwehr an sich für die Ökonomie des täglichen Lebens sogar notwendig ist. Hätten wir keine funktionierende Abwehr, so wären wir ständig von Über-Ich-Impulsen oder von Forderungen aus dem Es überflutet.

Das Thema Abwehr wird im 7. Kapitel (S. 178ff.) noch einmal aufgegriffen und beschreibt dort einige Bewältigungsstrategien, die so genannten Abwehrmechanismen. Die gleichen Mechanismen, wie sie dort die Angst im erträglichen Rahmen halten sollen, dienen in ähnlicher Weise der Über-Ich- und Es-Abwehr.

So gerät die entscheidende Instanz im Menschen, das Ich, in arge Bedrängnis. Weder den lustbetonten Verlockungen des Es möchte es eine Absage erteilen noch möchte es auf die Forderungen und Vorsichtshinweise des Über-Ichs einfach verzichten. Die jeweilige Abwehr geschieht in unterschiedlichen Formen und getrennt voneinander.

Über-Ich-Abwehr

Abwehr gegen das Über-Ich findet immer dann statt, wenn das Ich mit den Anforderungen dieser Instanz nicht einverstanden ist oder zwar einverstanden, aber überfordert ist. Ist der Mensch dagegen einer Meinung mit seinem Über-Ich, so ist er vielleicht ein Muttersöhnchen oder autoritätshörig oder einfach nur vernünftig. Aber er muss es nicht abwehren. Ist die Abwehr von Über-Ich-Forderungen aber aus der Sicht des Ichs notwendig, so finden Kinder, und vor allem Pubertierende, häufig sehr rasch zu ihrer Abwehr. Sie werden frech, widersetzen sich den Anweisungen oder »schalten auf stur«. Erwachsene dagegen gehen häufig in den bewusst gewählten Widerstand: Sie erheben Einwände, schweifen vom Thema ab oder wollen einfach nicht verstehen.

Es-Abwehr

Auch die Triebimpulse, die aus dem Es kommen, sind aufgeteilt in erlaubte und unerlaubte. Sind sie vom Über-Ich genehmigt, so muss das Ich sie nicht aus dem Bewusstsein herauswerfen, sondern kann sie befriedigen. Das ist nur zu selten der Fall. Erziehung, Moral, enge Lebensverhältnisse und Glaubenssätze schaffen es immer wieder, viele der Triebimpulse abwertend zu behandeln und einem Verbot zu unterwerfen. So bleibt es Aufgabe des Menschen, sich mit seinen Triebimpulsen auseinander zu setzen, vor allem aber Triebimpulse anderer Menschen nicht vorzuverurteilen.

Weiterhin gilt für die Es-Abwehr, dass sie oft nicht dem Trieb selbst gilt, sondern der Vehemenz, mit der sich dieser Trieb Gehör verschaffen will. Hier kann nur die wiederholte Erfahrung, dass der Trieb beherrschbar ist und dass man letztendlich Herr im eigenen Haus bleibt, die Abwehr mindern. Menschen, die langfristig zu viele Impulse aus dem Lust- und Triebbereich abwehren, wirken oft merkwürdig »cool« oder kopfgesteuert. Für kurze Zeit kann ein anderer für den Trieb-Gehemmten die Verbalisierung seiner Wünsche übernehmen. Auf Dauer sind solche gespaltenen zwischenmenschlichen Kontakte schwierig.

Als Hilfestellung dient es
- an die eigene Vernunft zu appellieren,
- Identifikation mit dem einschränkenden Über-Ich abzubauen,
- den überhöhten Anspruch an sich selbst zu überprüfen.

Realitätsabwehr

Es gibt kaum einen Tag, an dem wir nicht von unbequemen Sachverhalten und Forderungen aus der Umwelt eingeholt werden, die fast blitzartig ein »Das will ich nicht« auslösen. Aber anders als bei den Impulsen aus dem Es oder aus dem Über-Ich kommt es hier schneller zu einer Überprüfung der Geschehnisse und zu einem gezielten Handeln. Werden wichtige Teile der Realität dauerhaft ausgeblendet, wie es in einem gestörten Leben der Fall ist, so ist es – anders als bei der Es-Abwehr – kaum möglich, auf soziale Kompetenz zurückzugreifen oder vom Abwehrenden soziales Verhalten zu erwarten. Hier ist adäquate Kommunikation und gemeinsame Zielerreichung schwer möglich.

Bei allen Abwehrmechanismen aber gilt zu unterscheiden, wo diese Mechanismen schützend wirken, oder wo sie wichtige Impulse, die die Kommunikation beleben und voranbringen würden, verhindern.

Der Dirigent des eigenen Orchesters zu sein, wie wir es am Anfang des 3. Kapitels genannt haben, heißt also aus tiefenpsychologischer Sicht nichts anderes als die inneren Kräfte und ihre Impulse auszubalancieren und ihnen angemessenen Raum zu verschaffen.

Werte geben Halt:
»Das ist mir unverzichtbar!«

»Werte kann man nicht theoretisch vermitteln, Werte muss man leben«, schreibt Viktor Frankl zum Umgang mit Werten und Bewertungen.

Unser Handeln und unser Nichthandeln, unser Reden und unser Für-sich-Behalten ist von Bewertungen durchdrungen, welche sich ihrerseits auf ethische Grundannahmen stützen. Sie sind als antreibende Kräfte und als Begrenzer zugleich zu verstehen und bedürfen einer ständigen Reflexion. Sie beeinflussen die Art und Weise, wie wir miteinander kommunizieren und kooperieren und sie sind von entscheidendem Ausschlag, wenn es um Produktauswahl, um Angebot und um Dienstleistungen geht. Die Wertsetzung der Dinge und Handlungen sind der eigentliche Einflussfaktor für das gesamte Zusammenleben.

Genau genommen liegt jeder Kommunikation ein Bild vom menschlichen Sein zugrunde, welches die handelnden Personen sich gemacht haben und worauf sie ihr Handeln beziehen.

Die Präsenz und die Umsetzung von ethischen Grundsätzen in Alltagshandlungen ist Orientierung dafür, wie im Privatleben und im Beruf Entscheidungen getroffen werden, bei der der Mensch und eine nachhaltig lebensfähige Umwelt als Maßstab gelten.

Wertbestimmungen sind weder Glaubenssätze noch willkürliche Setzungen. Ihre Inhalte sind Vorgaben für die Frage nach verbindlicher Prägung, die wir dem menschlichen Leben und Zusammenleben zugrunde legen wollen und wie wir alltägliche Umgangsformen schaffen, die diese Gültigkeit anerkennen und nicht beschädigen.

Auf die Dauer kann nur derjenige den Zugang zu anderen Menschen finden, der sich folgende vier Grundhaltungen zur Wertehaltung macht:

1. Aufmerksamkeit für andere
Jeder will als Mensch beachtet sein, nicht nur als Namenloser

oder als Kostenfaktor. Nur wer am anderen ehrliches Interesse zeigt, kann Einfluss nehmen auf den gemeinsamen Prozess. Nur der kann auch erwarten, dass ihm selbst Aufmerksamkeit geschenkt wird.

2. Achtung vor jedem anderen
   Respekt gegenüber dem, was dem anderen unverzichtbar und heilig ist, ist eine Voraussetzung zum Gedeihen von Kommunikation.

3. Anerkennung geben
   Jeder kann aus eigener Erfahrung nachvollziehen, wie wertvoll Anerkennung von Leistung ist. Aber auch wenn die Leistung einmal nicht so stimmt, will die Person als solche Anerkennung finden. Das fördert den Mut, die Sicherheit, den eigenen Wert. Anerkennung ist der Motor, der zu Leistung und zu positiver Einstellung anderen gegenüber antreibt.

4. Aufrichtigkeit walten lassen
   Ein kleines Schönreden kann zwar kurzfristig Erfolg haben, auf Dauer lebt Kommunikation jedoch von der Aufrichtigkeit. Hier gilt eine Regel, die in diesem Wortlaut erstmalig von Ruth Cohn so formuliert wurde:
   »Alles was Du sagst, sollte ehrlich sein,
   aber nicht alles, was ehrlich ist,
   solltest Du jederzeit und in jedem Kreis sagen.«
   Selektive Authentizität nennt sie dieses Auswählen im Hinblick auf Situation, Person und Zeitpunkt.

Der Einsatzort ethischer Überzeugungen ist immer der Alltag der Menschen. Hat der Mensch gelernt, diese Wertehaltungen zu befolgen, kann er ohne Zweifel entscheiden, wie er sich im gesellschaftlichen Umfeld und nicht anders im politischen Handeln verhalten soll. Ethik kommt nicht erst ins Gespräch, wenn es um Großartiges geht.

Angesichts der Globalisierung und einer Vision von Weltgemeinschaft kommen wir allerdings nicht umhin, uns auch um die Wertesetzungen im Kontext einer Weltgemeinschaft zu kümmern.

Ohne das Hinschauen auf die Werte würde soziale Kompetenz zu einer Technik herabgewürdigt, die anwendbar wäre, ohne die Würde des Menschen im Blick zu haben.

Die Humanistische Psychologie (HP), speziell die Themenzentrierte Interaktion (TZI), eine von Ruth Cohn entwickelte Methodik, um sich selbst und andere zu leiten, legt diese Wertehaltung in drei Axiomen fest, die das Verhalten bestimmen sollen und darüber hinaus menschen- und umweltwürdigem Handeln die Richtung geben. Die Axiome stehen in gegenseitiger Ergänzung zueinander und sind daher im Verbund untereinander zu betrachten und umzusetzen:

1. Das existenziell-anthropologische Axiom

»Der Mensch ist eine psychobiologische Einheit und ein Teil des Universums. Er ist darum gleichermaßen autonom und interdependent. Die Autonomie des Einzelnen ist umso größer, je mehr er sich seiner Zugehörigkeit mit allen und allem bewusst wird.«

Dieses Axiom drückt die Grundaspekte menschlichen Seins aus: Der Mensch hat physische, emotionale und intellektuelle Bedürfnisse und Erfahrungen, die nicht voneinander getrennt werden können, sondern sich immer als Facetten der gleichen Einheit Mensch präsentieren. Wenn ein Teilbereich angerührt wird, reagiert der ganze Mensch, einem Mobile gleich.

Abb. 3: Mobile

2. Das ethisch-soziale Axiom

»Ehrfurcht gebührt allem Lebendigen und seinem Wachstum. Respekt vor dem Wachstum bedingt bewertende Entscheidungen. Das Humane ist wertvoll; Inhumanes ist wertbedrohend.«

Dieses Axiom hat einen unübersehbaren Bezug zu unserer momentanen Situation, in der, wie in keiner anderen Zeit, fast alles als machbar gilt und wir wachen Verstandes herausfinden müssen, was von dem vielen Machbaren wir bewahren und fördern wollen. Diese Gestaltungsarbeit, die jeder zu leisten hat und für die jeder Verantwortung trägt, schlägt sich besonders im Umgang miteinander nieder.

3. Das pragmatisch-politische Axiom
Dieses ist das praxisbezogene Axiom.

»Freie Entscheidung geschieht innerhalb bedingender innerer und äußerer Grenzen. Erweiterung dieser Grenzen ist möglich!«

Ruth Cohn interpretiert dieses Axiom so: »Freiheit im Entscheiden ist größer, wenn wir gesund, intelligent, materiell gesichert und geistig gereift sind, als wenn wir krank, beschränkt oder arm sind oder unter Gewalt und mangelnder Reife leiden.« (Cohn 1975, S. 120)

Mit dieser Aussage und ihrer Begründung ergänzt das dritte Axiom die beiden vorausgegangenen, indem es auf die Bedeutung vorgegebener Grenzen für die freie Entscheidung hinweist.

Um sich auf dem Hintergrund dieser Axiome im Dschungel der Werte einen Standpunkt zu verschaffen, können folgende Fragen helfen:

- Welche Überzeugungen und Wertschätzungen leiten mich im Denken und Handeln?
- Von was möchte ich, dass es auf jeden Fall erhalten bleibt, für mich und alle anderen?
- Was tue ich dafür?
- Was unterlasse ich dafür?
- Wie sieht die Hierarchie meiner Werte aus?

Gerade mit der Beherrschung der neuen Medien und im Zuge von Globalisierung wird Selbstkontrolle als Wertekontrolle zu zentraler sozialer Kompetenz. Die Chance, als autonome Person das eigene Schicksal zu gestalten, ist verlockend, aber nur im Hin und Her des Werteabgleichs mit Familie, Kollegen, Team oder jedweder Gruppe, in die man eingebunden ist, kann es gelingen.

Stimmt einmal die ethische Grundhaltung nicht, so bleiben alle vertrauensbildenden sozialen Kompetenzen, von denen wir hier sprechen, ein mechanisches Regelsystem. Der Zusammenhalt, das Zusammenspiel ist jederzeit in Gefahr, zu einem Gegeneinander zu verkommen.

Fragen zur psychischen Gesunderhaltung

Psychische Gesundheit ist wie körperliche Gesundheit nichts Statisches. Die folgenden Fragen bilden ein Gerüst, an dem Gesundheit überprüft werden kann.

1. Wie sind die Bedürfnisse meines Körpers befriedigt:
   - Ist mein Schlaf-wach-Rhythmus generell im Lot?
   - Kann ich mein Leben so gestalten, dass die Energie regelmäßig wieder zurückgewonnen wird?
   - Verschaffe ich meinem Körper Bewegung und Ruhe, Stress und Entspannung so wie es dem Körperbau und Alter entspricht?
   - In welchem Bereich müsste ich meinen elementaren Bedürfnissen mehr Aufmerksamkeit schenken?

2. Bin ich Herr/Herrin meiner materiellen Möglichkeiten?
   - Verhelfen mir diese in aller Regel zur Selbstachtung, zur Abgrenzung, zu einem selbstbestimmten Leben?
   - Wie zufrieden bin ich mit meinen Handlungsmöglichkeiten auf der materiellen Ebene? Kann ich mir helfen, wenn ich in einen Engpass gerate?

3. Wie extravertiert/introvertiert erlebe ich mich?
   - Welchem Grundtyp nach Riemann (siehe Seite 67ff.) rechne ich mich schwerpunktmäßig zu und wie selbstbestimmt kann ich mich damit bewegen, insbesondere, wenn es um

Bestimmen und Mitbestimmen geht, um Entscheidungen treffen, Teamentscheidungen tragen, mit meiner Meinung gehört und akzeptiert werden. Kann ich auch schwierige Kontakte aufnehmen und halten?

4. Wie kann ich mich mit den beruflichen Inhalten und Tätigkeiten identifizieren und wie passen sie zu meiner Persönlichkeit?
   • Wie passt meine Persönlichkeit zur zwischenmenschlichen Kultur meines Arbeitsplatzes?
   • Wie konkurriert das mit meinem außerberuflichen Leben, wie deckt es sich?
   • Wo behindern sich Berufs- und Privatleben?

5. Habe ich ausreichend private Kontakte, bei denen ich auftanken kann, mit denen ich nicht in Konkurrenz stehe (oder nur in gewollter, z. B. sportlicher), wo ich nicht »gut« sein muss?
   • Habe ich genügend Kontakte zum anderen Geschlecht?
   • Last not least: Habe ich jemand, mit dem ich über diese Fragen sprechen kann?

Persönlichkeit steuert das Verhalten: »Was ist typisch für mich!«

Das Talent, soziale Kompetenzen situationsgerecht einzusetzen, hängt eng mit der psychischen Grundstruktur zusammen, auf die sich persönliche Verhaltensweisen und Vorlieben abstützen. Damit ist die Art und Weise gemeint, in der eine Person die Anregungen aus der Welt um sie herum aufnimmt und wie sie sich ihnen stellt. Jeder Mensch hat z. B. seine persönliche Art, Angst wahrzunehmen und hat ebenso seine ganz persönliche Art entwickelt, um ihr zu entgehen.

Diese Grundstrukturen menschlichen Verhaltens will ich in Anlehnung an Fritz Riemanns »Grundformen der Angst« darstellen.* Ich will mich an dieser Stelle beschränken auf solche Kenntnisse, die im Zusammenhang mit sozialen Kompetenzen stehen. Darüber hinaus verweise ich auf Fritz Riemanns eigene Veröffentlichungen und auf praktische Weiterbildungsangebote, in denen die Struktur der eigenen Person und die der anderen besser kennen gelernt werden kann.

Das Riemannsche Modell ist in doppelter Weise sinnvoll:

- Es zeigt, über welche Fähigkeiten eine Person verfügt und
- welches Verhalten ihr Sicherheit gibt.

Weiterhin weist es darauf hin,

- in welcher Richtung Defizite vorliegen und
- welche zusätzlichen Möglichkeiten bestehen.

Wie jedes schematisierte Konstrukt ist auch das Riemannsche Modell eine Verkürzung der Wirklichkeit. Eine gewisse Problematik in der Anwendung des Riemannschen Modells liegt darin, dass die in der Tiefenpsychologie verwendeten Begriffe vor allem für die Kennzeichnung von Krankheitserscheinungen dienen und dort Bedeutung gewonnen haben. Es scheint aber wichtig, diese Unterschiedlichkeiten des Handelns und des Erlebens im normalen Leben kennen zu lernen, gerade auch, um Zuspitzungen und ihre Konsequenzen besser abzufangen und im zwischenmenschlichen Kontext konstruktiv einzusetzen. Auch für eine Krisenintervention ist diese Kenntnis eine hoch zu schätzende Hilfe.

---

* Die hier zu lesenden Texte sind in ähnlicher Form in Langmaack/Braune-Krickau: »Wie die Gruppe laufen lernt«, wiedergegeben.

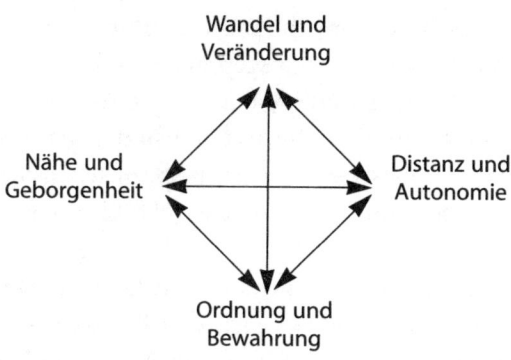

Wandel und
Veränderung

Nähe und
Geborgenheit

Distanz und
Autonomie

Ordnung und
Bewahrung

Abb. 4: Mögliche Grundstrebungen des Menschen (n. Riemann)

So vielgestaltig menschliches Verhalten und menschliche Ängste auch sein mögen, so lassen sie sich doch in vier Grundformen fassen, die sich aus den abgebildeten Gegensatzpaaren ergeben:

⇨ Dem Grundstreben nach Distanz steht das Grundstreben nach Nähe gegenüber.

⇨ Dem Grundstreben nach Ordnung und Dauerhaftigkeit steht das Grundstreben nach Wandel und Veränderung gegenüber.

Anders ausgedrückt:

⇨ Man will auf jeden Fall eigenständig und selbstbestimmt bleiben:
Das Streben nach Selbstbewahrung und Individuation prägt den distanzierten Grundtyp.

⇨ Man will sich in erster Linie in kollektive Zusammenhänge einfügen:
Das Streben nach Integration prägt den zugewandt-helfenden Grundtyp.

⇨ Man gibt Dauer und Beständigkeit den Vorrang:
Das Streben danach prägt den ordnend-strukturierten Grundtyp.

⇨ Man liebt Veränderung und Wandel über alles:
Das Streben danach prägt den schwungvoll-kreativen Typ.

Jede Persönlichkeit gewinnt ihr Profil dadurch, dass eine dieser Grundstrebungen besonders ausgeprägt ist und die anderen sie mehr aus dem Hintergrund ergänzen. Eine der Strukturen lebt der Mensch am leichtesten, die anderen sind angstbesetzter und weniger vertraut. Die so entstehenden spezifischen Stärken und Schwächen, Kanten und Ecken machen die Einzigartigkeit jedes Menschen aus.

Ideal wäre es, wenn der Einzelne sich flexibel zwischen den Polen bewegen könnte und je nach den Erfordernissen der Situation eine angemessene Mischung aus Nähe und Distanz, Bewahrung und Veränderung finden könnte, sowohl für sich selbst als auch für das Eingehen auf andere.

Hat sich ein Profil allerdings extrem verschoben, so erlangt es Züge, die Kommunikation erschweren oder gar Zusammenarbeit unmöglich machen. Da sehen wir dann den ordnendstrukturierten Menschen, der vor lauter Ordnung-Schaffen zu nichts anderem mehr kommt oder den distanzierten Einzelarbeiter, den jede Teamarbeit nervös macht. Ist eine der erwähnten Grundstrukturen bei jemandem besonders ausgeprägt, so neigt er dazu, in bestimmten Situationen leichter in Krisen zu geraten als jemand, bei dem die Durchmischung der Grundstrebungen für einen guten inneren Ausgleich sorgt. Insofern hilft eine Kenntnis dieser Grundelemente auch die Krisenanfälligkeit oder einfach nur ungünstige Strukturen der Zusammenarbeit frühzeitig zu erkennen.

Es hat der Mensch so immer vier Möglichkeiten, in einer sozialen Situation zu handeln. Er wird aus diesen vier Möglichkeiten jeweils eine als seine bevorzugte einsetzen und durch die anderen ergänzen. Die meisten Menschen verfügen über ein mehr oder weniger ausbalanciertes »Mischungsverhältnis« und bedienen sich ohne lange nachzudenken der für sie stimmigen Funktion.

Des besseren Verständnisses halber wollen wir die Typen aber zunächst einmal getrennt voneinander anschauen.

1. Der distanzierte Typ

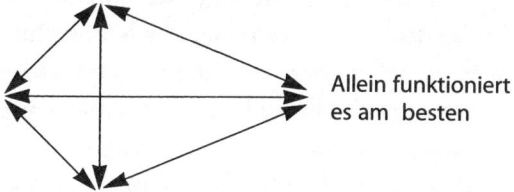

Allein funktioniert
es am besten

Abb. 5: Grundstrebung des Distanzierten

In der ersten Begegnung wirkt ein Mensch mit diesem Schwerpunkt auf andere eher kühl und zurückhaltend, er vermittelt eine gewisse Distanz, die es dem Anderen schwer macht, ihm näher zu kommen. Er führt ein relativ intensives Eigendasein, möchte über längere Strecken allein sein und kann das gut, wenn auch der Wunsch, dazuzugehören, immer wieder auftaucht. Eine Beziehung einzugehen und auch zu halten, gelingt ihm am besten durch Sachinhalte, über die er sich mit anderen trifft und über die er dann auch seine Kontaktscheu aufgeben und Gefühle zeigen kann, wenn auch in sachliche Form verkleidet und sehr verhalten.

Seine Eigenständigkeit und Unabhängigkeit geht ihm über alles. Sie zu bewahren ist die Schutzhaltung, mit der er die Nähe, die ihn so verletzbar macht, vermeiden kann.

Der Distanzierte ist ein kritischer und scharfer Beobachter mit klarer und unsentimentaler Haltung. Er kann dabei soweit gehen, dass er verletzend wirkt, besonders, wenn ihm der Rückzug aus zuviel Nähe verwehrt wird.

Das Leben im Kollektiv der Gruppe kostet den Distanzierten viel Kraft. Während des Gruppengeschehens erlebt man ihn häufig mit einem Bein draußen stehend, was sich im Zurückziehen in den Pausen und im Wahrnehmen von Außenbeziehungen äußern kann, auch im zurückhaltenden Einlassen am Anfang und in fast blitzartigem Verschwinden am Ende. Während man andere zum Abreisen ermuntern und sehr deutlich auf die Realität des Endes hinweisen muss, ist er längst weg!

Ein anderer Mechanismus als Schutz vor allzu verbindlicher Nähe ist das Ummünzen persönlicher Inhalte in Sachinhalte.

Lässt man ihm nicht den Raum, den er zu seinem Wohlbefinden braucht, so droht er von Eigenständigkeit in Eigensinnigkeit und Verbohrtheit überzuwechseln und damit auch aus Arbeitsteam oder Familie herauszufallen.

Ein konstantes Kontaktangebot dagegen, das ihm die Möglichkeit zur Distanz lässt, macht ihn offen für sehr konstruktive Mitarbeit, in der er dann sein meist differenziertes Wissen gern zur Verfügung stellt und Witz und Spontaneität zeigt. Auch um mit Helikopterblick eine Gesamtschau der Situation zu erfassen, ist er der geeignete Teamer.

2. Der Nähe brauchende Typ

Hingabe und
Lust am
Zusammenwirken

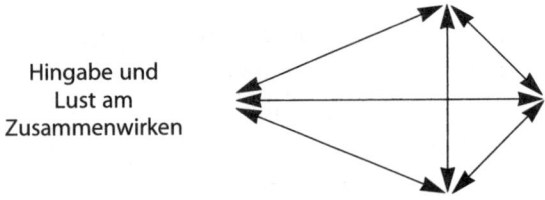

Abb. 6: Grundstrebung des Nähe brauchenden

Dieser bildet den Gegenpol zum Distanzierten. Er kommt uns als herzlicher, offener Mensch entgegen, der vertrauensvoll in Gruppen und Teams mitarbeitet und für den Zugehörigkeit und Beziehung oberstes Ziel sind. Während sich beim Distanzierten die Beziehung über Sachthemen langsam anbahnt, ist für ihn der Wunsch nach Beziehung stärker als das Interesse an Sacharbeit.

Der Mensch mit dieser Grundhaltung ist ohne großes Fragen zunächst einmal bereit mitzumachen, was angeboten wird. Er sagt eher zu spät als zu früh »nein« und trägt, wo er kann, zu einem guten Gruppenklima bei. Diese Menschen übernehmen problemlos und heiter Aufgaben für die Gruppe, selbst außerhalb der offiziellen Zeiten, und befriedigen damit auch ihren Wunsch nach Nähe und Dazugehören-Wollen.

Diese relativ hohe Hilfsbereitschaft kann allerdings auch zur Falle werden. Hat er nämlich sein Potenzial an Hingabe und an Hinnahme zu weit ausgeschöpft, hat er andere zu lange umsorgt und ist zu bereitwillig auf die Vorschläge der anderen eingegangen, so wird er die angestaute Spannung zwar noch über einige Zeit nach innen ableiten, sich dann aber nach außen Luft machen, vorwurfsvoll klagend und, für Außenstehende unerwartet, für sich selbst angstbesetzt. Ist er zu lange Konflikten aus dem Weg gegangen und will sie letztendlich doch bearbeitet wissen, so mündet das häufig in eine Flut von Beschwerden.

Die offene Bereitschaft mitzumachen macht es dem Zugewandten zunächst leichter als dem Distanzierten. Aber dieser sollte darauf achten, dass er nicht klammernd wird, und er sollte frühzeitig für notwendige Grenzen sorgen. Hier können Vorgesetzte oder Lehrer ein Wachstum an Autonomie fördern, indem sie helfen, »nein« zu sagen und das Aushalten von Konfliktsituationen einüben zu lassen. Der Wunsch nach Beziehung darf bei den Zugewandten nie den Sachinhalt verschlingen.

Eins fällt dem Nähe suchenden Typ auch in der Gruppe besonders schwer: das Abschiednehmen! Erst wenn er anderen dabei helfen kann, wird es für ihn selbst leichter.

3. Der ordnend-bewahrende Typ

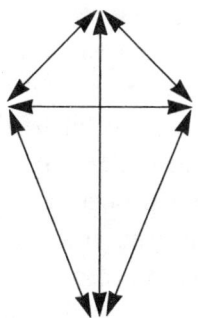

Ordnungsliebe und
Sinn für Struktur

Abb. 7: Grundstrebung des Ordnenden

Wir finden hier die Menschen, die uns sachlich und nüchtern entgegentreten, die gern von Anfang an wissen wollen, wo es längs geht, was die gemeinsame Aufgabe sein wird, worauf sie sich einstellen müssen und was sie selbst dazu beitragen können. Affekte und emotionale Impulse sind nicht ihre Sache. Intellekt, Wissen und ein gutes Gedächtnis für Tatsachen herrschen vor. Mit strukturierten Menschen kann man Pläne machen und klare Verabredungen treffen, die sie dann allerdings auch einzuhalten wünschen. Gegen spontane Ideen und risikoreiche Veränderungsvorschläge stehen ihre Wünsche nach Dauer, Abwägbarkeit und Überschaubarkeit. Aus diesem Grund machen sie es den anderen im Team, denen, die länger experimentieren möchten, ehe sie sich entscheiden, oft schwer.

Wie der Distanzierte auf seine Weise nach Eigenständigkeit und Freiraum sucht, so ist der Ordnend-Bewahrende in besonderem Maße interessiert daran, möglichst als Sieger aus einem Konflikt hervorzugehen. Kompromisse sind nicht seine Sache.

Die Tüchtigkeit dieses Typs, auf Interaktion bezogen, liegt in der Fähigkeit, planend und ordnend einzugreifen und den Überblick auch dort zu behalten, wo der Rote Faden verloren zu gehen droht und Sacharbeit von Emotionen verschlungen wird. Er wird dafür sorgen, dass notwendiges Material vorhanden ist. Er scheut auch die Auseinandersetzung nicht. Arbeiten wie Protokolle übernimmt er zwar nicht mit fliegenden Fahnen, aber doch leichter als andere und gewinnt auch eine gewisse Freude daran. Seine angefertigte Arbeit wird auf jeden Fall korrekt sein.

Es ist wichtig zu wissen, dass Veränderungsschritte diesem Typ nur in kleinen Dosen angeboten werden dürfen. Das Prinzip des geordneten Ablaufs muss nachvollziehbar bleiben. Einblick in die Planung schafft beruhigende Transparenz und verhindert allzu viele Warum-Fragen, die gern gestellt werden.

4. Der überschwänglich-schwungvolle Typ

Wandel und Wechsel im
Handeln und Begehren

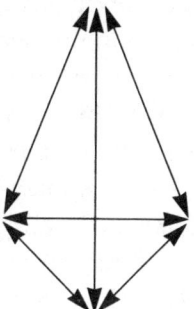

Abb. 8: Grundstrebung des Schwungvollen

Sein Verhalten ist von einer unerschöpflichen Suche nach neuen Reizen geprägt. Jede neue Aufgabe ist für ihn ein reiches Feld an Möglichkeiten, auf die er sich gern einlässt, wenn er sich auch das Zugeständnis der Unverbindlichkeit am liebsten bis zuletzt offen hält.

Mit seiner liebenswerten, anregenden Art zieht er zunächst schnell die Aufmerksamkeit auf sich. Das löst sowohl positive als auch negative Reaktionen aus, von Faszination bis Aggression. Je ausgeprägter seine Art ist, umso schwieriger ist es für ihn, sich einer Gruppennorm anzupassen und Abmachungen einzuhalten. Das mögen andere nicht immer gern, aber ehe sie es ihm deutlich gesagt haben, hat er sie mit seinem Charme aufs Neue verführt. Er braucht eher Zuschauer und Bewunderer als ein ebenbürtiges Team.

Ähnlich wie der Distanzierte liebt er sein eigenes Aktionsfeld, möchte aber, anders als jener, mit einem »Publikum« um sich herum agieren. Kontakte werden leicht geschlossen, Sach- und Arbeitsbeziehungen werden schnell aufgenommen, sind oft aber nicht von langer Dauer. Für die kurzfristige Übernahme von Rollen, auch in Rollenspielen, und für die Mitwirkung bei Übungen mit kreativem Charakter finden wir in ihm einen willigen Partner.

71

Es sieht so aus, als ob sich hier ein unkompliziertes Gegenüber anbietet. Das starke Nach-außen-Gehen und die selten müde werdende Betriebsamkeit verlangen aber eine Standfestigkeit auf der anderen Seite. Das manchmal überschwängliche Temperament bedarf einer konsequenten Konfrontation mit der Realität und den gegebenen Rahmenbedingungen. Wenn man sich als Freund oder Kollege von ihm überfluten lässt, läuft man Gefahr, mattgesetzt oder mitgerissen zu werden. Beides führt von Selbstbestimmung weg. Mit dieser Variante des Zusammenspiels haben wir die vier Möglichkeiten abgerundet.

Diese Kurzdarstellung der Typen soll nicht zur Schematisierung verführen. Wie schon erwähnt, hat jeder Mensch alle vier Elemente potenziell zur Verfügung, um sie mehr oder weniger deutlich zu nutzen. Das heißt, dass er immer auch auf die anderen Grundstrebungen ansprechbar ist, die nicht so deutlich hervortreten. Krisen entstehen für ihn, wenn er zu schnell und zu einseitig auf den Grundstrebungen gefordert wird, auf denen er sich unerfahren fühlt und die von daher angstbesetzt sind. Erwartet man z. B. von einem distanzierten Menschen, dass er sich in einer Gruppe Zugewandter ebenso lebhaft wie diese verhält, so fordert man, was seinem Typ so gar nicht entspricht. Meist kennt jeder seine »Defizite« und »Übersteigerungen« selbst ganz gut und weiß, wie er typbedingter Überforderung entgegenwirken kann. Wo das jedoch aus Abhängigkeitsgründen nicht möglich ist, sollte der Betroffene umso sorgfältiger für genügend Stabilisierung sorgen.

Wir sollten hier nicht enden, bevor wir eine Tatsache angesprochen haben, auf welche F. Riemann zwar nur indirekt hinweist, auf die uns C. G. Jung aber umso engagierter aufmerksam macht: Es geht darum, dass jeder der geschilderten Typen als extravertierte oder aber als introvertierte Version gelebt werden kann. Während der erstere sich unabhängig vom Typ lebhaft und gerne nach außen wendet, bleibt der zweite meist bei sich und geht in Gesellschaft anderer selten aus sich heraus. Durch diese unterschiedliche Art, den Grundtyp zu leben, sehen sich die eigentlich ähnlichen Typen oft im Erscheinungsbild so wenig ähnlich. Der eine übernimmt ein öffentliches Amt und greift – auch als Distanzierter – gestaltend und mit Erfolg in Organisationsabläufe ein, während der andere aus dem stillen Kämmerlein und hauptsächlich indirekt mit der Öffentlichkeit in Kontakt steht und mit großer Zufriedenheit deren Zusammenkünften fernbleibt. Der introvertierte Zugewandte agiert dann aus bescheidenem Hintergrund.

In der Literatur (Malik 2000, S. 121 ff.) finden wir die These von der Unveränderbarkeit des Typs. »Menschen muss man so nehmen wie sie sind«, heißt es da.

Diese grundsätzlich richtige Feststellung darf aber kein Anlass sein, sich von einem »Da kann man nichts machen!« blockieren zu lassen.

Zum einen kann jeder über seinen Tellerrand hinausblicken und eine ihm noch ungeübte oder gar fremde Aktion oder Reaktion ausprobieren.

Zum anderen soll das Wissen über die Typen Toleranz in der Kommunikation wecken und nicht zuletzt dazu auffordern, Typunterschiede gezielter zu nutzen.

In einer Skizze wird zum Abschluss noch einmal aufgezeigt, wie das Zusammenspiel individueller Ressourcen aussehen kann, um optimale zwischenmenschliche Kompetenz zu erlangen:

Der Schwungvolle
»Wenn ich im Mittelpunkt stehe, wird es nie langweilig.« Mich interessieren Menschen, aber sie sollen sich vor allem für mich interessieren.

Der Zugewandte
Lieber im Team, als allein.
Sich einfühlen fällt leicht.
Auch wenn die Leistung nicht stimmt, wir sind doch so nett!

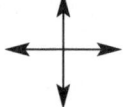

Der Distanzierte
Allein wäre ich schon fertig.
Sich anpassen schränkt ein und strengt an. Kein begeisterter Teamer, aber ein guter Analytiker.

Der Ordnende
Was nicht sein darf, auch nicht sein kann. Das stimmt auch für Gefühle. Abweichungen im Verhalten sind nicht gern gesehen. Einfühlen ist ungeübt.

4 Kommunikation – Fundament des Zusammenlebens

Einleitung

Mit Kommunikation bezeichnet man den Echovorgang zwischen Menschen, der sprachlich, nonverbal, schriftlich oder taktil sein kann.

In unserem Zusammenhang hat das Sprechen den Vorrang, wenngleich soziale Kompetenzen immer auch von non-verbalem Verhalten begleitet oder gestützt sind.

Während höhere Sozialkompetenz unabdingbar zu höherer Kommunikationsfähigkeit führt, ist in der Umkehrung die elementare Fähigkeit, kommunizieren zu können, ein Muss, um überhaupt in Beziehung zu treten. Dass dieses nicht selbstverständlich ist, sehen wir an der zunehmenden Anzahl von sozialen Konflikten in Familie, Schule und öffentlichem Leben, bei denen manchmal schon die ersten Lösungsversuche scheitern.

Dabei müssen wir nicht nur solche Unterschiede berücksichtigen, die sich durch Lebensalter, Kulturkreis und Begabung auszudrücken pflegen oder durch Erziehung bedingt sind. Alle Gegebenheiten, die Kommunikation gelingen lassen, Toleranz, Respekt oder typbedingte Stärken, können dieselbe auch zum Scheitern bringen.

Über diese Hinweise hinaus gelten fünf Grundsätze, die Paul Watzlawick 1969 formulierte und auf die sich inzwischen die meisten Kommunikationsexperten beziehen:

1. Man kann nicht nicht-kommunizieren.
2. Jede Kommunikation hat eine Sach- und eine Beziehungsebene, hat ein Was und ein Wie zum Inhalt.

3. Kommunikation ist Aktion und Reaktion. Dabei hat häufig jeder Partner den Eindruck, dass er nur reagiert, während der andere agiert. Aus dieser Subjektivität entsteht der Teufelskreis »Weil du so bist – denkst – handelst … muss ich …«
4. Kommunikation hat verbale und non-verbale Anteile. Beide müssen gehört, verstanden und beachtet werden.
5. Kommunikation beruht auf Gleichheit und Ungleichheit. Je angepasster der eine, umso bestimmender der andere.

Soziale Kompetenzen sind immer Teilaspekte von kommunikativem Handeln, und dieses wiederum geschieht in spezifischen sozialen Situationen. Es wird ergänzt durch fachliches Handeln und den Einsatz von strategischen Methoden. Alle Situationen bauen sich, was ihren inneren Ablauf betrifft, nach einem generellen Grundmuster auf, welches hier im Buch bei den Gruppenphasen beschrieben ist (Kapitel 4. S. 77ff.), im Übrigen aber profilieren sie sich durch Ort, Zeitrahmen, Thematik, fachliche und strategische Ziele und nicht zuletzt durch die beteiligten Menschen, die diese Situation zum Handeln nutzen. Auch muss sich jede Situation mit ihren Rahmenbedingungen auseinander setzen, die ihrerseits die Art und Weise der Kommunikation mitbestimmt. Damit sind auch solche Kräfte gemeint, die von außen auf eine Gruppe Einfluss nehmen, wie es u. a. Gesetze, finanzielle Einschränkungen oder Wettereinflüsse sind. Damit sich Menschen unter atmosphärisch angenehmen Bedingungen begegnen und arbeiten können, sollten auch so »simple« Dinge wie Raumgröße, Stuhlkreis, Stuhlreihen oder Tische stimmen. Es beeinflusst besagte Atmosphäre erheblich, ob z. B. alle Beteiligten sich ansehen können, ob außer der Zeit zum Reden auch Zeit zum Denken gegeben wird, und selbstverständlich darf der Einsatz von Medien die Interaktion nicht dominieren. Der interessanteste Arbeitsauftrag, das lange begehrte Gespräch droht zerstört zu werden, wenn auch nur einige von diesen Rahmenbedingungen keine Beachtung finden.
Jede Situation, in der Kommunikation stattfinden soll, wird

erst durch das Zusammenspiel dieser Aspekte zu einem Ort zielorientierter Interaktion:

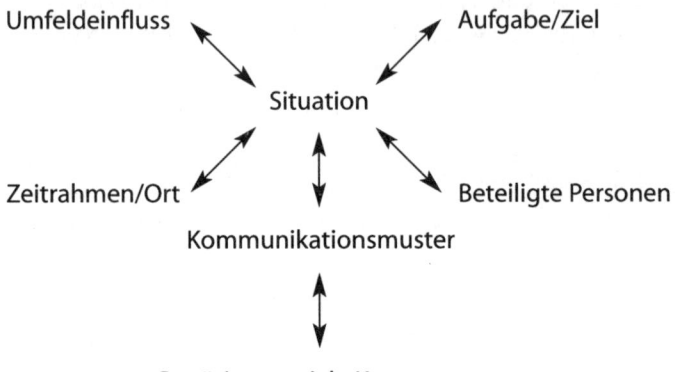

Im Alltag nennen wir diese Konstellation u. a. Familie, Partnerschaft, Freundeskreis, Verein.

Im Unternehmensbereich heißen sie Abteilung, Team, Projektgruppe. Im Lehr- und Lernbereich finden wir Analogien. Alle Situationen haben ihren Ausgangspunkt in einer Zweierkonstellation, wenn wir außer Acht lassen, dass Menschen auch mit sich selbst kommunizieren. Die klassischen Selbstgespräche, auch innerpsychische Auseinandersetzung genannt, sind Beispiel hierfür. Vor der kleinsten Interaktionseinheit ich und du steht immer noch die intimere Einheit ich mit mir, die im Freudschen Seelenmodell verständlich wird (siehe 3. Kapitel, Seite 51ff.).

Interaktionen zwischen zwei oder mehr Personen laufen darüber hinaus mit unterschiedlichen Beteiligungsformen ab.

Aus den vielen möglichen Varianten seien einige hier genannt, nämlich solche,

– in denen nur für die eine Seite verbale oder nonverbale Aktivität vorgesehen ist: Schauspieler und Zuschauer, Redner/Prediger und Zuhörer;
– in denen alle Beteiligten nur aufeinander reagieren, der letzten Intervention entsprechend, anstatt ihrerseits auf ein Ziel hin zu agieren;

– in der zwar beide Seiten agieren, aber nur eine Seite Ziel, Inhalt und Intensität der Interaktion bestimmt;
– und schließlich solche, in denen alle Beteiligten ihren aktiven Beitrag leisten, um ein vereinbartes Ziel zu erreichen; hier bauen die Interventionen bewusst aufeinander auf.

In jeder Situation sind andere soziale Teilkompetenzen oder Verzichtleistungen gefordert, und diese wirken ggf. verändernd auf die vorhandene Situation ein.

Kommunikation gibt es selten umsonst. Sie braucht im Privaten ihren geeigneten Rahmen, der zumeist Aufwand bedeutet und finanziert werden muss, und sie bildet im Geschäftsleben einen nicht zu unterschätzenden Kostenfaktor. »Das müssen wir mal kommunizieren« ist leichter gesagt als in einen geeigneten Rahmen gebracht – und vor allem bezahlt. Aber die Mühe für diesen Aufwand zeigt nicht nur im Privaten ein tragfähiges Beziehungsnetz als Resultat, sondern auch im Geschäftsleben zeitigt das Pflegen von Kommunikation zumeist spürbare Effizienz.

Gut geführte Organisationen sind immer solche, in denen Kommunikation angemessen Raum gegeben wird.

Gute Kommunikation minimiert auf lange Sicht die Kosten. Das gelingt am besten, wenn wichtige Beziehungen kontinuierlich und aufmerksam gestaltet werden und man sich nicht erst im Konfliktfall auf beziehungsstiftende Maßnahmen besinnt.

Der Weg vom Ich zur Gruppe

Von den Überlegungen zur Person schlagen wir den Bogen zur Kommunikation mit anderen.

Eine Arbeitsgruppe oder ein Team beginnt nie als zusammengehöriges System.

Vielmehr entwickelt es sich über einen mehr oder minder langen Weg von einer Anzahl einzelner Personen, die noch wenig Kontakt zueinander haben, über kleine Ich- und Du-Einheiten zu einem Gefüge, dem diese sich langsam emotional zugehörig fühlen.

Um dieses Stadium relativ sicher zu erreichen, bedarf es eines angemessenen Zeitrahmens und häufig auch äußerer fördernder Bedingungen, wie geeignete Räume, in jedem Fall aber gemeinsame Tätigkeiten, Themen und Ziele. Häufig gelingt dieses Zusammenwachsen gründlich und schneller, wenn es jemanden gibt, der dazu anleitet. Das kann der offizielle Leiter sein sowie jemand, der nur für diese ersten Schritte die Leitung übernimmt. Es sollte Raum und Zeit gegeben werden, um über einzelne Schritte aufeinander zuzugehen. Diese werden auch im 4. Kapitel (S. 88ff.) näher beschrieben.

Dazu verhelfen
– erste Informationen übereinander:
»Das bin ich und wer bist du?«
– Austausch persönlicher Motive:
»Ich möchte hier erreichen ...«
»Warum bist du hier?«
– Rollenklärungen, um für sich selbst zu sorgen und sich mit den anderen zu organisieren:
»Welchen Part kann ich hier spielen und welchen du?«
Dieser Schritt, ohne den eine Gruppe schwer zu einer Gruppe wird, ist häufig zeitlich und in seiner Bedeutung zu kurz bemessen.

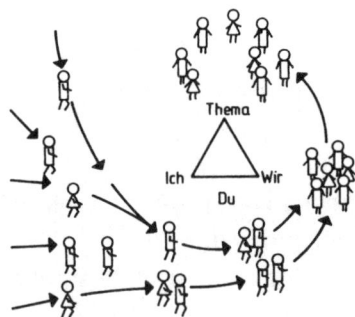

Abb. 9: Innere und äußere Wege des Einzelnen in die Gruppe und zum Thema

Jedoch erst nach dieser Phase des Aufeinanderzugehens wird es möglich sein, Anliegen und Fragen anderer nicht nur zu hören, sondern auch auf sie einzugehen. Von jetzt an können die Teilnehmenden Gemeinsamkeiten erkennen, dafür eintreten und danach handeln. Jetzt erst kann man sich abgrenzen gegen andere Ansichten, ohne den persönlichen Kontakt zu verlieren.

Gemeinsame Aufgaben, die mit wenig Zeit für das Aufeinanderzugehen der Beteiligten durchgezogen werden, sind vom Resultat her oft kurzlebig. Spätestens, wenn es um die Realisierung der Resultate geht, fehlt es an Energie.

Aus einzelnen Personen wird eine Gruppe

Von einer Gruppe als soziales System sprechen wir erst dann, wenn eine relativ konstante Anzahl von Menschen zusammengekommen ist, um für eine festgelegte Zeit an einem gemeinsamen Thema zu arbeiten und dabei ein gemeinsames Ziel anzustreben. Eine Variante dieses Gruppenbegriffes bildet eine Anzahl von Menschen, die sehr wohl ein gemeinsames Thema haben, unter dem aber jeder Einzelne seinen eigenen Schwerpunkt bearbeitet und mit Hilfe von Interventionen anderer nach seiner individuellen Antwort sucht. Das sind alle Gruppen, in denen Menschen an persönlichen Themen arbeiten, z.B.

»Wie finde ich zu einer besseren Arbeits- und Zeitplanung« oder »Gestaltung meines nächsten Lebensabschnittes«?

Am Anfang von Gruppen treten Menschen in einen Kommunikationsprozess ein, durch den innerhalb der Gruppe eine Reihe von Rollen eingenommen werden. In Erfüllung dieser Rollen werden für jeden bestimmte soziale Kompetenzen erwartet. Welche diese im Detail sind, richtet sich nach der Situation, nach der Aufgabe und nach weiteren relevanten Daten wie etwa der Zielformulierung und nicht zuletzt nach der fachlichen

Kompetenz. Durch seine Rolle in der Gruppe erlangt jedes Mitglied seinen Status und seine Position. Da gibt es den Antreiber, der neue Impulse gibt, den Skeptiker, der Lösungen hinterfragt und vor allem denjenigen, der Unstimmigkeiten zu schlichten versucht, dem Empathie und Toleranz vornehmlich am Herzen liegen.

Auch entwickelt sich in jeder Gruppe ein Set von ausgesprochenen oder unausgesprochenen Normen, Ritualen und Regeln, welche das Gefühl der Zugehörigkeit fördern und die Gruppe unterscheidbar macht von Gruppen im gleichen Umfeld. Je intensiver eine Gruppe zusammenwächst, umso offener wird zumeist ihre Interaktion.

Die Qualität des Umgangs miteinander erhält einen intimeren Charakter. Damit wächst aber gleichzeitig die Verletzlichkeit des Einzelnen, was wiederum die Anforderungen an ein Potenzial sozialer Kompetenzen erhöht, die das gegenseitige Vertrauen stützen können. Hier sei besonders an Offenheit gedacht, auch an die Balance von Distanz und Nähe sowie an den gekonnten Umgang mit Kritik und Feedback. Man kann davon ausgehen, dass bei den meisten Gruppenmitgliedern persönlich existenzielle Fragen im Vordergrund stehen, auch wenn es sich um stark fachorientierte Gruppen handelt:

Ist meine Meinung gefragt?
Bin ich »richtig« so wie ich bin?
Werde ich so angenommen?
Wem werde ich Freund, wem Feind sein?
Wer konkurriert hier mit wem?
Vor welche persönlichen Probleme werde ich gestellt?

Ob Gruppe, Team oder Familie, aus Rolle, Regeln und Zielen muss zunächst einmal Zugehörigkeit entwickelt werden. Sie ist die Voraussetzung dafür, dass zwischenmenschliches Denken und Handeln entstehen kann. Schon aus dem ersten sozialen Bezugsrahmen, der Familie, bringt der Mensch eine erste Erfahrung dieses Dazugehörens mit. Hier schon hat er gelernt, mit welchen Mitteln man sich Gehör verschafft, welche Rolle man einnehmen darf oder muss und wie man Kontakt aufnimmt, wie man ihn hält und beendet.

Das Fortbestehen der Menschheit ist bis heute durch Gemeinschaft und Individualität in ihrer Wechselwirkung garantiert. Nicht zufällig ist Verbannung eine der schrecklichsten Strafen, die den Menschen treffen kann. Was Alfred Adler mit diesem Gemeinschaftsgefühl meint, drückt er so aus:

»Hier in der Gruppe lernt der Mensch,
mit den Augen des Anderen zu sehen,
mit den Ohren des Anderen zu hören,
mit dem Herzen des Anderen zu fühlen.«

Dynamik und Hintergrund der Wir-Bildung haben in den letzten Jahren viel Aufmerksamkeit gefunden. Erwachsenenbildung, Schulen und Hochschulen mit Gruppenlernsystemen sind Selbstverständlichkeit geworden. Man hat die Effektivität dieser Lern- und Arbeitsform neu entdeckt, aber dieser Trend zur Gruppe ist auch als eine Gegenbalance zur größer werdenden Anonymität unserer pluralistischen Gesellschaft zu bewerten. Letztlich ist der Trend zu Leben und Arbeiten in sozialen Systemen, die ein deutliches Wir-Gefühl entwickeln, die Wiederentdeckung uralter Formen des Lebens. Die elementare Sehnsucht, mit anderen zusammen zu sein, war schon immer eine treibende Kraft. Und immer schon galt es, sie mit ihrem Gegenspieler, dem Wunsch nach Eigenständigkeit, in die Balance zu bringen. Das ist möglich mit klug eingesetzten oder eingeforderten sozialen Kompetenzen, durch die diese Balance zwischen allein sein und zusammensein hergestellt wird.

Arbeiten im Team benötigt Sozialkompetenz

Das Team gilt in der Arbeitswelt der letzten Jahre als erstaunlich positiver Begriff. Teamfähigkeit wird in nahezu jeder Arbeitsplatzbeschreibung vorausgesetzt und häufig schon mit sozialer

Kompetenz gleichgesetzt. Aber Teamfähigkeit selbst kann allenfalls der Oberbegriff für soziale Kompetenzen sein.

Wenn wir von Team sprechen wollen, so müssen wir uns auf mindestens zwei Definitionen einlassen.

Da ist einmal die Gruppe ähnlich qualifizierter Menschen, die sich in Teams treffen, um fachlichen Austausch auf gleicher Ebene zu arrangieren. Entweder verzichten sie ganz auf Leitung, leiten im Wechsel untereinander oder holen sich Leitung von außen. Zumeist handelt es sich um Personen, die in Dienstleistungsberufen mit sozialer Kompetenz gut vertraut sind.

Darüber hinaus verstehen wir unter Team eine Gruppe von ca. 4-8 Personen, die sich einer gemeinsamen Aufgabe widmen und dabei ein gemeinsames Ziel verfolgen. Aufgabe und Ziel sind dabei so beschaffen, dass sie nur aus der Synergie von Wissen und sozialem Können aller gelöst und erreicht werden können. So ist bei Teamarbeit in aller Regel jeder auf jeden angewiesen, was besonders auf der zwischenmenschlichen Ebene hohe Akzeptanz untereinander braucht, geht es doch um den schwierigen Prozess, unterschiedliches Können zu vernetzen, versprengte Informationen zu bündeln und den Zugang zu allen Ressourcen optimal zu nutzen.

Ein hoher Prozentsatz von Führungskräften gibt an, gerne in einem Team zu arbeiten, will man jüngsten Umfrageergebnissen glauben. Zudem scheint sich die Zufriedenheit zu erhöhen, je längere Zeit die Befragten im Team verbringen. Diese Aussage mag aus der Erfahrung konstruktiver Zusammenarbeit und effektiver Ergebnisse stammen und ein Gegengewicht darstellen zu allzu einsamen Arbeits- und Entscheidungssituationen. Kurzfristige Teams dagegen finden bislang noch schwieriger Gefallen an Zusammenarbeit, und das mag zu einem guten Teil daran liegen, dass sie keine befriedigende Struktur auf zwischenmenschlicher Ebene finden.

Daneben steht allerdings auch die einschränkende Erkenntnis, dass der Nutzen der Mitarbeit in einem Team für den Einzelnen entsprechend fachlich begabten eher gering ist. Diese Aussage gilt für Mitarbeiter ebenso wie für Führungskräfte, da für beide realistischerweise Karriere und Profilierung immer mitgedacht werden müssen. Gute Teamer müssen, guten Chorsängern gleich, exzellente Solisten sein und dürfen sich nicht von ihrem Beitrag abbringen lassen, wollen sie eine wirkungsvolle Arbeit leisten. So stellt ein Team im Arbeitsbereich ein weitaus anfälligeres System dar als außerberufliche ähnliche Systeme, bei denen es gar keine Frage ist, dass die Qualität des Beziehungsnetzes neben dem guten Inhalt gleiche oder sogar höhere Aufmerksamkeit erfährt.

Selbst in kleinen Teams von 4–5 Personen bilden sich schnell Bündnisse mit unterschiedlichen Auffassungen, so dass Konflikte vorprogrammiert erscheinen.

Wichtig ist hier, neben kontinuierlicher Absprache über Inhalt und Ziel den Blickwinkel immer wieder auf das Geschehen zwischen den Menschen zu richten und über alles Fachliche hinaus Nutzung und Einübung sozialer Kompetenzen, die die Beziehung stützen, in den Vordergrund zu stellen.

Hierzu gehören vor allem solche Interventionen, die ermutigen, über Frustrationen zu sprechen und konstruktive Kritik anzuregen. Oft wird die Pflege der zwischenmenschlichen Ebene wenig gefördert, und man muss sich nicht wundern, wenn die Effektivität dadurch Gefahr läuft, zu leiden. Gerade was die soziale Seite des Erfolgskonzeptes angeht, muss Teamarbeit immer wieder neu formuliert werden, soll sie dem fachlichen Erfolg wirklich nützen.

Wie Teams leistungsfähiger werden

Bei jeder der genannten Arten von Teamzusammensetzungen kommt es besonders auf das Verhältnis zwischen den Menschen an. Ob sie mit raschen Erfolgen belohnt werden oder ob sie sich auf langfristige Prozesse einlassen müssen bzw. ohne sichtbaren Erfolg auseinandergehen, die positive Einstellung zur Arbeitsform »Team« sollte erhalten bleiben. Die folgenden Hinweise sind zwar keine Garanten fürs Gelingen, aber erprobte Anregungen, die Erfolg versprechen.

- Motivation wecken, gemeinsam ein Ziel zu erreichen;
- Belohnung für alle;
- Wille zum Erfolg;
- höchst mögliche Angstfreiheit;
- Gespür für die Bedürfnisse anderer entwickeln;
- Vertrauen in die Fähigkeiten aller setzen;
- aus Fehlern Lernimpulse machen, Lernklima schaffen;
- gegenseitiges Feedback zu Stärken und Schwächen;
- Anerkennung von unterschiedlichen Fähigkeiten, auch auf der persönlichen Ebene;
- »Steh-auf«-Mentalität bei Misserfolg;
- Risikobereitschaft fördern;
- Metakommunikation über zwischenmenschliche Prozesse anregen;
- gemeinsames Verständnis schaffen, auch über die emotionale Wichtigkeit des Erfolges;
- interne Konflikte als Entwicklung der Kooperation nutzen;
- Standards entwickeln, an denen man sozialkompetentes Handeln messen kann;
- innerhalb des Teams muss Wettbewerb im sportlichen Sinne möglich sein.

Ursachen für zwischenmenschliche Probleme im Gruppenprozess

Hier findet der Lesende eine Auswahl der häufigsten Problemursachen:

Übergangen werden
Jemand schlägt eine Lösung vor, aber niemand achtet darauf. Solches Übergehen findet sich häufig

- in Gruppen die mit Problemen konfrontiert sind;
- wenn in einer Gruppe viele ungefähr gleichen Einfluss haben;
- wenn ein Mitglied ungeniert aggressiv ist;
- wenn ein Mitglied seinen Vorschlag nicht klar ausdrücken kann.

Dominieren

Ein Einzelner maßt sich das Recht an, eine Entscheidung im Namen der ganzen Gruppe zu treffen. Hier ist es für die Gruppe oft bequemer, zuzustimmen als abzulehnen, obwohl Einzelne anderer Meinung sind. Der Dominierende setzt sich durch, weil einige nicht vom Recht ihrer Stimme Gebrauch machen.

Ausüben von Druck auf Widerstrebende

»Ist jemand dagegen?« Wenn eine solche Frage gestellt wird, werden es einzelne Mitglieder nur schwer wagen, ihre gegenteilige Meinung zu äußern, weil sie fürchten, nicht unterstützt zu werden, und das, obwohl sie durchaus nicht mit dem Vorschlag übereinstimmen. Dieser Druck kann auch auf gegenteilige Weise ausgeübt werden »Wir sind doch alle der Meinung, dass …« heißt es dann.

Rollenkonflikte übersehen oder unterschätzen

Solche Konflikte treten auf, wenn die Leitung nicht geklärt ist oder wenn mehrere um eine Rolle – sagen wir um die des Impulsgebers für die Inhalte – buhlen. Konfliktstoff bildet sich auch, wenn die Rollen zwar klar sind, aber nicht akzeptiert werden oder wenn zwei Personen die gleiche Rolle beanspruchen, sich aber nicht darüber einig sind, wie sie diese Doppelung gestalten wollen.

Zwischenmenschliche Konflikte unter den Tisch kehren

In vielen Gruppen gibt es persönliche Differenzen, die dann eine echte Entscheidung verhindern. Es werden dann oft dritte Personen in diesen interpersonellen Konflikt hineingezogen, mit dem sie im Prinzip nichts zu tun haben, und schon beherrscht Verwirrung die Szene.

Wenn wir wissen wollen, warum:
Prozessanalyse der Situation

Eine Analyse der Situationen – auch Metakommunikation (Kommunikation über die Kommunikation) genannt – analog zur Analyse einzelner Interventionen gibt zumeist zusätzliche Informationen darüber, warum es gerade diesmal auf der zwischenmenschlichen Ebene so gut geklappt hat oder warum die Interaktion so schwerfällig lief.

Die Situationsanalyse befasst sich gewissermaßen mit den Einflussfaktoren, die zwischen den beteiligten Personen wirksam sind, die aber relevant sind für die Frage nach der Qualität der Gesamtkommunikation.

Eine Analyse der Situation und der Prozesse, die in ihr stattfinden, liefert zudem wichtige Hinweise für die weitere Gestaltung der Interaktion sowie für ihre Beendigung oder einen Neuansatz.

Die Analyse soll auch helfen, Symptome und Ursachen deutlich zu machen und voneinander zu trennen. Nur so können wir vermeiden, dass an den Symptomen verändert wird, sich aber niemand um die Ursachen der schlecht laufenden Kommunikation kümmert. Es ist z. B. wichtig herauszufinden, warum so wenig Offenheit unter den Beteiligten herrscht, anstatt größere Offenheit im weiteren Vorgehen als Maßnahme zu erzwingen, die die Teilnehmer u. U. noch stärker blockiert.

Zur Prozessanalyse der Interaktion kann man eine Auswahl aus folgenden Fragen Revue passieren lassen:

– Welche konkreten Ereignisse haben die Interaktion vermutlich beeinträchtigt?
– Wodurch wurde blockiert, behindert oder gefördert?
– Gab es genügend Möglichkeit für die Beteiligung aller? Konnten sie ihre Fähigkeiten zeigen?

- Wie lässt sich das Klima beschreiben, was durch Zuhören, Akzeptanz, Dominanz entstanden ist?
- Wer ging persönlich unbefriedigt aus der Situation? Welche Interaktionen haben dazu beigetragen?

Mit diesen Fragestellungen dient eine Analyse von Situation und Prozess immer einer Rückschau, einem Verständnisgewinnen für die Interaktionen und einer Planung des weiteren Vorgehens zugleich.

Entwicklungsphasen von Gruppen und Teams – ihre Anforderung an soziale Kompetenz

Das Nachdenken über soziale Kompetenzen, wie sie in aufeinander folgenden Abschnitten eines Gruppengeschehens Anwendung finden sollten, kann vom Phasentheoretischen her hier nur einen kurzen Abriss bilden. Eine Lektüre zum Anstoß, um an diesem unerlässlichen Thema weiter zu arbeiten, findet sich bei Langmaack-Braune-Krickau (2000) und Rubner-Rubner (1991).

Im Zusammenhang dieser Texte geht es verstärkt darum, einen Hinweis zu geben, welche sozialen Kompetenzen in welcher Phase eines Gruppengeschehens von besonderer Bedeutung sein können. Das hier Gesagte gilt im übertragenen Sinne für jedes Gruppengeschehen in Beruf und Alltag.

Wie Menschen ihre eigene Lebensgeschichte haben, so entwickeln auch Gruppen ihre »Geschichte«. Es sind dabei besonders die Persönlichkeitsprofile der einzelnen Mitglieder und ihr Agieren untereinander, die diese Geschichte gestalten. Aber wir finden ebenso gewisse Gesetzmäßigkeiten in diesen Abläufen, durch die sich die Entwicklung einer Gruppe verallgemeinern lässt. Besonders, wenn der Prozess unter den Mitgliedern nicht so glatt läuft wie erhofft, hilft das Phasenwissen, den Grund für das zwischenmenschliche »Holpern« einzukreisen.

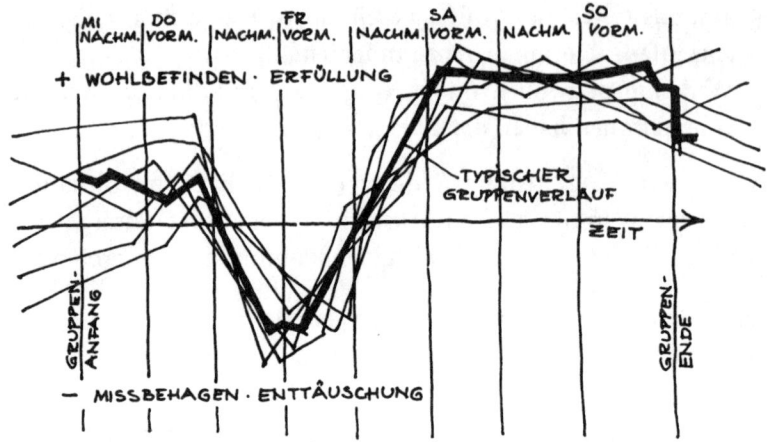

Abb. 10: Phasen in Gruppen

Eine neue Gruppe beginnt nie als Gruppe im Sinne eines tragfähigen »Miteinander«, sondern entwickelt sich im besten Fall in Stufen dahin. Im Wesentlichen sind es 4 Phasen, in die sich der Prozess einer Gruppe unterteilen lässt und beobachtet werden kann. Jede Phase ist gekennzeichnet durch bestimmte Aspekte des zwischenmenschlichen Umgangs, die ihrerseits durch soziale Kompetenz gestützt und in ihrer Entwicklung gefördert werden können.

Zwar haben die Phasen im aktuellen Geschehen fließende Übergänge. Der Deutlichkeit halber werden sie hier jedoch getrennt voneinander dargestellt.

Wie in der Phasenskizze deutlich wird, setzt sich die Befindlichkeit der Gruppe als solche aus der jeweiligen Befindlichkeit der einzelnen Teilnehmer zusammen. Nur in Ausnahmesituationen sind alle auf einem nahezu gleichen Level. Die Ausnahme kann starker Druck von außen sein sowie ein starkes gruppeninternes Erlebnis.

Phase 1
Ankommen, warm werden und sich orientieren sind die Themen der Neuankömmlinge in dieser Phase. Das bewirkt abwartendes Verhalten, ein wenig Skepsis, ein wenig Neugier, viel Be-

dürfnis nach Übersicht: »Wer sind die anderen? Wie treten die auf und was können sie? Wie darf ich mich hier zeigen?« Um über diese Klippen des Anfangs hinwegzukommen, hilft aus dem Repertoire der sozialen Kompetenzen am besten der Versuch von Empathie und Toleranz sowie erste Schritte, die eigene Person zu zeigen, wie es der Situation angemessen erscheint. Das gelingt am leichtesten, wenn die Teilnehmer eine positive Einstellung zur neuen Situation mitbringen. Für Kritik und Auseinandersetzung ist jetzt nicht die richtige Zeit, denn mit Vertrauen, welches auch in der Krise hält, kann noch nicht gerechnet werden. Das soll erst wachsen.

Gehen wir hier langsam und behutsam miteinander um und stellen nicht schon den Anspruch an Vertraulichkeit, an allzu viel Offenheit und an ein Ergebnis in den Vordergrund, so schaffen wir Motivation zu näherem Kennenlernen und zum Mitmachen. Vertrauen zueinander fassen ist der erste Schritt aufeinander zu und gegen Fremdheit. Dadurch entsteht eine wachsende Offenheit gegenüber der Situation und den Personen. Gelegentlich überspringen Einzelne aus Unbekümmertheit oder aus Angst diese Situation. Hier könnte die Leitung zu ein wenig mehr Abwarten verhelfen.

Phase 2

Das vorsichtige Abtasten und die anfängliche Zurückhaltung geht, ehe man sich versieht, in einen Prozess über, in dem Klärung verlangt wird und eigene Interessen und Positionen sich durchsetzen wollen. Aber auch Frustration muss durchlebt werden. Hier geht es um Abschiednehmen von Wünschen und Erwartungen, die keine Erfüllung finden werden, weil die Gruppe sich anders gestaltet als erhofft. Die Leitung scheint ein anderes Konzept zu haben als man es sich vorstellte. Die anderen Teamer haben unbekannte Konzepte für die Vorgehensweise. Die eigenen Stärken, die man so gerne gezeigt hätte, scheinen nicht gefragt zu sein.

Der hier erlebte Abwärtstrend in der Stimmung wird aber in der Regel durch eine positive Intervention ausbalanciert, mit der man gar nicht gerechnet hatte. Meistens sind es die Zuge-wandt-Helfenden, die einen ersten Impuls in diese Richtung ge-ben. Irgend jemand aus diesem Kreis hält den Druck nicht mehr aus und macht einen klärenden Vorschlag. Am besten aber spricht der mit der Leitung Beauftragte die Situation an. Meist hat dieser auch schon ein wenig mehr Erfahrung mit sol-chen Enttäuschungsphasen und kann am besten dabei helfen, dass solche Täuschungen aufgearbeitet werden.

Mut und Klarheit in den Aussagen über die Beziehungen sind jetzt gefragt sowie das Bereinigen der Szene, zumal wenn sie durch »alte Geschichten« belastet ist.

Auch Strategien der Konfliktlösung kommen hier ein erstes Mal zum Einsatz, immer mit einem offenen Auge auf die zwi-schenmenschliche Komponente.

Wenn überhaupt, so kann es in dieser zweiten Phase passieren, dass einzelne Mitglieder die Gruppe verlassen, um Versetzung bitten oder es gar darauf anlegen, dass man sich von ihnen trennt.

Phase 3

In dieser dritten Phase wissen die Teilnehmer, dass sie durch Zusammenarbeit und gegenseitige Akzeptanz ihrem Ziel näher kommen. Das zwischenmenschliche Netz trägt. Diese Phase ist mehr als die anderen durch Arbeitslust und Produktivität ge-prägt. Sie ist darum nicht krisenfrei, aber eine Stabilität im zwi-schenmenschlichen Bereich erleichtert die Krisenbewältigung. Auch bei offener Kritik ist Zusammenhalt meist gewährleistet. Allerdings darf auch hier die Pflege der klimatischen Bedingun-gen nicht der Arbeitshektik zum Opfer fallen. Sie hat ihren wichtigen Platz neben der Zielerreichung. Wenn wir von lang-fristigen Gruppen ausgehen, wie Arbeitsteams, Schulklassen oder Interessengruppen, so nimmt diese Phase einen ruhigen, arbeitsamen Verlauf, der auch kontinuierlich in den Beziehun-gen ist.

Es ist ein Bewusstsein dafür vorhanden, dass es gemeinsam besser geht und dass man Unterschiedlichkeit positiv nutzen kann. Hier bedeutet Vielfalt Kreativität.

Aber nichts ist ewig. Abschluss der Aufgabe, Veränderung in Zielsetzung oder Zusammensetzung der Gruppe ist auch das Ende der Harmonie.

Schneller als gedacht rutscht die Gruppe in die nächste Phase.

Phase 4

Im Prinzip kann eine Gruppe, ein soziales System, so lange weiterbestehen, wie eine Aufgabe da ist, und – fast wichtiger noch – wie die Bedürfnisse auf der psychosozialen Ebene befriedigt werden.

Meistens ist das Ende einer Gruppe aber zeitlich festgelegt. Der Auftrag ist erfüllt, das Ziel erreicht oder aufgegeben.

Das spezielle Problem des Abschlusses liegt im Abschied der Personen voneinander, im Auflösen der hier geknüpften Kontakte.

Abschied weckt einen doppelten Impuls:

Die Trauer darüber, dass man sich trennen muss und sich in dieser vertrauten Form wahrscheinlich nie mehr trifft.

Die Freude darüber, dass man die unangenehmen Seiten der Situation los wird und einen neuen Schritt tut, neue Herausforderungen annehmen kann.

In diesem Widerstreit der Gefühle muss der Umgang mit und die Gestaltung von Distanz und Nähe bewusst eingesetzt werden, ebenso wie die Kunst, Beziehungen aktiv zu gestalten, auch wenn sie nicht durch gemeinsame Aufgaben untermauert sind. Hier wird auch ein letztes Mal nach Feedback gefragt, welches wie Reiseproviant in die folgende Zeit begleitet. Weil es meist nachträglich schwer korrigiert werden kann, muss es besonders verantwortlich gewählt werden. Niemand hat gern unaufgearbeitete Rückmeldungen im Gepäck.

Am Ende erlebt eine Gruppe noch einmal die Ungleichzeitigkeiten des Anfangs. Einige Teilnehmer wollen noch rasch Versäumtes nachholen, andere sind in den letzten Stunden emotional schon nicht mehr da. Die Eigenheiten des Typs (siehe 3. Kapitel, Seite 67ff.) schlagen noch einmal kräftig durch.

5 Verhalten steuert den Erfolg

Einführung

Auch wenn die Kommunikation zwischen zwei oder mehr Personen in den meisten Begegnungen gelingt, so gibt es trotz aller Bemühungen immer wieder Gespräche, die den einen, den anderen oder beide unbefriedigt lassen. Hierfür ist weitaus häufiger das komplexe Verhalten auf der Beziehungsebene verantwortlich als die nicht gelösten Sachinhalte. Zu rasch wird in der Eile des Alltags übersehen, dass sich im dualen System der Kommunikation die Beziehungsebene nahezu immer die Vorfahrt nimmt.

Im ersten Teil des folgenden Kapitels soll darum Verständnis geweckt werden für die Einflussnahme von emotionalen und zwischenmenschlichen Faktoren bei Handlungsabläufen jedweder Kommunikation, die zwischen zwei Menschengruppen geschehen.

Im zweiten Teil steht das Sprachverhalten im Mittelpunkt des Interesses, welches seinerseits wesentlich zum Gelingen von Kommunikation beiträgt und mitverantwortlich dafür ist, ob Sachinhalte gehört und verstanden werden.

Bewusstheit macht kompetent:
Das Bewusstheitsrad als Schlüssel zur
Kommunikation

Wo Menschen in Kontakt miteinander sind und über ein »Guten Tag!« und ein locker dahingefragtes »Wie geht es?« hinaus Dinge miteinander besprechen oder klären wollen, tun sie das in einer kreisförmigen, mehr noch spiralförmigen Bewegung, in der immer mehrere Schritte oder gar Kreisbewegungen ineinander greifen, ohne dass dies in der Eile bemerkt wird.

Bei allen psychisch relativ gesunden Menschen ist das Ineinanderfließen von Eindrücken, die von außen auf sie zukommen, ein einheitlicher Vorgang, der meistens auch als Einheit den Hintergrund für eine Handlung bildet.

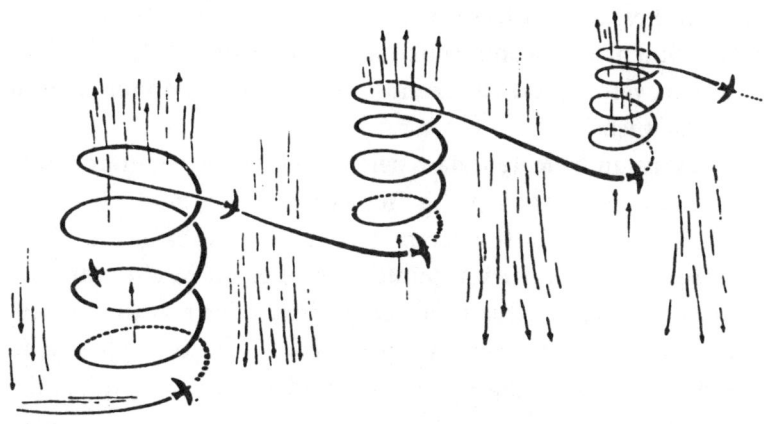

Abb. 11: Spirale als Gesprächsverlauf

Dieser für gewöhnlich sehr rasche, einer Spirale gleichende, Ablauf soll hier angehalten und verlangsamt werden, um so die Einzelschritte in der Kommunikation einer Reflexion zugänglich zu machen, sie neu zu verstehen und einzuüben. Der

Schwerpunkt wird eindeutig auf dem zwischenmenschlichen Teil des Geschehens liegen, der im Alltag oft vom Sachinhalt überdeckt ist. Die Reflexion soll in die Frage münden:

> »Welche sozialen Kompetenzen erleichtern
> eine Kommunikation, die allen Facetten
> des Gespräches eine Chance gibt,
> und die die Gesprächsergebnisse langfristig
> trägt und ihnen ihre Vordergründigkeit nimmt.«

Dem Gesprächsablauf, z. B. im Problem- oder Konfliktfall, auch im Beurteilungs- und Einstellungsgespräch, im Strategiegespräch, wie ich ihn in fünf Stufen schildern werde, liegt das Konzept des Minnesota-Programms zugrunde, welches Michael Paula Anfang der 70er Jahre nach Deutschland brachte.

Die skizzierten Faktoren und Zusammenhänge zeigen auf, dass zwischen dem Weg von der Wahrnehmung zum Tun rasch ablaufende zwischenmenschliche Vorgänge stehen, die das Geschehen bestimmen. Diese auszusprechen, kann heikel sein und rasch einmal der Kompetenz eines Moderators oder Coaches bedürfen, der als Außenstehender nicht in die Kommunikation verwickelt ist.

Auch ist zu beachten, dass der Anfang dieser Gesprächs-Spirale meist nicht der Anfang ist. Längst schon sind zwischenmenschliche Ereignisse älteren Datums als fester Kontext abgespeichert. So steht der vermeintlich erste Kontakt, ehe man sich versieht, mit einer Altlast da, die positive oder negative Bewertung schon mit ins Spiel bringt. Diese Altlasten heißen z. B. »Gerüchte«, »unerledigte Geschäfte« oder auch »vergoldete Erinnerungen«.

Zum Anfang sehen wir uns zunächst einen Gesprächsablauf von einer ersten Aktion des einen Beteiligten bis zu einer ersten Reaktion des anderen Beteiligten an:

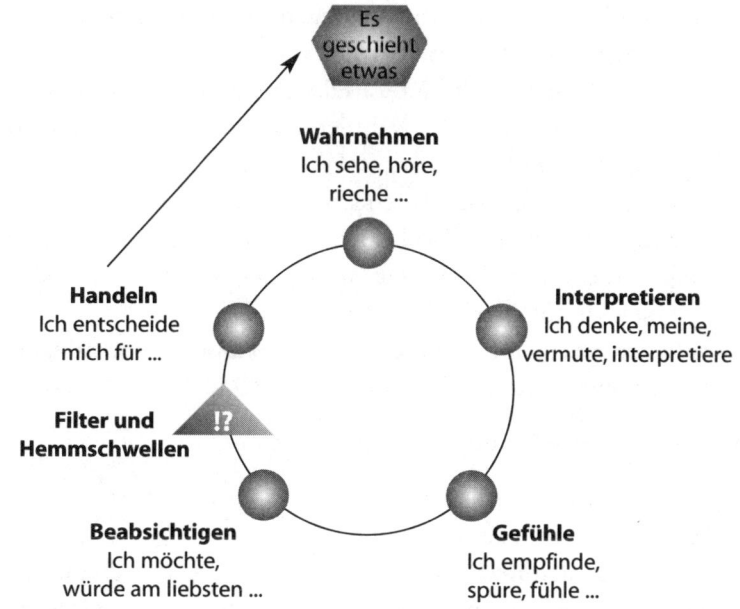

Abb. 12: Bewusstheitsrad

1. Es beginnt mit einer **Wahrnehmung**:
   Ich höre, sehe, rieche, schmecke oder spüre etwas, ausgelöst durch mein Gegenüber.
2. Es folgt eine **Interpretation** des Wahrgenommenen:
   Ich deute sie, ich phantasiere über sie, ich bewerte sie, ich vermute. Eventuell fügen sich alte Erlebnisse als Erinnerung dazu.
3. Ein **Gefühl**, richtiger ein Bündel von **Gefühlen**, stellt sich als Nächstes ein:
   Ich bekomme Angst, Lust, Freude, Furcht, ein Gefühl des Versagens kündigt sich an.
4. Der spontan formulierte **Entwurf einer Entgegnung** wird kreiert. Meist bleibt er unausgeführt als Idee stehen:
   Man sollte doch …, ich würde jetzt am liebsten …, jetzt sage ich …
5. In einem fünften Schritt findet schließlich die faktische **Reaktion** statt: Ich tue etwas, sage etwas, handele.

Diese Handlung ist meist entstanden durch ein Ausfiltern von ungeeigneten Antworten in Schritt 4.

Damit schließt sich der Kreis. Die ursprüngliche Aktion der Person 1, die von Person 2 wahrgenommen wurde, gelangt zu Person 1 zurück und in eine neue Wendung.

Ist dieser fünfschrittige Interaktionskreis vollendet, so dreht er sich ein weiteres Mal. Und noch einmal und noch einmal in schneller Folge, je mehr Fakten eingebracht werden, vor allem aber je mehr Emotionen angeheizt werden.

Vielleicht wird der Leser erstaunt sein über 5 Schritte, bemerkt er meist doch nur 3 davon:

Aktion – Wahrnehmung – Gegenaktion.

Anders ausgedrückt:

Ausdruck – Eindruck – Gegendruck.

Ja, so eingeschränkt zeigen sich die Abläufe in der Eile des Geschehens. Debatten in TV-Gesprächsrunden sind ein fast tägliches Beispiel dafür. Und hat das Schema erst einmal funktioniert, so tritt wie von selbst Unaufmerksamkeit ein, und schnell sind wir im Trott der unreflektierten Kommunikation.

Aber gerade die offenbar übersehenen Stationen: Deutung, Bewertung, Gefühlseindruck, Absichtsimpuls sind aktiver als wir vermuten und fungieren als die geheimen Impulsgeber. Für sie lohnt es, soziale Kompetenz zu beherrschen. Die im Bewusstheitsrad unbemerkt ablaufenden zwischenmenschlichen Vorgänge sind meist sehr verfestigt und lange eingeschliffen. In seltenen Fällen nur fallen sie noch jemandem auf. Ein Großteil der Abwehrmechanismen (siehe 7. Kapitel, Seite 181ff.) hat hier seinen Einsatzort. Gerade dieses im Verborgenen ablaufende Wechselspiel aber betont die Verantwortung für das eigene Tun in zwischenmenschlicher Kommunikation.

Nur über Wahrung dieser Verantwortung ist es möglich, aus unterschiedlichen Standpunkten zu gemeinsamem Handeln zu kommen.

Zunächst aber zum ersten Schritt, zum breiten Feld der Wahrnehmung.

1. Schritt:
Wahrnehmung – Machwerk der Person.
Glauben wir, was wir sehen oder sehen wir, was wir glauben?

Wo Menschen sich ein und denselben Sachverhalt ansehen, ist unterschiedliche Wahrnehmung und Mangel an Eindeutigkeit im Spiel. Wir sprechen dann gerne von verzerrter Wahrnehmung, ohne eigentlich klären zu können, wessen Zerrspiegel gilt.

Wenn mehrere Beteiligte – z. B. nach einem Verkehrsunfall – den Vorgang schildern, so kann man mitunter den Eindruck gewinnen, dass es sich um zwei verschiedene Geschehen handelt.

Wahrnehmen ist offensichtlich mehr als nur ein »objektives« Registrieren und Verarbeiten dessen, was ist oder gerade abläuft.

Wahrnehmung ist in aller Regel nicht das, was sie sein sollte, nämlich ausschließliche und vollständige Datensammlung ohne gleichlaufende Deutung.

Wenn es aber bei relativ einfachen Abläufen schon zu unterschiedlichen Bildern kommt, wie dann erst, wenn es sich um komplizierte Vorgänge handelt, die sich im verdeckten Rahmen menschlicher Beziehung abspielen. Wahrnehmung ist ein Vorgang im Menschen, bei dem immer einige der angebotenen Daten und Fakten ausgeblendet bzw. überblendet werden. Nie nehmen wir das Ganze wahr, nie sehen wir alles. Im optischen Geschehen übersehen wir einfach manches, als Gefühlseindruck lassen wir vieles nicht bei uns ankommen. »Das muss ich überhört haben« heißt es dann oder »Das hast du nicht gesagt, das hätte ich doch gehört«, wenn es um Sprache geht.

Dies alles nennen wir

```
Selektive Wahrnehmung
```

Man sieht ein Geschehen immer nur durch die eigene Brille, durch den ganz persönlichen Filter, der ähnlich wie beim Fotografieren Bildteile ausblendet, andere erweitert oder im Eindruck verändert.

Selektive Wahrnehmung ist unabdingbar für den Menschen, will er nicht in einer Unzahl von Informationen ertrinken. Angesichts der Komplexität der Eindrücke, denen jeder Mensch fast ständig ausgesetzt ist, ist Selektion ein Instrument, um gesund und handlungsfähig zu bleiben und um sich nicht selbst zu überfluten. Dieses Auswählen von Eindrücken bedeutet aber auch, dass sich jeder sein eigenes Bild der gleichen Realität macht. Nie wählen zwei Menschen aus einem Bündel von Wahrnehmungsangeboten deckungsgleich aus. Damit sind wir den potenziellen Missverständnissen und Unklarheiten einen wichtigen Schritt auf der Spur.

Erst wenn man die eigene Wahrnehmung mit der der anderen abgleicht, wird man zu identischen Bildern und zu gemeinsamem Handeln kommen. In aller Regel muss man anerkennen, dass auch die Sichtweise des Anderen Wahrheit beinhaltet. Es sind die individuellen Filter in der Wahrnehmung, die Teilbereiche der Informationen gar nicht erst durchlassen. Sie werden auf einer unbewussten Stufe gehalten. Ohne Bereitschaft zu Austausch und Abgleichung von unterschiedlichen Wahrnehmungsinhalten ist Kommunikation zwar möglich, aber sie wird sich lange auf verschiedenen Ebenen bewegen und selten zu einem gemeinsam akzeptierten Ziel führen.

Sehen wir uns die Filter genauer an:

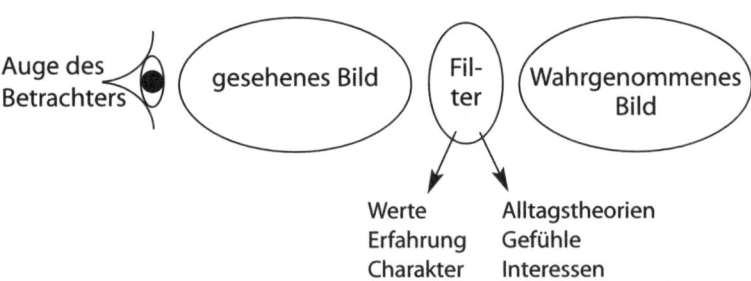

Abb. 13: Jeder sieht seine Realität

Die Wahrnehmungsfilter bestehen zunächst einmal aus konkreten körperlichen und psychischen Gegebenheiten. Wir können nur bestimmte Frequenzen sehen oder hören. Wir können nur bestimmte Sprachen verstehen. Wir können nur eine bestimmte Anzahl an Informationen speichern. Wir sehen mit einem geschulten Blick Dinge, die anderen entgehen.

Eine andere Gruppe von wirksamen Filtern bilden Werte, Normen und Sitten, die wir im Laufe unseres Lebens gelernt und akzeptiert haben. Man hat gelernt, was »einen etwas angeht«, wo man seine Nase hineinzustecken hat und wo nicht. Man hat seine Regeln für gut und schlecht, richtig und falsch. Vieles davon ist so verinnerlicht, dass wir kaum mehr bemerken, wie stark es unsere Wahrnehmung beeinflusst. Weil »nicht sein kann, was nicht sein darf«, heißt es bei Christian Morgenstern.

Werte, Normen und Sitten sind im Menschen so stark emotional verankert, dass sie nicht bei jedem Handeln das Bewusstsein erreichen.

Eine dritte wichtige Gruppe von Wahrnehmungsfiltern sind Gefühle wie Angst und Freude, Sympathie und Antipathie, Mut und Verzweiflung, Liebe und Hass. Wir sehen nur, was wir emotional verkraften können.

Was kann hier helfen und zu realistischer Wahrnehmung führen?

1. Toleranz:
Die Erkenntnis, dass meine Sicht der Dinge immer nur eine Sicht von mehreren – möglicherweise richtigen – Sichtweisen ist.

2. Austausch:
Ein Sprechen über ein und dieselbe Sache ist immer der wertvollere Weg, um zu gemeinsamen Bildern zu kommen, als das Spiel: »Ich sehe was, was du nicht siehst.« Darum ist reden miteinander anstatt reden übereinander die bessere Kommunikation.

3. Selbstreflexion:

Hier geht es um die Überprüfung des eigenen Standpunktes und dessen Blickwinkel sowie um die Frage: »Stehe ich eventuell selbst der objektiven Wahrnehmung im Wege?«

4. Wahrnehmung ist immer subjektiv:

Durch die wahrnehmende Person, ihre Erfahrungen und Ängste wird das Gesehene beeinflusst, wird Bedrohliches ausgeklammert oder Erfreuliches in doppelter Größe gesehen. So wie Kinder sich die Hände vor die Augen halten und allen Ernstes glauben, das Vorhandene gäbe es gar nicht.

5. Wahrnehmung ist strukturiert:

Wir sehen Bilder und nicht die Einzelteile der Bilder. Wir hören Sätze, nicht einzelne Worte. Ein Auto sehen wir als Auto und nicht als Blech, Farbe, Glas und Räder. Töne erkennen wir als Melodie. Um der Wirklichkeit näher zu kommen, müssen fertige Bilder noch einmal aufgelöst werden.

6. Wahrnehmung ist interdependent:

Sie verändert sich je nachdem, mit welchen Menschen wir über sie in Beziehung treten. Man bekommt ein Gespür dafür, was in dieser Firma, in dieser Familie, zu diesem Zeitpunkt, zu diesem Thema gesehen werden soll, welcher Gruppendruck herrscht, welche Norm hier gilt.

Training der Wahrnehmung:

Wahrnehmung lässt sich fast zu jedem Zeitpunkt und allerorten trainieren. Durch Wahrnehmungsübungen wird das Warten auf den verspäteten Zug, das Sitzen im Wartezimmer oder die nicht enden wollende Sitzung zum Erlebnis.

Professionelle Wahrnehmer, Supervisoren, Berater, Ärzte, Mitarbeiter aus Prüf- und Kontrollabteilungen haben das geübt:

Hinschauen, hinhören und unbeirrt bleiben von dem, was sich da schon als Erklärung oder als Beurteilung des Wahrgenommenen aufdrängen will. Lediglich bei der Datensammlung bleiben. Doch wie leicht rutscht ungewollt eine rasche Deutung dazwischen.

Die Übung dazu ist schlicht. Man sucht Antworten auf folgende Fragen:

— Was sehe ich insgesamt, was im Detail?
— Was höre ich an Worten, Tönen, an Stimmlage?
— Was beobachte ich am sichtbaren/hörbaren Ablaufgeschehen?
— Was ist heute anders als gestern? Worin besteht die Veränderung?
— Was ertaste ich mit meinen Händen, Füßen oder Armen, wenn ich mit etwas in Berührung komme?
— Welche Tatsachen kann ich beschreiben?

Als zweiten Schritt dieser Übung schauen wir nach innen, in die Welt unserer körpereigenen Wahrnehmung. Nicht nach den Gefühlen ist hier gefragt, nicht ob ich Ärger, Angst, Lust oder Hektik spüre, sondern nach den Befindlichkeiten im Körper:

— An welchen Körperstellen fühle ich Wärme/Kälte?
— Wie spüre ich meine Gesäßknochen und meine Oberschenkel auf der Sitzfläche?
— Wo sitzt ein Schmerz?
— Wohin fließt die Atemluft, ohne dass ich sie willentlich verändere?

Um Wahrnehmung in der Kommunikation zu nutzen, können die folgenden Fragen nützlich sein:

»Was bedeutet das Wahrgenommene für mich?«
»Was scheint es dem anderen zu bedeuten?« Erst wenn wir rückfragen, kommen wir von der Phantasie zur Wirklichkeit!
»Welche Abgleichung ist nötig?«

So einfach das klingt, so erstaunt wird der Übende darüber sein, was er im ersten Hinschauen übersehen hat und wie detailliert eine Welt aussieht, die man bewusst anschaut.

2. Schritt
Deuten und Bedeutung geben –
Den Gedanken freien Lauf lassen.

Der Leser mag sich wundern, dass die gedankliche Reaktion auf die eben beschriebene Wahrnehmung dem Gefühl vorgezogen wird. Das könnte ebenso gut in umgekehrter Reihenfolge erscheinen. So wie Menschen äußerlich unterschiedlich sind, so reagieren sie auch auf Wahrnehmungsreize unterschiedlich: entweder als Erstes mit einem bewussten Gedanken oder aber mit einem Gefühl, um dann das jeweils andere dazuzusetzen. Auf beides folgt in der Regel eine Deutung.

Das erschwert Kommunikation im Allgemeinen: Während der eine an einer inhaltlichen Antwort bastelt, hat sich der andere von seinen Gefühlen gefangen nehmen lassen.

Hier soll die gedankliche Reaktion der nächste Schritt sein.

Sobald also ein Mensch durch mehr oder weniger bewusste Wahrnehmung eine Art »Datenbank« von Fakten und vermeintlichen Tatsachen aufgenommen hat, beginnt er nahezu zeitgleich, mit diesen Fakten etwas zu tun. Ehe man sich versieht, sind aus der Wahrnehmung

⇨ Gedanken, Deutungen,
⇨ Phantasien,
⇨ Interpretationen und
⇨ Vermutungen

geworden.

Das Bild angespannter Muskeln lässt den Beobachter deuten, dass das Gegenüber aufgeregt ist. Die unruhige Körperhaltung lässt vermuten, der andere sei in Eile.

Eine eng zusammengerückt sprechende Gruppe kann ja nur bedeuten, dass sie ein schwerwiegendes Problem lösen will, von dem ich als Vorgesetzter ausgeschlossen sein soll. Da redet ja auch der unsympathische Neue mit, der sowieso zu niemandem Zugang findet.

Entsprechend der Wahrnehmung erzählt sich jeder zunächst einmal seine eigene »Geschichte« zu ein und demselben Vorgang. Diese seine Geschichte ist aber der Ausdruck einer ganz persönlichen Deutung – und gleichzeitig Bedeutung, einer Bewertung, einer Moral. Es ist auch die Geschichte, die sich auf bestimmte Vorurteile stützt. Vieles von dem, was schon immer gewusst oder geglaubt wurde, wird durch eine zufällige Wahrnehmung wieder belebt und dient einer neuen Geschichte.

Als ob alles an einem Strang hinge, wird meist aus einer Wahrnehmung nicht nur ein Gedanke entwickelt, sondern ein ganzes Konstrukt zusammengestellt, das längst entschieden hat, ob der weitere Prozess von Misstrauen oder Vertrauen in das Gegenüber gesteuert wird.

Ehe wir innehalten und das Gehörte, Gesehene und Erlebte noch einmal Revue passieren lassen, sind wir schon in den Sprunglöchern zum Handeln.

Dabei haben wir dann wirklich zwei entscheidende Reaktionen übersprungen:

Die durch die Wahrnehmung hervorgerufenen Gefühle werden nicht beachtet, und der erste Impuls zum Handeln bleibt unreflektiert.

Diesen Schritten wollen wir im Folgenden Aufmerksamkeit widmen.

3. Schritt
Ärger oder Zuneigung, Freude oder Angst – Gefühle holen uns ein.

Jeder Mensch wird jederzeit von Gefühlen geleitet. Allerdings ist man sich ihrer nicht immer bewusst, noch kann man sie jederzeit dem akuten Geschehen zuordnen.

Im Verlauf der Wahrnehmung findet man für die Körpergefühle und für die Emotionen häufig keinen Ausdruck. Die so genannte Blackbox – der Begriff ist aus der Fernmeldetechnik entnommen – hält sie gefangen oder lässt nur die »Ersatzgefühle« heraus. Das sind solche, die uns unverfänglicher erscheinen und für die wir plausibler eine Erklärung parat hätten. Schmerzliche Gefühle oder vermeintlich peinliche werden gerne »ausgeschaltet«, abgewehrt oder so lange unterdrückt, bis es nicht mehr geht.

Manchmal erwirkt ein Gefühl aber spontan einen körperlichen Ausdruck, der sich gar nicht unterdrücken lässt: Tränen, Lachen, Muskelanspannung. Dieser kann als das Indiz des eigentlichen Gefühls angesehen werden.

Damit Gedanken und Gefühle nicht miteinander verwechselt werden, hier einige Kerngefühle und einige ihrer Ausdrucksmöglichkeiten, die in allen Variationen zu beobachten sind:

Ärger: Zorn, Aggressionen, Entrüstung, Verärgerung, Feindseligkeit, im Extremfall Hass und Gewalt;
Trauer: Leid, Kummer, Trübsal, Niedergeschlagenheit, Verzweiflung;
Angst: Furcht, Schrecken, Besorgnis, Zaghaftigkeit, Bedenklichkeit, Entsetzen, Grauen, Panik;
Freude: Glück, Zufriedenheit, Vergnügen, Fröhlichkeit, Entzücken, Befriedigung, Behagen, Euphorie, Lust;
Liebe: Freundlichkeit, Vertrauen, Güte, Zugewandtheit, Versöhnlichkeit, Hilfsbereitschaft.

Nur wenn wir uns die Zeit nehmen, neben den Gedanken auch die Gefühle zu reflektieren, können wir den nun folgenden Absichtserklärungen bewusst entgegentreten und unter ihnen auswählen.

4. Schritt
Absichten – Wenn ich könnte wie ich wollte!

Wenn schon die Gefühle ihre Zuflucht in der Blackbox suchen, dann erst recht die Absichten, die wir spontan kreieren und die oft nicht sehr salonfähig daherkommen.

Wir haben die Wahrnehmungsdaten gesammelt, sie interpretiert und gedeutet, sie von der Gefühlsseite her eingeordnet. Was läge näher, als zu einer Antwort, sprich Handlung zu kommen:

Aber vor die tatsächliche Handlung hat sich ein spontaner Impuls geschoben, der keiner logischen oder pädagogischen Kontrolle zugänglich ist.

Absichtssätze fangen meist so an:

»Am liebsten würde ich ...«
»Da müsste man ...«
»Der hat jetzt ... verdient«

und meistens kommen sie nicht zur Durchführung.

Gebremst von Filtern bleiben diese spontanen, sehr authentischen, dafür aber nicht sehr reflektierten Impulse in der Blackbox stecken.

Die Filter, die auswählen, wer aus diesem wohl gehüteten Kasten heraus darf, müssen kaum noch einmal genannt werden, ähneln sie doch den vorne genannten Wahrnehmungsfiltern. Es sind die »Kontroll-Instanzen«

der Erziehung:	»So etwas sagt man nicht.«
der Norm:	»Das entspricht nicht dem Stil der Firma.«
der Angst:	»Den Folgen werde ich nicht standhalten.«
der Ziele:	»Was hilft mir jetzt am meisten zum Weiterkommen?«

die das Handeln steuern.

Es ist die Freude, die alle Vorsicht überspringt: »Tolle Chance!«

Schnell wird die Absicht korrigiert und bleibt in ihrer ursprünglichen Form ungesagt.

Auch wenn wir uns fest vornehmen, die vermeintlich unerlaubten Impulse aus der Blackbox niemals herauszulassen, haben diese die Angewohnheit, keine Ruhe zu geben. Unterdrückte Impulse suchen sich auf ihre eigene Weise Raum. Zurückgehaltene Wut etwa oder nicht geäußerte Zuneigung werden umso bedrängender, je weniger sie zugelassen werden.

»Da ist mir der Kragen geplatzt« heißt es dann, und das lange Verdrängte macht sich Luft.

Darum kann man nur raten, mit den Inhalten der Blackbox im inneren Dialog zu bleiben, damit sie nicht aus der Kontrolle geraten und am falschen Ort, zur falschen Zeit, im falschen Ton, manchmal sogar an die falsche Person gerichtet werden und dann mehr Porzellan zerschlagen, als nötig.

5. Schritt
Handeln – Der Kreis schließt sich.

Nachdem die Absichten ihre Filter durchlaufen haben, findet im fünften und letzten Schritt die eigentliche Re-Aktion statt, die sich an den Absender der ursprünglichen Nachricht wendet.

Hier ist dann aus Aktion – Deutung – Hinspüren – Beabsichtigen – Handeln die erste Runde der Kommunikation entstanden.

Hat man diese Abfolge von Einzelimpulsen erst einmal verstanden, so soll die Kommunikation auch wieder flüssig geschehen. Aber dieses Aufzeigen der Abfolge betont noch einmal die soziale Verantwortung für das eigene Tun. Was trage ich bei, um meine Wahrnehmungen zu überprüfen? Wie steuere ich mein Gedanken und Gefühle, um zu einem gemeinsamen Bild mit anderen zu kommen? Schalte ich zu wenige oder zu strenge Filter zwischen die Interaktion?

Gemeinsames Handeln wird erst möglich, wenn sich jeder dafür verantwortlich fühlt, dass ein gemeinsames Verständnis entsteht. Im Bewusstheitsrad diese Schritte zu überprüfen, gibt keine Garantie, aber eine gute Chance zu optimaler Kommunikation zu finden, und sich dabei des jeweils geeigneten Bausteines sozialer Kompetenz zu bedienen.

Zwischenstopp: Falsche Deutung – dramatischer Ausgang

Wie aus Wahrnehmung, Deutung und Handlung ein Kreislauf wechselseitiger Verhaltensbeeinflussung wird, haben wir im vorausgegangenen Text erfahren. Was rasche Deutung einer unvermuteten Wahrnehmung zur Folge haben kann, erleben wir in folgender »wahren Geschichte«. Sie ist aus dem Leben gegriffen und auf die Bühne verlegt, man kann sie bei Shakespeare nachlesen oder im wirklichen Leben erfahren: eine Episode aus dem Sommernachtstraum, 5. Aufzug, 1. Szene, ein »Kurz-Langweiliger Akt vom jungen Pyramus und Thisbe, seinem Liebchen«.

Die Bühnensprache ist nicht ganz so aktuell, die Begebenheit dagegen scheint nie zu veralten:

Zur Erinnerung: Pyramus und Thisbe sind im Wald verabredet, ihre Liebschaft soll noch geheim bleiben. Thisbe trifft ein wenig früher ein und vertreibt sich die Zeit mit Vorfreude.

Da trabt ein kolossaler Löwe heran. Erschreckt eilt sie davon. Verständlich. Jedoch im Laufen verliert sie ihren Schal, auf den sich sofort der Löwe stürzt. Er ist nicht hungrig, hat er doch die blutigen Reste seiner letzten Mahlzeit noch an der Schnauze hängen. Ein wenig auf dem Schal herumkauen, das vertreibt auch seine Zeit. Alsbald aber lässt er ihn blutverschmiert liegen, trabt davon, und das Schicksal nimmt seinen Lauf.

Pyramus, der Geliebte, betritt ein wenig verspätet die Szene, starrt erschreckt auf den blutigen Schal und sein erster Gedanke kann nur sein: »Thisbe, vom Löwen zerfleischt! So hat das Leben, auch für mich seinen Sinn verloren.« Vor seinem inneren Auge die tote Geliebte, keiner anderen Vermutung fähig, ersticht er sich stehenden Fußes mit seinem eigenen Dolch.

Thisbes Sehnsucht jedoch war stärker. Sie kehrt zurück. Den toten Geliebten vor Augen, keines Zukunftsgedankens fähig, ersticht sie sich mit dem gleichen Dolch.

Ein Schal, ob falsch oder richtig gedeutet, wir wissen es oft erst hinterher. Zwei überstürzte Handlungen, so schlimm muss es auf der Bühne des Alltags nicht kommen. Wer aber besonders emotional in einer Situation steckt, für den ist jede Deutung plausibel. Tragisch wird es durch die Tat, die durch das Zusammenfügen von Wahrnehmung und Emotion ausgelöst wird. Die Szene aus dem Shakespeare-Stück illustriert es. Aber wie schnell erzählen wir uns eigene Geschichten, in denen Missverständnisse sich verhärten und falsche Annahmen die Szene bestimmen.

»Liebe macht blind«, sagt der Volksmund.

Vorschnelle Deutung bringt Leid, sagt das Geschehen.

Übung zum Bewusstheitsrad

Wahrnehmung bewusst ausdrücken – bewerten – handeln

Beschreiben:	Ich nehme wahr
	in diesem Augenblick
	an meinem Gegenüber
	an mir selbst
	an der Situation
Gewichten:	Diese Wahrnehmung bedeutet für mich/ löst bei mir aus ...
	Gedanken
	Gefühle
	Phantasien
	Wahrnehmung
Erster Impuls:	Am liebsten würde ich jetzt ...
Handeln:	... und deshalb ...
	wünsche ich mir ...
	werde ich ...
	schlage ich vor ...

Sprache als Brücke von Mensch zu Mensch

Wenn man soziale Kompetenz als ganzheitliche Kommunikation verstehen und erlernen will, so muss das Nachdenken über Sprache dringend aus dem toten Winkel geholt werden. Sprache, auch geschriebene Sprache, ist neben Mimik und Gestik eine der frühesten Kommunikationsmöglichkeiten, die wir kennen. Sprache zeichnet den Menschen als Menschen aus. Erst durch Worte werden Gedanken und Gefühle Material zum Handeln.

Kinder erlernen nicht einfach Sprache, sondern sie lernen mit und über Sprache zu interagieren. Sie lernen mit Worten und Redewendungen Interaktionsmuster, Regeln und soziale Verhaltensweisen. Zeitlebens bedienen wir uns des Interaktionsmittels Sprache. Sie ist nicht die erste, aber eine der ersten Bindungen zwischen Mutter und Kind. Sie ist eines der letzten Interaktionsmittel am Ende des Lebens.

Trotz vieler Möglichkeiten von Sprachentwicklung hat man häufig den Eindruck von kommunikativem Analphabetentum, was Sprache angeht, und von zunehmender Sprachverwahrlosung. Die einen bieten in normalem Arbeitsgeschehen solch abgehobene Aussagen wie »… unter Heranziehung von relevanten Fakten zur Optimierung …« an, die anderen belästigen gar das Sprachempfinden mit einem Vokabular, das keiner Ästhetik entspricht und für das man den Mund mit Seife ausgewaschen bekommen sollte. Es ist nicht zu übersehen, dass beide Arten von unkommunikativem Sprachstil nachhaltig auch unguten Einfluss auf die Beziehung bzw. auf das Netzwerk der Beteiligten nehmen.

Im kulturellen und sozialen Bereich verhindern sie meines Erachtens das gegenseitige Verständnis und die Schritte aufeinander zu, indem in beiden Fällen unnötige sprachliche Barrieren aufgetürmt werden.

Eine Wortwahl, die den Gegenüber nicht einschüchtert, gehört unbedingt zu sozial-kompetentem Auftreten. Hier dient eine Un-Deutlichkeit allenfalls der Distanz. »Wer sprachlich undeutlich bleibt, ist mächtig«, hörte ich einmal von einer Klientin im Laufe einer Beratung.

Sprache sind nicht Worte allein. Wir sehen uns beim Sprechen in die Augen – oder wir sehen fort. Mit den Augen abschweifend schweifen wir vom Thema ab – quasi etwas anderes oder jemand anderen suchend. Solches Verhalten wird Kontaktaufnahme nicht fördern.

Wir bestimmen mit Sprache Distanz und Nähe. Mit zugewandten Worten und zugewandter Haltung, mit entsprechender Mimik und entsprechenden Nachfragen signalisieren wir tatsächliches Interesse am andern Menschen und nicht nur an seinem Sachanliegen.

Von Anfang an machen wir Erfahrungen im Zuhören und im Gehörtwerden. Einer Rede oder einem entsprechenden Vortrag hört man immer dann aufmerksam zu, wenn über einen überzeugenden Inhalt hinaus mit Mimik, Gestik und Wortwahl die Brücke zum Zuhörer hergestellt wird. Aus Redner und Hörer sollte ein Duo im wechselseitigen Sinne werden, in dem auch ein emotionales Echo entsteht.

Um dieses soziale Zusammenspiel zu unterstützen, darf bei aller Zunahme von Anglizismen der in der Umgangssprache bekannte und gewohnte Sprachstil nicht verkümmern. Im technischen und im wissenschaftlichen Bereich ist eine internationale Verständigung nicht mehr fortzudenken. Einheitliches Verstehen sichert die konkrete Weitergabe von Informationen und Ideen.

Will man aber näher aufeinander zugehen, so erreicht man mit unverständlichem Sprachstil eher das Gegenteil, nämlich eine Skepsis, die Abstand auslöst.

Da hilft dann auch die Frage: »Haben Sie mich verstanden« nicht mehr weiter …

Auch Standardredewendungen, die sich besonders gern in Unternehmen und Einrichtungen einnisten (»… da müssen wir über die Rüttelstrecke« ist eine davon) und Bürokratismen allein (»Das wird aus statischen Gründen nicht gehen«) erzeugen in aller Regel konventionelle Langeweile und münden oft unter der Hand in einem Wettbewerb um Unverständlichkeit. Jedenfalls heben sie weder die Stimmung noch den Umsatz: Leo Sucharewicz, ein Münchner Sprachpsychologe, schreibt dazu in der »Welt am

Sonntag« (7.10.01), dass allein mit Sprache betriebswirtschaftlich messbare, also geldwerte Wirkungen zu erzielen seien: »Mit einem neuen Sprachdesign kann die Rücklaufquote verdoppelt werden. Viel Geld für Unternehmen, die sich auf Direct Marketing konzentrieren.«

Wenn aber Sprache die Voraussetzung für Kommunikation sein soll, so muss sie

- verständlich für alle Beteiligten sein,
- Informationswert auf der sachlichen Ebene haben und authentisch auf der zwischenmenschlichen Ebene sein,
- zum Mitdenken, zum Nachempfinden und zum Mitsprechen motivieren
- und nicht zuletzt unterhaltsam sein.

In vielen Situationen ist es die bildhafte Sprache, die abstrakten Darstellungen die Schau stiehlt und den Merkwert wesentlich erhöht.

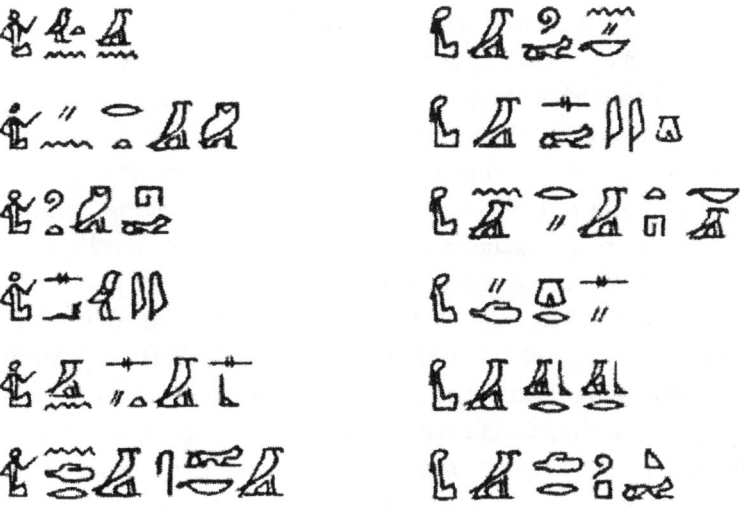

Abb. 14: Hieroglyphen – Sprache in Bildern

Wo Bilder und Skizzen die geschriebenen Texte auflockern, vertiefen sie gleichzeitig den Merkwert der Worte. Ein Beispiel hierfür ist eine denkwürdige Rede Wladimir Putins in Berlin, die inhaltlich überzeugte, die aber vor allem wegen zweier Bilder nachhaltige Wirkung zeigte. Er sagte in dieser Rede wörtlich: »Zwischen Russland und Deutschland steht die Geschichte. Zwischen Russland und Amerika der Ozean. Beides kann nicht nur trennen, sondern auch verbinden.«

Wladimir Putin war nach Berlin gekommen, um deutsche Führungskräfte mit einem mächtigem Wirkungscocktail aus Sprachästhetik, Bildhaftigkeit, Authentizität und Infotainment zu überzeugen. Versuchen Sie, seine Metapher zu vergessen – es wird Ihnen nicht gelingen: Geschichte und Ozean, an diesen beiden Metaphern bleiben die politischen Aussagen hängen, Geschichte und Ozean sind die Zugpferde der Erinnerung.

So wie Kinder über eine einfache Sprache, über selbst erfundene, oft sehr aussagekräftige Wortbilder zu einer differenzierteren Sprache finden, so ist auch im komplizierten Sprachdschungel der Erwachsenen eine bildhaft-unterhaltsame Sprache keineswegs unseriös, häufig aber beziehungsschaffend.

Es sei denn, sie führt auf falsche Fährte. Das passiert, je mehr das Bild eine Metapher ist: Da sagt jemand zu mir: »Mein Mann ist wie ein Baum.« Was soll ich hören, was soll ich denken, soll ich empört sein oder neidisch? Ist ein Baum etwa …?

Erst, wenn durch Nachfragen die Metapher entschlüsselt ist, kann man relativ sicher sein, dass man über das Gleiche redet. Bis dahin ist jede Deutung richtig oder falsch.

Ein anderer, zentraler Schlüssel für soziale Kompetenz ist die Kunst, den anderen da abzuholen, wo man ihn mit seiner Sprache, seinem Wortschatz und in seiner Bilderwelt antrifft. Wenn es gut läuft, findet man auf diesem Weg zu einer gemeinsamen Sprachkultur, die nicht nur dem Sachinhalt dienlich ist. Wenn sich der eine oder der andere dagegen auf eine ihm fremde Sprachebene begeben muss, ist die Kommunikation nachhaltig gestört.

Denn über Sprachverhalten wird Beziehung ausgedrückt.

Eine weitere Anregung, um Sprache als soziale Qualität zu nutzen, ist es, auf Zwischentöne, Stimmlage und Sprechpausen zu achten. Sie sind ein wichtiger Teil des Gesagten und geben ebenso Auskunft über die zwischenmenschliche Qualität.

Allzu häufig wird wenig Aufmerksamkeit auf die Stimme gelegt, ist sie doch für die Kommunikation wichtig wie das Gesagte selbst. Oft weist die Stimme in ganz eindrücklicher Weise auf die emotionale Nachricht hin und macht damit eine konträre Aussage zu den Worten. Man erhält eine doppelte Botschaft. Auf die vermeintliche Aussage seiner Stimme angesprochen, hören wir vom Sprecher häufig ein erlösendes Ja oder bemerken ein erschrockenes Ertappt-Sein. Die Nachricht seiner Stimme war ihm nicht bewusst.

Auf die Stimme zu achten ist daher eine fruchtbare Fährte um herauszubekommen, wie es dem Sprecher wirklich geht, wie er zu mir steht und was er eigentlich auch noch ausdrücken möchte.

Zur Wiederentdeckung der Sozialkompetenz gehört auch die Neubewertung der analogen, der bildreichen Sprache, in der ein Begriff dem anderen zugeordnet werden kann, gegenüber dem digitalen Sprachvermögen, dessen fehlerloses Beherrschen lange Zeit in westlichen Industrieländern mit Intelligenz gleichgesetzt wurde. Um Sprache aber in ihrer ganzen Bandbreite als soziale Kompetenz zu nutzen, kommen wir nicht umhin, vor allem die analoge Kommunikation mit ihrer bildhaften Aussagekraft näher ins Auge zu fassen. Anders als bei der digitalen Kommunikation umfasst diese doch das große Spektrum alles dessen, was durch Bilder und Vergleiche, durch nonverbale Signale, durch Gesten, Tonfall, Stimmlage und Sprechgeschwindigkeit an Zusatzinformation zum eigentlichen Inhalt vermittelt wird. Diese Analogiesprache ist in weiten Teilen auch über Kulturgrenzen hinaus verständlich und erhält von daher eine zusätzliche Wichtigkeit. Piktogrammen gleich ist sie nahezu international verständlich, auch wenn sie nicht so eindeutig wie digitale Sprache ist.

Natürlich ist es von hohem Wert, wenn Fakten und Tatsachen in so gennanter digitaler Sprache verständlich vermittelt werden. Darauf wird niemand verzichten wollen, auch wenn die so vermittelten Fakten häufig den Charme eines Kochrezeptes haben: eindeutig, brauchbar, aber trocken und ohne Lust auf das Essen zu wecken.

Der Preis der Mehrdeutigkeit analoger bildhafter Sprache wird durch ein Vielfaches wieder ausgeglichen. Auf jeden Fall ist der Gewinn an Motivation nicht zu übersehen. Darüber hinaus gewinnt die Interaktion an Kreativität und Lebendigkeit. Nicht nur auf der emotionalen Ebene, auch bei Sachfragen wird oft eine Fülle von Ideen ausgelöst. Es entsteht eine Art Kraftfeld zwischen den Gesprächspartnern.

Zum Schluss soll noch darauf hingewiesen werden, dass Kommunikation ohne gesprochene Sprache sehr wohl möglich und oft besonders intensiv ist, dass Sprache ohne Kommunikation aber einem Ruf gleichkommt, der ohne Echo bleibt.

Teil 2

6 Bausteine sozialer Kompetenz

Einleitung

Im Folgenden sollen einige wichtige Grundfertigkeiten von persönlicher und sozialer Kompetenz dargestellt werden, wie sie im privaten und vor allem im beruflichen Alltag zu einer größeren zwischenmenschlichen Qualität führen. Manchmal bedürfen sie nur einer auffrischenden Erinnerung. Oder eines Nachtrainings. In diesem Sinne ist die folgende Darstellung gemeint:

Entdecken ⇨ verstehen ⇨ erinnern ⇨ trainieren ⇨ ausprobieren.

Soziale Kompetenzen werden wie schon vorne beschrieben nicht universell für alle sozialen Situationen erworben und auch nicht in allen Situationen in gleicher Weise benötigt und angewendet. Sie stellen zunächst ein Globalkonstrukt dar, das eine Präzisierung und Differenzierung in Teilkompetenzen verlangt. Relevante (Teil-)Kompetenzen stehen jeweils in Bezug zu Inhalten (Konflikte über Sachfragen/Beziehungsfragen) und zu Situationstypen (z. B. Gespräche mit Vorgesetzten, Kollegen, Kommilitonen oder einfach Smalltalk). Ein Konflikt zwischen Vorgesetzten und Mitarbeitern bedarf eines anderen Bündels an sozialen Kompetenzen als ein Konflikt zwischen Partnern oder Eltern und Kindern, bei denen man ein tragfähiges Fundament an Vertrautheit voraussetzen kann.

Auch bestimmt die Vorgeschichte, die Menschen miteinander haben, in welcher Intensität der zwischenmenschliche Umgang gestaltet werden kann. In einer Konfliktsituation zwischen Mitgliedern eines Teams wird ein anderes Bündel aktiviert, um zu einer akzeptablen Lösung zu finden, als in einer Verkaufssituation oder einem seelsorgerlichen Gespräch. Soziologen sowie Anthropologen scheinen sich einig darüber, dass individuelles Verhalten in erster Linie ein Reflex auf die jeweilige Situation ist (siehe Bewusstheitsrad, 5. Kapitel, Seite 93ff.).

Diese Komplexität macht deutlich, dass für die jeweilige Situation spezifische soziale Kompetenzen aus einem Gesamtfundus zur Verfügung stehen müssen. Die Konkretisierung der Situation erst entscheidet, welche Kompetenz die Kommunikation fördert und stützt.

So gesehen kann die im Folgenden beschriebene Auswahl von Kompetenzen nur ein Grundmodell darstellen; sie müssen sowohl auf die spezifischen Situationen zugeschnitten wie auch in ihrer Bündelung diesen angepasst werden. Darum reicht es nur in wenigen Fällen aus, von Konflikt- oder Teamfähigkeit als Sozialkompetenz zu sprechen, ohne sie zu konkretisieren.

Zu konkreten Kompetenzbündeln können wir nur gelangen, wenn wir die beteiligten Personen *und* die Situation zugleich im Auge haben. Erst dann können soziale Kompetenzen zielorientiert eingesetzt werden.

Die vorwiegend persönlichen Kompetenzen, diejenigen, die quasi unabhängig vom jeweiligen Kommunikationskontext dem einzelnen Menschen zugehörig und generell abrufbar sind, sind denjenigen Kompetenzen vorausgestellt, die in ausgewählten Situationen verstärkt gebraucht werden. Beide werden mit einem Theoriehintergrund versehen, der so ausführlich wie nötig ist, um das Verstehen zu fördern, und so alltagsnah wie möglich, um den Zugang zur Praxis zu wecken.

Persönliche Kompetenzen, so genannte intrapsychische Kompetenzen, bilden auch deshalb den Ausgangspunkt, weil Menschen ihre Beziehungen untereinander immer erst dann verstehen und dementsprechend gestalten können, wenn sie ihre eigenen Gefühle und Verhaltensweisen zu verstehen und zu steuern gelernt haben. Erst dann können sie mit anderen in eine interpersonelle Kooperation treten, erst dann sich von anderen sinnvoll abgrenzen, sich aufeinander einlassen, kritische Rückmeldung geben und nehmen. Auch dann erst ist es möglich, die Motive des Anderen zu verstehen und darauf zu reagieren.

So unterschiedlich die Situationen und Systeme, so unterschiedlich die Menschen in ihnen, so differenziert müssen auch soziale Kompetenzen zum Einsatz kommen; sie können nicht für alle Situationen universell gelten. Es sind darüber hinaus nicht alle Kompetenzen von jeder Person gleichermaßen anwendbar, so wie es etwa mit Mechanismen denkbar wäre, die nach einem »Wenn, dann … System« funktionieren. Vor diesem Irrtum soll ein vertieftes Verständnis der Typenbedingtheit schützen (siehe 3. Kapitel, Seite 63f.).

Jede Situation als solche ist komplexer Natur und muss aus dem Blickwinkel der Privatheit, Beruflichkeit oder Öffentlichkeit gesehen werden. Erst recht aber orientiert sich die Anwendung und Wirkung nach eben diesem Grundtyp, in welchem die betreffende Person ihre Hauptstärken hat.

Darüber hinaus finden wir gravierende Unterschiede in situativer Gestaltung. Bei der Einheit Mutter und Kind, Mann und Frau, Kollegen und Vorgesetzte, im intimen Privatbereich oder in nahezu anonymer Öffentlichkeit großer Gruppen wird jeweils mit einem anders zusammengesetzten Bündel von sozialen Kompetenzen kommuniziert.

Diese Erkenntnis soll dazu führen, ein Grundrepertoire zwischenmenschlichen Handelns zur Verfügung zu haben, welches situationsunabhängig ist. Darüber hinaus wird sich immer ein Repertoire an situationsabhängigen Fertigkeiten entwickeln.

Es war schwierig, für diese Texte eine Auswahl der Kompetenzen zu treffen und diese zu ordnen. Einige stellten sich in der ersten Auswahl so banal dar, dass ich sie beinahe weggelassen hätte. Dann waren da andere, von denen ich annehme, dass sie zunächst nur schwerlich für Aspekte sozialer Kompetenz gehalten werden. Ich entschied mich, beiden Kategorien Raum zu geben und damit zweierlei auszudrücken: Soziale Kompetenz ist jene vorne genannte Anzahl von Bausteinen, die jeder für sich selbst zusammenstellen muss, seiner Person und seinem Situationsmenü angepasst.

Nun ist das Auswählen von Kompetenzen selten ein bewusster Vorgang, schon gar nicht in der Kürze der Zeit, in der solche Abläufe geschehen. Das hat zur Folge, dass die ausgewählten sozialen Kompetenzen häufig nicht diejenigen sind, die in dieser Situation angemessen wären.

Da provoziert mich ein Gegenüber so, dass ich mein kritisches Feedback kaum zurückhalten kann, aber Situation und Anlass verlangen unbedingt höchste Zurückhaltung. Hier gilt es, blitzschnell eine Entscheidung zu treffen, die in erster Linie die Weiterführung der Kommunikation gewährleistet. Spontan das Richtige, gepaart mit der richtigen Wortwahl, auszuwählen, kann übrigens getrost dem Repertoire der sozialen Kompetenz vorangestellt werden!

Soziale Kompetenzen bestehen aus Fähigkeiten und aus Verhaltensweisen. Sie haben als Grundvoraussetzung immer eine Wertebezogenheit, über die im 3. Kapitel (S. 57ff.) zu lesen ist. Vor allem ist die Anwendung der Kompetenzen aber selten absichtslos. Auch wenn man Kompetenzen in Entwicklung und Ausbildung zunächst absichtslos erwerben sollte, in der Anwendung sind es die Wünsche und die Vorlieben, die Impuls und Maßstab für den Einsatz geben.

1. Vergangenheit ist lebendig – Die Szene bereinigen

»Unerledigte Geschäfte« heißen in der Sprache der Gestalttherapie, wie Fritz Perls sie lehrte, solche Konstellationen, in denen jemand von einer Fixierung aus seiner Vergangenheit nicht loskommt und dadurch daran gehindert wird, ganz im Hier und Jetzt zu leben bzw. zu handeln. So, als ob die Vergangenheit heute wäre, trifft er Entscheidungen oder bezieht Menschen mit ein, die längst keine Rolle mehr spielen dürften:

Ein alter Streit, eine längst überwundene Gewinner-Verlierer-Situation, eine Sympathie, die nicht mehr trägt.

Aber in der Hitze des neuen Gefechtes treten die längst vergessen geglaubten Erlebnisse aus den Kulissen und bemühen sich mit ungeahnter Energie, endlich ihren Part zu Ende zu spielen. Weil aber das, was sie zu sagen haben, auch jetzt noch weh tut, will sie auch diesmal niemand hören.

Auch in dieser Neuauflage bleibt es ein »unerledigtes Geschäft« und so versuchen sie es wieder und wieder in der Hoffnung, endlich zu Gehör zu kommen. »Die Vergangenheit klopft so lange an die Tür, bis sie eine plausible Antwort bekommt«, lehrt uns C. G. Jung.

Diese hier beschriebene Wiederkehr der Vergangenheit trifft nicht nur im individuellen Lebenslauf zu, sondern ebenso im Lebenslauf von Teams, Gruppen, Abteilungen oder ganzen Firmen.

So knabberte eine mittelständige Fortbildungseinrichtung noch 10 Jahre daran herum, dass damalige Entlassungen zu Unrecht geschehen seien. Der Vorstand, der das »getan« hatte, war längst im Ruhestand, aber jeder neue Chef wurde seinerseits für dieses Unrecht verantwortlich gemacht, anstatt mit ihm einmal gründlich über die Langzeitfolgen dieser Altlast zu sprechen und damit für die Bereinigung zu sorgen. Angst und Unsicherheit beherrschen seitdem mehr oder weniger verdeckt die zwischenmenschliche Szene und immer noch will niemand endlich die entscheidende Frage »Wie war es wirklich?« stellen und niemand kümmert sich mit einer Aussage, die Verständnis fördern könnte, um diese emotional und sozial hochbelastete Situation.

Die Erledigung unerledigter Geschäfte ist die unerlässliche Voraussetzung für das Fortschreiten freier, entspannter Zusammenarbeit, auch oder fast wichtiger im privaten Umfeld. Gespräche hierüber müssen in jeder Zusammenarbeit ihren wiederkehrenden Raum haben und dürfen nicht bei Lippenbekenntnissen stehen bleiben. Im Mitarbeiter-Vorgesetzten-Verhältnis liegt die Verantwortung hierfür eindeutig beim Vorgesetzten, es sei denn, der Mitarbeiter erlebt für sich und andere eine Einschränkung und nimmt daher seinerseits das Thema auf. So kann die Anregung hier nur lauten:

⇨ Erledigt die »alten Geschäfte«!
⇨ Holt – zum geeigneten Zeitpunkt und in geeigneter Dosis – die Leichen aus dem Keller!
⇨ Glaubt nicht daran, dass sie in absehbarer Zeit von selbst verschwinden!
⇨ Gebt dem Unerledigten wenigstens Name und Sitz in der aktuellen Situation, wenn ihr es schon nicht erledigen könnt!

Folgende Fragen im Vorfeld können helfen, die Situation nicht allzu sehr zu verhärten:

⇨ Welche früheren Zusammentreffen ließen Verletzungen und Enttäuschungen bei Einzelnen zurück, ließen ungeklärte zwischenmenschliche Situationen offen?
⇨ Wie haben wir Konflikte in der Vergangenheit zufrieden stellend gelöst?
⇨ An welche Arbeitssituation erinnere ich mich, bei der Zusammenarbeit gut geklappt hat? Kenne ich die Mechanismen und kann ich sie weiterhin nutzen?
⇨ Welches Thema auf der zwischenmenschlichen Ebene blieb unangesprochen? Welche Brisanz könnte es in sich bergen?

Nicht jeder Zeitpunkt ist geeignet, um alte Themen anzusprechen. Schon vom Zeitrahmen her müsste die Ansprache klug gewählt sein, denn ein nochmaliges Verschieben oder Abbrechen wäre weniger zuträglich als gar nichts zu tun.

Hier gilt es den Kairos zu erwischen, den Augenblick, an dem es »dran ist«. Kommt dann noch ein wenig Mut dazu, die schwierigen Dinge wirklich beim Namen zu nennen und eine Beharrlichkeit, die durchhält, dann haben die unerledigten Geschäfte gute Chance, endlich befriedet zu werden und Ruhe zu geben.

2. Was soll ich glauben?
Auf doppelte Botschaften reagieren

Im therapeutischen Bezugsrahmen finden wir den Begriff des »double bind«, ein Kommunikationsphänomen, bei dem mit einer Aussage das Gegenüber doppelt angesprochen wird. Er kann dann nur schwer herausfinden, ob er sich für das eine oder für das andere entscheiden soll oder muss. Er fühlt sich »doppelt gebunden«. In einer anderen Variante hört er zwei sich ausschließende Anforderungen und gerät in ein ähnliches Dilemma.

Im ganz alltäglichen Umgang sind wir häufig mit solchen doppelten Nachrichten konfrontiert, die unsere Wahrnehmung irritieren und die eine Stellungnahme erschweren, besonders dann, wenn man in einem Abhängigkeitsverhältnis zueinander steht. Es sind solche Situationen, in denen Menschen zwei Nachrichten zur gleichen Zeit hören: »Ich könnte jetzt dringend Hilfe (von dir) gebrauchen, aber ich will deine Kräfte auf keinen Fall beanspruchen.«

Eine doppelte Botschaft schafft Verwirrung darüber, welche von mindestens zwei gegensätzlichen Forderungen gelten soll. Oder ob sie gar beide gelten, und wie ich das im Kontext des Gesamtgeschehens verstehen kann. »Es ist zum Verrücktwerden« stöhnen wir dann und haben schließlich recht, denn der Schwerpunkt der Nachrichten ist verrückt.

Schnell ist eine Zwickmühle eröffnet:

Die Worte meines Gegenübers sagen mir z. B., dass er ruhig und entspannt auf ein Untersuchungsergebnis wartet, seine Stimmlage und seine Körperanspannung aber signalisieren mir eher verspannte Angst. Soll ich nun dieses oder jenes glauben, auf das eine oder das andere reagieren? Was soll ich hören, was wahrnehmen? Welche ist die zutreffende Botschaft oder stimmen beide?

Eine solche doppelte Botschaft ist am ehesten dann zu entschlüsseln, wenn der Sender seine Aussage mit einer Hauptaussage im Vordergrund (»Mir geht es gut«) und einer Hintergrundaussage (»Frage mich nicht, es ist so schrecklich!«), einem Bühnenauftritt ähnlich, aufteilt.

Oftmals wird dem Sender erst bewusst, wie es ihm wirklich geht, wenn er auf die Irritationen, auf das Doppelte seiner Botschaft, hingewiesen wird. Solche kleinen Interventionen haben im Alltag des menschlichen Umgangs oft klärende Wirkung, ohne gleich ins Therapeutische zu gehen. Wie auch immer, es sollte eine Bewusstheit für den Zwiespalt beim Gesprächspartner geweckt werden.

In Personal- und Beurteilungsgesprächen beherrschen häufig diese Doppelaussagen das Feld, wenn es darum geht, trotz schlechter Nachricht die Haltung zu bewahren: Mir wird gesagt, ich habe überdurchschnittliche Leistung erbracht und in einem Nebensatz erfahre ich, ich sei einer der teuren Mitarbeiter. Was soll ich hören, wie soll ich es deuten. Was soll ich tun? Welche Angst keimt auf?

Im Sinne von umfassender sozialer Kompetenz kann das nur heißen: Möglichst eindeutige Aussagen machen und klare Beziehungsangebote setzen, anstatt das Verwirrspiel der doppelten Botschaft mitzuspielen. Dieses ist im Abhängigkeitsverhältnis besonders wichtig.

Gelegentlich hören wir von Höhergestellten oder gar Vorgesetzten die gut gemeinte Aussage: »Wir sitzen doch alle in einem Boot.« Es soll wohl wie ein Schulterklopfen gemeint sein und wenn es stimmt, ist es recht so. Wenn es aber über die Floskel hinaus real nicht stimmt, so heißt es im Klartext: »Ich bestimme das Ziel und du ruderst.«

Auf der Empfängerseite dagegen wäre es ein guter Ausdruck sozialer Fähigkeit, vermeintliche Doppeldeutigkeiten nicht einfach hinzunehmen, sondern in zugewandter Nachfrage die beiden zu separieren, die gehörte und die gesehene oder empfundene.

»Ich höre dich sagen …, aber ich sehe, dass du …« könnte hier eine klärende Interpretation sein.

»Du erzählst mir von Glück. Wenn ich mir die geschilderte Szene jedoch vorstelle, will mir Glück gar nicht dazu einfallen. Kann es sein, dass du auch noch zögerst oder habe ich falsch interpretiert?«

Wie immer man auf der Empfängerseite solche doppelten Aussagen kommentiert, eine Grundregel lautet: Der andere muss möglichst mit einem »Ja« antworten wollen. Diese Intervention soll Klärung auf beiden Seiten schaffen und nicht zum Protest aufrufen.

Oft sind solche verbalen Klärungen gar nicht nötig. Sozial kompetente Menschen, schon Kinder, sind sehr wohl imstande, hinter der Strenge im Vordergrund die Wärme dahinter zu erleben und für wahr zu nehmen, hinter der punktuellen Abgrenzung die generelle Zuwendung, hinter der Freude die Angst.

Neben der doppelten Aussage eines Gegenübers, die mich in einer doppelten Bindung irritiert, steht die andere Form von »doppelter Bindung«. Hier nämlich kommt die Irritation durch mindestens zwei Anliegen, Gesetze, moralische Verpflichtungen, denen ich mich innerlich unterworfen fühle oder die ich gleichermaßen anerkenne und denen ich entsprechen will. Stimme ich dem einen Impuls zu, so »sündige« ich gegen den anderen – und umgekehrt.

Eine der klassischen und zugleich eindrücklichsten Darstellungen solch doppelter Bindung, für die es keine »gute« Lösung gibt, ist die Schicksalsentscheidung der Antigone in der gleichnamigen Tragödie des Sophokles. Wie sie ihren Konflikt auch dreht und wendet, sie kommt aus der doppelten Bindung nicht heraus. Ihre sonst gut entwickelte Fähigkeit, sich auf einer Werteskala hin und her zu bewegen, diese dem jeweiligen Kontext anzupassen und sich dann zu entscheiden, ist diesmal wie gelähmt. Gerade diese Fähigkeit ist aber für jede zwischenmenschliche Beziehung richtungweisend.

Antigone – aus der Schule oder aus dem Theater für viele ein Begriff, die Tochter des Ödipus – möchte ich als eine Schlüsselfigur dafür ansehen, wie der Mut, eine Entscheidung zu treffen, den Folgen der Entscheidung ins Auge zu sehen und für diese die Verantwortung zu übernehmen, der wohl einzige Weg ist, um aus einer doppelten Bindung herauszukommen. Dem einen ein Nein, dem andern ein eindeutiges Ja zu geben und den Preis für diese Entscheidung zu bezahlen, ist die zwischenmenschliche Klärung, zu der nur Mut verhilft.

Zur Erinnerung die Geschichte der Antigone: Ödipus, ihr Vater, ist mit seiner Frau Jokaste lange Jahre ein glückliches Herrscherpaar seines Landes. Was Ödipus all die Jahre nicht weiß: Jokaste ist seine Mutter, die er aber als solche nie kennen lernte, weil sein Vater ihn als Kind weggab, um einer bösen Prophezeiung aus dem Weg zu gehen. Dann muss er erleben, dass die Pest ausbricht und seine Untertanen dahingerafft werden. Ein »Seher« lässt ihn wissen, dass das die Rache dafür sei, dass Ödipus seinen eigenen Vater ermordet habe. Daraufhin, der Schande nicht länger standhaltend, blendet er sich selbst. Jokaste dagegen erhängt sich.

So übernehmen seine beiden Söhne Polyneikes und Eteokles, gemeinsam die Herrschaft, was aber bald zum Streit führt, in dem beide in einem unehrenhaften Kampf den Tod finden.

Die Anhänger eines der Brüder küren ihn als Sieger und verhindern vehement das Begräbnis des anderen: Der Übeltäter Polyneikes soll den Hunden und Vögeln draußen im freien Feld ausgesetzt werden, wie das Gesetz es für Übeltäter eben vorschreibt.

Über dieses Ereignis gerät Antigone, die Schwester der beiden, in Konflikt in Form einer doppelten Bindung:

Beerdigt sie ihren Bruder, wie ihre Ethik und ihr Glaube es verlangen, so gerät sie selbst mit dem Gesetz in Konflikt und in die Verdammung. Ihre Verlobung mit dem Sohn des neuen Herrschers würde gelöst.

Überlässt Antigone aber den Bruder unbeerdigt den Hunden und den Vögeln auf dem freien Feld, wie das Gesetz es befiehlt, so sündigt sie gegen Glauben und Tradition und fühlt sich forthin als unwürdiger Mensch. Antigone entscheidet sich für die Beerdigung, die Familienbande sind stärker.

Der Mut, eine Entscheidung zu treffen, an der andere mit beteiligt sind, und die Fähigkeit, die Folgen der Entscheidung für sich und andere einzuschätzen, sie zu akzeptieren und mutig zu tragen, ist sowohl eine persönliche Stärke wie eine hohe soziale Kompetenz.

3. »Sprich nicht über den anderen, sprich mit ihm!« Interpretationen vermeiden

Eine Interpretation ist eine Aussage über einen anderen, über sein Handeln, ohne sich bei ihm selbst tatsächliche Information zu holen. »Du kommst später als verabredet. Also bin ich dir nicht wichtig«, heißt es dann. Aus Worten, Mimik und Gestik wird ein wenig reflektierter Rückschluss gezogen, der manchmal sogar unmittelbar eine Reaktion des Interpretierenden nach sich zieht. Da sieht man jemanden gähnen, und schon wird eine Pause angeregt, obwohl ein geöffnetes Fenster die Luftnot des Gähnenden beheben würde, hätte er sich nur selbst dazu äußern können.

Anstatt zu interpretieren und daraus eine Handlung abzuleiten, ist es angemessener, eine Frage zu stellen, die die auslösende Wahrnehmung betrifft, etwa: »Ich sah ein Gähnen. Mir selbst könnte jetzt eine Pause auch ganz gut tun.« Die eigene Reaktion spricht sich nicht immer leichter aus, aber sie ist in jedem Fall authentischer.

Es bedarf schon im therapeutischen Geschehen eines feinen Fingerspitzengefühls, um Interpretationen so zu platzieren, dass sie den Gesprächsprozess fördern. Wie viel schwerer ist es dann, im Alltagsbetrieb die Wahrnehmung und die Deutung des Wahrgenommenen voneinander zu trennen und es dem Gegenüber auch als zweierlei anzubieten, ehe man unangemessen handelt. Inadäquat ausgedrückte Interpretationen erregen nicht nur Abwehr, sie unterbrechen auch den Prozess oder führen in eine ungewollte Richtung.

»Gib Worten und Handlungen anderer keine unreflektierte Bedeutung, sondern sprich nur deine Wahrnehmung aus«, so könnte die Anregung lauten. Eine persönliche Aussage fördert meist eine persönliche Gegenreaktion und damit spontane Interaktion.

Eine Chance, dass Interpretationen wahrgenommen werden besteht nur dann, wenn sie dem anderen schon relativ bewusst sind oder er sie zumindest ahnt. Dann kann es wie eine Erlösung sein, der Betroffene erlebt es als Erleichterung, dass endlich jemand ausspricht, was er schon lange nicht sagen oder zeigen konnte. Diese Interpretationen treffen dann vielleicht exakt den blinden Fleck (siehe 6. Kapitel, Seite 151f.), diese Stelle der eigenen Persönlichkeit, zu der man ohne den Spiegel des anderen keinen Zugang hat.

Der Zeitpunkt des Aussprechens spielt immer eine entscheidende Rolle. Ist meine Interpretation zwar generell richtig, erfolgt sie aber in einem Moment, in dem der andere nicht bereit ist, sie anzunehmen, so wird er sie verneinen, auch wenn sie stimmt. Dieses Schicksal ereilt positive wie auch negative Interpretationen. Sie bewirken nicht selten eine Asymmetrie in der Beziehung: »Du weißt, was ich für einer bin und was für mich gut ist!« Und das kommt einer Blockade gleich.

4. Achtung!
Respekt wahren

»Die Würde des Menschen ist unantastbar«, so steht es im deutschen Grundgesetz, und ich kenne keinen Menschen, der nicht noch vor seinen elementaren Bedürfnissen, wie mit Nahrung versorgt zu sein und ein Dach über dem Kopf zu haben, diese

Forderung gewahrt wissen möchte. Anspruch auf Liebe gibt es nicht, Anspruch auf Respekt sehr wohl.

Geschrieben steht diese Forderung im Gesetzbuch, gelebt wird sie heute und morgen zwischen dir und mir als Axiom, d. h. als eine Bedingung des Zusammenlebens, die keiner Rechtfertigung bedarf.

Zwei Situationen aus dem Alltag sollen hier Bilder von Respekt und Würde hervorrufen und für Aufmerksamkeiten in »kleinen« Situationen sensibilisieren anstatt auf den großen Moment zu warten, in dem Würde plakativ ins Bewusstsein gerufen wird.

Von einem weißen Polizisten und einer schwarzen Frau handelt der erste Bericht:

Während einer Demonstration gegen die Apartheid im früheren Südafrika trieb ein Trupp weißer Polizisten schwarze Demonstranten auseinander und verfolgte sie anschließend. Ein Polizist, den Gummiknüppel in der Hand, lief hinter einer schwarzen Frau her. Plötzlich verlor die Frau einen Schuh; der Polizist folgte einem spontanen Impuls, hob den Schuh auf und gab ihn ihr zurück. In diesem Augenblick trafen sich ihre Blicke, und beiden wurde bewusst, wie hirnverbrannt die Situation war. Nachdem er ihr mit der Geste eines Gentlemans den verlorenen Schuh überreicht und gewartet hatte, dass sie ihn wieder anzog, war es ihm unmöglich, weiter hinter ihr herzulaufen und mit dem Knüppel auf sie einzuschlagen. Also drehte sich der Polizist, nachdem er ihr höflich zugenickt hatte, um und ging davon.

Diese Nachricht mit einem nachfolgenden Text war in der Welt am Sonntag vom 23.6.02 zu lesen, berichtet von Slavoj Zizek, einem der wichtigsten Philosophen unserer Zeit.

Es geht um Respekt und um Würde, die, wie er hervorhebt, nicht mit Gleichgültigkeit verwechselt werden soll.

Dieser Polizist hatte nicht plötzlich sein angeborenes Gutsein entdeckt, aber seine tiefe Sehnsucht nach Würde – für ihn und für die schwarze Frau – hatte sich in dieser Begegnung von Mensch zu Mensch gegen ideologisch-rassistische Indoktrination durchgesetzt. Oder war es mehr als das? Augenscheinlich: Menschliche Würde steht über unterschiedlichen Rassen und Positionen, über Rechthaberei und über größerem Wissen, über Antipathie und Hierarchieregeln.

Hier wird die symbolische Barriere zwischen zwei Welten, zwei Ansichten, zwei Hierarchien für einen Augenblick aufgehoben und Würde verbindet die Menschen. Das ist die zu trainierende soziale Kompetenz dieser Szene: »Handele stets so, dass die Würde nicht verletzt wird und verliere dabei trotzdem deine Sache und dein Ziel nicht aus dem Auge und aus dem Kopf.« »Nicht unter die Gürtellinie« würde es in einer anderen Sprache und einem anderen Kontext heißen.

Von einem »Oben-unten-Verhältnis« erzählt der zweite Bericht, wobei die nun geschilderte Situation vergleichsweise lächerlich anmuten mag. Aber zwischenmenschlich respektvoll denken und handeln heißt auch »Kleinigkeiten« wie der gelegentlich immer noch vorherrschenden »Oben-unten-Kultur« nicht mit einem respektlosen Angebot zu begegnen. Da bietet einer dem vermeintlich unter ihm stehenden das »du« an oder er gibt den Hinweis, doch auf Titel zu verzichten, ohne empathisch nachgespürt zu haben, ob das dem Verständnis des anderen von würdigem Umgang miteinander entspricht. Auch ein so leicht dahin gesprochenes »Sagen Sie ruhig Fritz zu mir« hat schon manch einen in eine unangenehme Lage gebracht, in der er sich einerseits geschmeichelt fühlte, in der ihm andererseits seine Erfahrung als Untergebener, sozial Schwächerer, auf »höherem Parkett« Ungeübter, sofort ein Warnschild hinhält: »Jetzt wird es schwierig, pass auf!« Und die Verunsicherung, vom anderen weder geahnt noch gewollt, nimmt ihren Lauf. »Muss ich diesen Fritz nun auch duzen, sollte ich besser seiner Meinung sein, darf ich ihn endlich einmal fragen, wie lange er schon verheiratet ist?« Leicht lässt sich dieses Verwirrspiel weitertreiben und ehe er sich versieht, stellt der leichtfertige Anbieter des »du« eine Veränderung in der Beziehung fest und weiß noch nicht einmal, warum. Nur, dass das soziale Gefälle sich letztlich nicht verändert hat, das merkt auch er!

5. Das habe ich gleich geahnt!
Intuition nutzen

»Das habe ich doch gleich gewusst, dass konnte ja nicht gut gehen.«

»Lass uns das tun, ich weiß, dass es das Beste ist.«

Manch einer behauptet das einfach, logisch oder sachlich erklären kann er es jedoch nicht.

Intuition nennen die Wissenschaftler das, was in der Alltagssprache der »Riecher« oder das »gewisse Händchen« genannt wird. Es ist die Fähigkeit, in entscheidenden oder kritischen Situationen das Geeignete zu tun. Vom Verstand her begründen kann der intuitiv Handelnde seine Entscheidung oder Handlung meist nicht. Diese ist gar nicht erst über das Nachdenken gelaufen, man hat es halt so getan oder gesagt. Eine andere Instanz als der Kopf gibt den Anstoß, und es war richtig so.

»Das habe ich aus dem Bauch heraus entschieden oder getan«, heißt die vermeintliche Formel, die sich dafür eingebürgert hat. Oder: »Einfach aus einem Gefühl heraus ist mein Handeln entstanden.«

Intuition ist aber weder Bauchentscheidung noch Gefühl. Intuition ist die Fähigkeit, etwas ohne bewusstes Einschalten von Verstand, ohne Bauch oder Gefühl unmittelbar zu wissen. Intuition ist ein inneres Radarsystem, welches unbewusst lenkt. Intuition ist im Menschen diejenige Instanz, die von der Wahrnehmung von Fakten am weitesten entfernt ist. Während der mit hoher Wahrnehmungsfähigkeit Begabte meist jedes Detail einer einmal gesehenen Situation wiedergeben kann und sich dabei selten irrt, scheint der intuitiv Begabte gar nicht hinzuschauen oder hinzuhören. Die Wahrnehmung geschieht zwar über die Sinne, verarbeitet die Eindrücke aber quasi ohne Inanspruchnahme der Vernunft. Die Intuition handelt nach Ahnungen und Vermutungen, meist ausgerichtet auf zukünftige Situationen, wobei sich extravertierte Intuitive stark von introvertierten Intuitiven unterscheiden. Der Erstere ist gern der Visionär für sich und andere, der Letztere beschäftigt sich auch mit Visionen und Ahnungen, kommuniziert sie aber nur selten nach außen, wodurch diese zweite Art der Intuition im Arbeitsablauf als soziale Kompetenz schwer zu nutzen ist.

Mehr nach außen gewandte Menschen, bei denen die Intuition die bevorzugte Art des Erfassungs- und Verarbeitungsmodus ist, brauchen unbedingt die Hilfe der anderen, die ihre »erwitterten« Impulse aufgreifen und umsetzen, da sie selbst nur selten konsequent reagieren. So gesehen leistet Intuition mit ihrem frühzeitigen Erspüren von brenzligen Situationen oder angespannter Atmosphäre einen wichtigen ersten Beitrag zur Kommunikation, der aber eines weiterführenden Impulses bedarf.

Ganz so einfach wie bei manchen anderen Sozial-Kompetenzen ist das Lernen von Intuition jedoch nicht.

Sie ist, mehr noch als andere menschliche Fähigkeiten, ein Talent. Dieses gilt mehr oder weniger als angeboren und entzieht sich damit in weiten Teilen dem Lernvorgang. Menschen, die sich nicht auf ihre innere Stimme verlassen können, sollten sicherer auf eine andere Methode zurückgreifen. Meist sind diese Menschen außerordentlich begabt im detaillierten und realistischen Wahrnehmen und finden hierin eine zuverlässige Hilfe zum Analysieren von zwischenmenschlichen Situationen.

Daneben gibt es aber die intuitiv Begabten, die sehr wohl die Erfahrung machen, dass ihre Ahnungen und Vorahnungen stimmen, die sich aber noch keine Sicherheit zutrauen. Hier ist Training der geeignete Weg. Jede neue Erfahrung, in der sie entschieden haben, ohne lange hin und her zu überlegen und in der diese Entscheidung »gestimmt« hat, macht sie sicherer. Auf die Frage »Aus welcher Überlegung heraus hast du das so und nicht anders gemacht?« kann der wirklich intuitiv Begabte schwer antworten und bestätigt damit sein intuitives, sein automatisch stimmiges Verhalten.

6. Die Leiche im Keller –
Vermeidungen aufdecken

Der Vorgang des Vermeidens tritt immer dann in Aktion, wenn Einzelne in einer Gruppe oder gar die ganze Gruppe sich mit einem Thema, einer Frage, einer Problemlage nicht befassen wollen. Dafür stehen verschiedene Gründe, die aber alle von Angst und Widerstand geleitet scheinen. Da ist das Gesprächsthema, von dem ich so wenig verstehe, dass ich nur dumm dastehen kann. Da ist das alte Problem, bei dessen Lösungsversuchen wir schon ein paar Mal gescheitert sind. Da ist ein persönliches Geheimnis, welches auch heute nicht gelüftet werden soll. Gerade in schwierigen wirtschaftlichen Zeiten oder bei persönlichen Engpässen häufen sich die so genannten Vermeidungsstrategien. Es sieht aus, als ob immer neue Umgehungsstraßen um den zu vermeidenden Kern der Wahrheit gelegt würden.

Die Art und Weise des Vermeidens ist, wie Freud uns gelehrt hat, meist im Laufe der Erziehung von Eltern und anderen wichtigen Bezugspersonen in der frühen Kindheit gelehrt. Darüber hinaus entwickeln auch Organisationen, Teams und Abteilungen, ehe man es gemerkt hat, ihre spezifischen Vermeidungsstrategien. Alle wissen es, jeder hält es ein, niemand spricht darüber. Wo immer der Mensch das Vermeiden auch gelernt hat, solange er von der Angst blockiert ist, wird er dafür Sorge tragen, dass die Blackbox geschlossen bleibt, dass die zu vermeidende Situation umgangen wird, dass eine Konfrontation nicht stattfindet.

Erst wenn der Druck zu groß wird oder ein »Trottel ins Fettnäpfchen tritt«, wenn neue Mitarbeiter die Tabuzonen nicht kennen oder ein externer Berater die Decke lüftet, liegt plötzlich, oft allzu plötzlich und undosiert, das vermiedene Thema auf dem Tisch.

In der Regel ist es die Aufgabe des Verantwortlichen, meist auch Vorgesetzten eines Bereiches, Vermeidungen nicht länger zu dulden, für ihre Auflösung zu sorgen und diese auch verantwortlich zu begleiten. Das Schwierige daran: Selten handelt es sich um rein sachlich-inhaltliche Themen. Wie bei den Abwehrmechanismen, zu denen die Vermeidung ja zählt, noch genauer zu betrachten ist, liegt der Schwerpunkt im emotionalen und zwischenmenschlichen Geschehen und muss auch auf dieser Ebene angesprochen werden.

Vermeidungen können auf mehreren Wegen der Bearbeitung zugänglich gemacht werden. Am ehesten geschieht das, wenn der Verantwortliche der »Mund« seiner Mitarbeiter oder Teamer ist und zunächst stellvertretend für sie die vermiedenen Themen ins Gespräch bringt. Dabei müssen sich Mut und Behutsamkeit die Waage halten. So nur wird sich bei den Vermeidern Angst in Zuversicht und Motivation zur Bewältigung wandeln.

Ein aufmerksames Hinschauen im Vorfeld, besonders in heiklen Situationen, wird manche Vermeidung gar nicht erst groß werden lassen. Die meisten der angstbesetzten Situationen oder aus anderen Gründen gerne ausgeblendeten Interaktionen sind ja nicht so einmalig, dass man sie nicht auch schon selbst erlebt hätte und sich beim Aufdecken auf eigene Erfahrungen stützen kann. Diese sowie ein gut Teil Einfühlung und Mut, helfen dabei, die vermiedenen Themen mit Beharrlichkeit anzusteuern.

7. Wieso – weshalb – warum?
Kritisch denken – kritisch fragen

Es ist nicht mehr ganz neu, dass wir zu einer Informationsgesellschaft geworden sind. Information gilt als das wichtigste Material, wenn es um Kommunikation und optimale Zusammenarbeit geht. Als Privatperson schon werden wir täglich über Veränderungen, technische Neuheiten und vermeintlich unverzichtbare Erleichterungen im Alltag informiert, die ohne Zweifel auf unseren Lustgewinn, unseren Statuswunsch und unser Bedürfnis, auf dem neuesten Stand zu sein, nicht zuletzt auch auf unsere Angst zielen – und dort auch treffen.

Im beruflichen Bereich droht mitunter die Flut von Informationen, die täglich auf Schreibtisch und Bildschirm landen, die aktuelle Arbeit zu überwältigen. Das Hinterfragen aller Informationen nimmt einen großen Teil der Zeit ein, ist aber gleichzeitig der Schlüssel zum Handeln.

»Sie handelten, ohne zu hinterfragen.
Als sie kritisch fragten, konnten
sie nicht mehr handeln«
steht sinngemäß auf einem kleinen Stadtbrunnen im Schwarzwald.

Wir haben heute die besten Informationsmöglichkeiten in der Geschichte der Menschheit überhaupt. Wir können in den verschiedensten Medien abrufen, was wir wollen – ja mehr als wir wollen. Und gerade wegen dieses Mehr und Zuviel an Information, welches häufig mit tatsächlichem Wissenszuwachs verwechselt wird, erhält kritisches Fragen im Verbund mit kritischem Denken eine herausragende Stellung auf dem Wege zur Handlungskompetenz.

Umberto Eco scheint mit seiner Beobachtung Recht zu haben, dass Menschen heutzutage in einer wissenschaftlich entzauberten Welt leben und nicht etwa nichts mehr, sondern alles glauben.

Umso wichtiger wird kritisches Denkvermögen und kritisches Infragestellen, welches die vielen Informationen, das Know-what, nicht einfach hinnimmt und verwendet, sondern sie durch Ordnen, Gewichten und Aussondern erst verwertbar macht, also erst in ein Know-how umwandelt. Dazu ist ein erhöhtes Maß an Unterscheidungs- und Kritikfähigkeit nötig, dessen Resultat allerdings immer mit den anderen Beteiligten abstimmungsbedürftig ist. Hier ist die soziale Kompetenz fast ein Zwilling der Fachlichkeit. Denn die hier angesprochene Art und Weise gelingt vor allem in schwerwiegenden Entscheidungssituationen, wenn Interesse und Toleranz, ergänzt durch gesunde Skepsis, die Wegweiser von Mensch zu Mensch sind.

Kritisches Denken heißt komplexe Zusammenhänge zu analysieren und für die jeweilige Nutzung zu abstrahieren.

Kritisch denken heißt nicht, Fehler zu suchen oder an der Vorgehens- und Entscheidungsweise des jeweiligen Systems und seiner Beteiligten dauerhaft zu kritteln und es in Frage zu stellen. Kritisch denken darf nicht mit Nörgeln oder Besserwissen verwechselt werden, sondern dient allein der Auswahl dessen, was von mir persönlich oder vom Team für eine Aufgabe gebraucht wird.

Die Anstrengung des kritischen Denkens und Fragens erfordert allerdings eine Reihe von Voraussetzungen, die zu trainieren oder zu erlernen sind:

1. Kritisches Denken erfordert zunächst Zeit, Geduld, Ausdauer und Offenheit für ungewöhnliche Ideen. Mit dem Überfliegen von Texten, Gedanken oder Ideen anderer ist es nicht getan. Man muss sich einlassen! Das ist der soziale Aspekt am Denken überhaupt.

2. Kritisches Denken gibt sich nicht mit einer schnellen und womöglich einfachen Lösung zufrieden, nicht mit der eigenen und nicht mit der des anderen oder der Gruppe: man muss sich einlassen und gelegentlich den anderen Geduld abfordern. Kurzschlüssigem Entscheiden muss abgeschworen werden.

3. Kritisches Denken heißt selbstkritisch denken. Eine nützliche Frage in diesem Zusammenhang kann lauten: »Wo und wie stehe ich mit meinen Vorurteilen oder meinen Informationsfragmenten einem gemeinsamen Entscheidungsprozess im Wege? Wie bin ich selbst Teil der stagnierenden Fortentwicklung?«

4. Wissen und aktuelle Infos müssen veröffentlicht und gegenseitig abgeglichen werden. Hier ist Risikofreudigkeit gefragt. Niemand darf sich scheuen, rhetorische Tricks aufzudecken und die Gedanken anderer in Frage zu stellen.

5. Kritisches Denken steht vor kritischem Handeln. Gemein-

schaftlich getroffene Entscheidungen müssen in Handlung umgewandelt werden und gegen Kritik vertreten werden.

Nicht zuletzt erfordert kritisches Denken einen Helikopter-Führerschein. Nicht aus zu hoher Sicht, aber ein wenig vom allgemeinen Getümmel der Meinungen und Informationen abgehoben, lässt sich ein deutlicheres Gesamtbild erkennen. Unklare Gedankengänge ebenso wie unklare Beziehungen werden meist erst aus dem Abstand heraus deutlich. Besonders Führungskräfte und andere mit Strategien und Organisationen befasste Menschen sollten in überschaubaren Zeitabständen diesen Höhenflug unternehmen.

8. Bleib mir vom Leibe!
Distanz und Nähe gestalten

Jeder kennt das aus wiederkehrenden Situationen: Man hat sich gerade erst kennen gelernt, schon gibt sich der eine so vertraut als sei man ein alter Freund. Ein anderes Mal möchte man eine verfahrene Situation einmal im vermeintlich intimen Kreis besprechen, aber von Anfang an herrscht Kühle und Abstand.

In beiden Situationen scheint der Abstand zwischen den Beteiligten, die soziale Distanz, dem Gesprächsthema nicht zu bekommen.

Das weist uns darauf hin, dass Menschen, die miteinander in Interaktion treten, immer neu entscheiden müssen, wie nah sie einander kommen wollen. Soziale Distanz bezeichnet den Grad der Intimität des Kontaktes, den Menschen untereinander dulden oder wünschen. Ganz eindeutig gibt es hier Unterschiede zwischen Kulturen, Völkern, einzelnen Menschen.

Eine eindeutige Aussage zum Thema Nähe und Distanz kann man immer wieder beim Stühlerücken wahrnehmen: Kommt man zu einer Konferenz, einer Teamsitzung oder einfach nur zu einem Familientreffen und findet im Raum einen Tisch- oder Stuhlkreis vor, so beginnt erst zögernd, je voller es wird, aber umso hektischer, ein geschäftiges Rücken der Stühle, bis jeder »seinen« Platz gefunden hat. Allein durch die Sitzposition wird dem Bedürfnis nach Abstand – oder eben nach Tuchfühlung – Ausdruck gegeben. Allerdings führen geringe Körperdistanzen bekanntermaßen nicht zwangsläufig zu mehr Vertrautheit, schon gar nicht, wenn sie nicht freiwillig gewählt wurden. Trotzdem darf man diesen Vorgang getrost im übertragenen Sinn nutzen, um Barrieresignale zu verstehen.

Ganz sicher ist beispielsweise dem zugewandten Grundtyp eine emotional wärmere Atmosphäre, u. a. durch Sitzplätze ausgedrückt, sehr viel lieber als die sachorientierte Sehnsucht des Distanzierten, der aus dem »du« oder dem »Sie« zunächst noch keine persönliche Nähe ableitet und der eigentlich nur in einer Zweierkonstellation mehr Nähe angenehm findet.

Je respektvoller ich bei anderen mit dem geforderten Zwischenraum umgehe, umso selbstverständlicher wird mein Bedürfnis nach Abstand akzeptiert, umso unkomplizierter gestaltet sich die Kommunikation.

In jeder Position, die Menschen mit Macht und Autorität ausstattet, als Erzieher, als Arzt, als Berater, in einer Vorgesetztensituation, kommt es darauf an, klare Beziehungsangebote, was Nähe und Distanz angeht, zu machen. Damit sind solche gemeint, die das gegebene Versprechen an emotionaler Zugewandtheit und freundschaftlichem Miteinander auch in schwierigen Situationen einlösen werden. Der schnell dahingesagte einladende Satz: »Wir sitzen doch alle in einem Boot« darf nicht schon in der übernächsten Begegnung den April-April-Effekt: »Ich muss Sie leider entlassen« haben. Beziehungsverrat nennt man das, und niemand wird es so bald vergessen.

Erst ein klares Angebot an Nähe, welches sowohl mit Worten wie mit Verhalten eingelöst wird, kann bei anderen auf eine angemessene Reaktion stoßen und den Umgang miteinander sichern. Was Distanz und Nähe angeht, darf es kein Verantwortungsvakuum geben. Nicht selten haben besonders Menschen, die in der Hierarchie sehr weit unten angesiedelt sind, ein besonders feines Gespür für solche zwischenmenschlichen Grenzverletzungen, die vertrauensvolle Zusammenarbeit schwierig machen.

Es wird im sozialen Kontext immer eine spannende Aufgabe bleiben, zwischen persönlicher Schutzzone, zwischen Distanz zu nahe stehenden Personen und einer Distanz im öffentlichen Raum zu balancieren, wobei man sich bei letzterer ja in aller Regel mehr oder weniger auf die Sache konzentriert und der Anspruch auf persönliche Nähe im Hintergrund bleibt.

Um eine optimale Distanz – Nähe – Position zu finden wäre es neben der Analyse der aktuellen gegebenen Situation sinnvoll, sich des eigenen Grundtyps zu besinnen und zu fragen, wo die persönliche Gefahrengrenze liegt (siehe 3. Kapitel, S. 67ff.). Nicht jeder fühlt sich, wie wir unschwer feststellen, mit der gleichen Nähe gleich wohl.

9. ... denn alle Schuld rächt sich beizeiten – Sich entschuldigen – Entschuldigung annehmen

Meistens verläuft es wie folgt: Ein aggressiver, beleidigender, diskriminierender Satz beginnt als spontaner Impuls, als Gedanke im Gehirn, wird dort zum Glück in aller Regel noch gefiltert oder verworfen, landet irgendwann aber doch auf der Zunge – und dann ist er raus!

Wenn der Druck zu groß wird und mehrere Ansätze im Hals stecken geblieben sind, fehlen diese Filter auch schon mal, und der Impuls zu einem unüberlegten Wort oder einer inadäquaten Tat überspringt die innere Kontrollstelle.

Fast jeder kennt die folgende Szene: Eigentlich möchte man

spontan sein, möchte das Herz auf der Zunge tragen. Häufig werden wir ja auch gerade hierfür gelobt, sogar bewundert.

Aber dann ist es passiert. Die Kommunikation stockt, die Situation ist nicht mehr einschätzbar. Und Worte sprechen sich nun einmal nicht rückwärts. Wo Kränkung und Verletzung aber nicht wahrgenommen werden darf und nicht ausgesprochen werden kann, wird später unter der Hand zurückgeschlagen.

Wahrscheinlich hat der eine oder die andere längst ein Ritual für diese Ping-Pong-Situation gefunden.

Wenn nicht, dann versuchen Sie es doch beim nächsten Mal mit einer Entschuldigung: »Tut mir Leid. Das sollte so nicht kommen. Ich weiß auch nicht, wie mir das passieren konnte.« Oder: »So taktlos und ohne Respekt wollte ich nicht sein.« »Ich merke jetzt erst, dass es da etwas gibt, über das ich längst hätte reden sollen.«

Auch wenn nach einer »Entschuldigung« das Geschehene nicht ungeschehen gemacht ist und nicht gleich Eintracht herrscht, so ist doch die Position klarer. Der »Übeltäter« kann sich selbst wieder kontrollierter wahrnehmen, und dem Kommunikationsprozess einen neuen Impuls geben.

In manchen Fällen öffnen solche Entgleiser, für die man sich angemessen entschuldigt, den Vorhang für ein reinigendes Gewitter, bei dem hinterher die Luft zum Atmen für alle freier weht.

Das kann allerdings nur gelingen und zu einer neuen zwischenmenschlichen Qualität führen, wenn die Entschuldigung auch angenommen wird. Zugegeben, das ist oft nicht leicht. Die eine Stimme in mir sagt »Ja, ist schon gut«, die andere formuliert schon an einer verbalen Gegenoffensive.

Eine Szene aus der Sporthalle illustriert die Interaktion:

Die sieggewohnte Florettfechterin kochte vor Wut: eine Anfängerin hatte sie geschlagen. Das darf doch nicht wahr sein! Mit Gepolter schmiss sie das Florett hin und rannte von der Planche. Ihre Gegnerin stand da und wartete auf den obligatorischen Händedruck nach dem Gefecht. Da drehte sich die Verliererin um, kam zurück, gab ihr die Hand. Ein leises »Entschuldigung« war zu hören. Niemand lachte, niemand atmete wirklich auf, aber der Fechtbetrieb konnte weitergehen. Es gab eine neue Chance, neue Gewinner und Verlierer.

Sich entschuldigen können ist nur die eine Seite der Medaille. Entschuldigung annehmen die andere. Wer Entschuldigung, da, wo sie ehrlich und beziehungsorientiert gemeint ist, nicht annehmen kann, ist ein Gefangener seiner selbst. Objektiv betrachtet könnte man viele Gründe für die Verweigerung sehen. Subjektiv dagegen gibt es für beide Beteiligten keinen Frieden. Aus Beteiligten eines Vorfalls werden Gegner, die, bewusst oder unbewusst, im Gefängnis des Grübelns über den Vorfall viel Zeit investieren und dabei Schritt für Schritt in die Einsamkeit geraten.

Vergeben und entschuldigen gehören zu den schwierigsten Schritten zwischen Menschen. Aber nur ein solcher Schritt kann den entstandenen Konflikt auf eine andere Ebene stellen, kann Aussicht auf zwischenmenschliche Zukunft gewährleisten.

Jemanden entschuldigen heißt noch lange nicht, die Zukunft in Freundschaft zu verbringen, wohl aber in gegenseitiger Akzeptanz und Achtung.

Der Vorgang bleibt wie er ist, unangemessen und nicht akzeptabel, jedoch der Mensch ist als Mensch entschuldigt. Er kann wieder frei handeln.

10. »Den mag ich nicht« – Sympathie und Antipathie hinterfragen

Es geschieht wie eine Blitzaktion (von 200 Millisekunden ist die Rede): Wir sehen den anderen, wir hören seine Stimme am Telefon, und die Falle schnappt zu.

Sympathie oder Antipathie bestimmen das weitere Verhalten. Wir kennen den anderen eigentlich nicht, wissen nichts über ihn, und doch stellen sich die Nackenhaare hoch. Die noch unreflektierte Ablehnung des anderen lässt mich schneller sprechen, lässt meine Höflichkeit kühl klingen. Ohne, dass es meinem Bewusstsein klar ist, habe ich ein Urteil getroffen, das meine Mimik und meinen Ausdruck steuert.

Mag ich dagegen jemanden vom ersten Augenblick an, so sehe ich – ebenso unreflektiert – sein Tun in einem positiven Licht und finde rascher Gründe dafür, warum auch Fehler nicht so tragisch seien.

Kinder machen es sich einfach. »Der (oder das) ist doof!« So kurz und bündig ist ihre Aussage, wenn sie jemanden nicht mögen, wenn ihnen etwas nicht passt, wenn der andere etwas tut, was sie nicht mögen oder nicht verstehen. Nachgefragt bleibt es häufig bei »doof«. Reflexion ist noch schwierig.

Als Erwachsene können wir das schlecht so stehen lassen. Schnelles Urteil bestimmt fortan das Verhalten und zeigt auch seine Reaktion beim Gegenüber. Die Echowirkung nimmt ihren Lauf, obwohl das Gedächtnis längst vergessen hat, warum es so und nicht anders handelt. Der Grund für die Sympathie oder Antipathie ist längst vergessen, Sympathie wie Antipathie entziehen sich häufiger als andere Bewertungen geschickt den Erklärungsmustern. Werden sie nicht entlarvt, so bleiben sie nachhaltige Störenfriede in jeder Kommunikation.

»Der ist bei mir unten durch, basta!«

»Wenn ich dessen Gesicht schon sehe, …«

»Nein, dieser begnadete Lehrer, warum sind nicht alle so!«

»Schweden sind Schweden!«

Solche und andere Sympathie- und Antipathiebezeugungen hören wir allenthalben. Schuld daran sind zumeist Negativbewertungen der eigenen Person und unbewusste Gleichsetzungen mit einer Autoritätsperson aus vergangenen Zeiten. »Wie mein erster Chef«, heißt es dann. Fremdheit von Mensch und Situation sind ein weiterer Auslöser für Antipathie. »Das gibt es doch gar nicht« ist schneller gesagt, als die Neugierde wach wird, die allein das Interesse am Fremden wecken könnte. Der Vergleich mit einem erfolgreichen Menschen oder die Erinnerung an eine moralische Instanz sind weitere Urheber von Sympathiebezeugungen oder Ablehnung. Das wird sich in einer ersten Reaktion auch schwerlich ändern, hat es doch häufig einen ganz berechtigten Teil und wirkt darüber hinaus entlastend.

Was sich dagegen dringend ändern muss, ist der unreflektierte Automatismus zwischen der Wahrnehmung einiger weniger Merkmale – andere werden ausgeblendet – und der Bewertung der ganzen Person, soll das Zusammenleben entlastet werden. Denn dieser Automatismus ist verantwortlich für die rasche Einstufung, aus der es kein Entrinnen mehr gibt. Sympathie stellt den Blickwinkel dabei ebenso auf »eng« wie Antipathie. Durch Enge aber entsteht Einseitigkeit und diese wiederum verhindert Interaktion.

In allen Begegnungen des Lebens, besonders aber in Hierarchieverhältnissen, muss der eine wie der andere aus der Unreflektiertheit heraustreten. Sympathie und Antipathie verlangen nach Reflexion. Dabei kann es hilfreich sein, wenn wir uns ehrliche Antworten auf folgende Fragen geben:

⇨ »Warum mag ich ihn/sie besonders oder gar nicht. Hat es mit seinem Verhalten zu tun, mit seinen Einstellungen oder sind es ›alte Bilder‹, die sich vor die aktuelle Situation schieben, einer Sonnenfinsternis gleich?«

⇨ »Welche Vorverurteilungen schleichen sich hier ein? Diese sind von der aktuellen Situation abzukoppeln!«

⇨ »Welche neue Chance will ich ihm und mir geben, um die Beziehung zu verändern, kann ich zu einem unverstellten Blick gelangen?«

Und zuletzt eine Übung:

1. Versuchen Sie einmal, einen Ihnen unsympathischen Menschen sympathisch darzustellen – und umgekehrt.
2. Stellen Sie sich selbst – einem imaginären Gegenüber etwa – einmal höchst sympathisch dar – und was ist das Unsympathische an Ihnen?

Sollten diese beiden Übungen gelingen, dann hat das unreflektierte Bewerten einen Schritt in Richtung Toleranz und realistischer Wahrnehmung getan. Dieser verpflichtet Sie nicht dazu, den anderen besonders zu mögen. Aber der Weg für neues Aufeinanderzugehen ist offen.

11. Gehen in den Schuhen des anderen – Empathie entwickeln

Empathie ist die Fähigkeit, verbales und nonverbales Verhalten eines anderen Menschen so einzuschätzen, dass man dessen Befindlichkeit möglichst stimmig nachvollziehen kann und Verständnis für sein Handeln aufbringt.

Empathie ist Grundlage und Voraussetzung für jede Kommunikation, in der Menschen den Willen haben, sich gegenseitig ernst zu nehmen und Verständnis füreinander zu entwickeln. Sich ein von Empathie gesteuertes Bild vom anderen zu machen, gelingt meist mit folgenden Überlegungen:

»Er oder sie,
in dieser Situation,
mit dieser Vorgeschichte,
mit dieser oder jener Belastung,
Hoffnung, physischer Ausstattung,
in diesem seinem Umfeld:
wenn ich mir dies alles vergegenwärtige,
dann fällt mir zu seiner/ihrer Befindlichkeit Folgendes ein:
…«

Empathie darf nicht dahingehend verstanden werden, dass man mit einem Kopfnicken für alles Verständnis haben muss und darüber hinaus auch alles verzeihen muss. Das wäre falsch verstandenes Mitleid, welches wiederum nicht unreflektiert als soziale Kompetenz gelten kann.

Empathie ist die Fähigkeit, über das Einfühlen und Mitgehen im Gedanken- und Gefühlsstrom des anderen zu einer Reaktion zu gelangen, die dem anderen hilfreich ist und die gleichzeitig die Situation zwischen den Partnern klärt.

Das gelingt umso besser, je weniger ich bewerte oder gar verurteile, je weniger ich mich »anbiedere« mit Aussagen wie »Das kenne ich auch«, »Das geht uns doch allen so.« Empathie kann am besten zu einer zwischenmenschlichen Begegnung werden, wenn ich versuche, die emotionalen Erlebnisinhalte des anderen einfühlsam nachzuempfinden und zu verbalisieren, etwa: »Sehe ich es richtig, dass ...«

Dazu gehört Sensibilität sowie Geschicklichkeit im Ansprechen und vor allem der Wille zum Verstehen des anderen.

Die hohe Schule der Empathie beherrschen wir aber erst, wenn wir auch in kulturübergreifender und internationaler Kommunikation einfühlsam sind und Missverständnisse ausräumen können.

Hierzu kann neben Mut und gutem Willen ein gewisses Maß an Neugierde hilfreich sein: »So fremd du mir auch bist, ich möchte wissen, wer du bist!«

Wie die Erfahrung zeigt, erreichen wir dieses Ziel nur, wenn wir ernsthaft bemüht sind, Vorurteile zu überprüfen und die Qualität fremder Lebensweisen anerkennend stehen zu lassen, als vorschnell urteilend oder korrigierend einzugreifen.

Lange Zeit wurden Menschen im Beruf für ihre empathischen Fähigkeiten weder gelobt noch gefördert. Diese Fähigkeit galt den harten Geschäftsrealitäten gegenüber als »ungeschäftlich«.

Heiko Ernst schreibt dazu: »Empathie hat absolut nichts mit einer seichten »Ich bin o.k. – du bist o.k.«-Psychofolklore zu tun. Für eine starke Führungspersönlichkeit bedeutet Empathie beispielsweise nie, die Gefühle anderer einfach anzunehmen oder jedem gefallen zu wollen – das wäre ein betriebswirtschaftlicher Albtraum, der jede Handlungsfähigkeit untergraben würde. Empathie bedeutet, die Gefühle der Mitarbeiter zu respektieren und sie – mit anderen Faktoren – in den Prozess intelligenter Entscheidungsfindung einzubauen« (Psychologie heute, 4/99).

Hier sind Vorgesetzte gefragt, die bereit sind, sich aus der emotionalen Stummheit zu verabschieden und in einer Art Vorreiterfunktion empathisch auf ihr Gegenüber einzugehen.

Um Empathie zu erlernen, muss ich versuchen, so genau wie möglich den inneren Bezugsrahmen des Gegenübers zu erfassen und mir die Frage nach der Bedeutung stellen, die dieses oder jenes Erlebnis oder Verhalten für den anderen hat.

Bestätigung darüber, ob ich mich empathisch eingefühlt habe, kann immer nur das Gespräch mit dem Gegenüber ermöglichen.

Besonders beim Coaching spielen empathische Fähigkeiten eine Schlüsselrolle, um den Klienten langfristig zu fördern. Gute Coaches horchen in die Köpfe und Herzen der Menschen, die sie begleiten. Nur so gelingt es ihnen, mitzuschwingen und Anstöße zu geben, aus denen der andere Strategien entwickeln kann, die ihn persönlich und zwischenmenschlich fördern.

Empathie ist die beziehungsrelevante Seite des Coaching und der Führung, die sich im Laufe gemeinsamer Prozesse entwickelt und auf einem Fundus an Wissen über den anderen und Erleben mit dem anderen zurückgreift.

Verschiedene Autoren sehen Empathie als eine kognitive Fähigkeit an: Wissen, was die andere Person fühlt. Dem möchte ich nicht zustimmen. Der Rückschluss aus dem Verhalten kann immer nur eine Annahme sein, die erst durch Hinterfragen zur Gewissheit wird.

Die wirkliche Qualität der Empathie entsteht erst aus Zusammenspiel von wahrnehmen, sich einfühlen, Phantasien entwickeln, fremdes Erleben bei sich selbst zulassen und nachfragen zugleich.

Üben und lernen lässt sich Empathie immer dann, wenn ich Zeit und Ruhe habe, um mich in ein Gegenüber hineinzudenken, sozusagen in ihm spazieren zu gehen, und wenn sich dabei auch die Gelegenheit ergibt, meine Wahrnehmung zu überprüfen: »Könnte es stimmen, dass ...«

12. Gibt es mich denn viermal? Feedback geben und nehmen

»Ich weiß erst, was ich gesagt habe, wenn ich
die Antwort darauf gehört habe oder gesehen habe,
was der andere tut.«

Dieser Ausspruch des Kybernetikers Norbert Wiener weist uns auf die Bedeutung der Rückkoppelung für unser Lernen und unsere persönliche Entwicklung hin: Angemessenes Verhalten gegenüber Personen und Situationen lernen wir dadurch, dass wir die Auswirkungen des eigenen Verhaltens auf andere beobachten und die entsprechenden Signale verstehen. Das gilt über die persönliche Entwicklung hinaus nicht minder für den Umgang miteinander.

Diese Signale kommen natürlich nicht nur mit Worten herüber. Weitaus häufiger erreichen uns nonverbale Signale: Körpersprache, Mimik, Stimmlage, Blicke, Schweigen, Unterlassungen etc. Meistens erfahren wir Zustimmung oder Ablehnung indirekt, ungesagt – ein Lächeln, ein eisiges Schweigen, ein Gähnen, eine Einladung. Auch ein Übergangenwerden bei der nächsten Beförderungsrunde kann als Feedback gelten.

Nonverbales Feedback hat freilich leicht den Nachteil der Mehrdeutigkeit. Was ist wirklich gemeint, wenn der andere während des Gespräches auf die Uhr schaut? Langweilt er sich? Hat er einen dringenden Termin? Oder will er nur sicher sein, noch genügend Zeit für das Gespräch zu haben? Auch ein fortlaufend begleitendes »Mmh«, »Ah«, »Wirklich?« oder »Na, so was« hat nur dann positiven Charakter als Feedback, wenn es den Sprecher veranlasst, engagiert weiterzusprechen. Er soll sich ernst genommen und aufgewertet fühlen.

In Alltagsgesprächen lässt sich leicht nachweisen, wie beim Aussetzen dieses fortlaufenden Feedbacks auch der Redefluss aussetzt oder sich verlangsamt.

Zu den wesentlichen Antriebskräften für eine erfolgreiche Zusammenarbeit gehört es, sich gegenseitig Rückmeldung zu geben, die über die sachlich-fachlichen oder strategischen Aspekte hinaus die Persönlichkeit betrifft, von der wir gesagt haben, dass sie das wichtigste und zugleich sensibelste Bindeglied ist. Das Anhören und Nachempfinden der Rückmeldungen anderer auf das eigene Tun ist Grundbedingung für gemeinsames Handeln überhaupt. Es bewirkt ein Doppeltes: Indem man lernt, sich aus der Perspektive eines anderen zu sehen, erlangt man Bewusstsein für sich selbst. Umgekehrt kann man aus diesem Selbstbewusstsein heraus dem anderen seinerseits Rückmeldung geben. Damit entgeht man gleichzeitig der Abhängigkeit vom Feedback. Denn in exponierten Situationen, beim Sprechen im Auditorium beispielsweise, kann man sich bis zum Schluss auch nur an Gefühl, Intuition und Selbstermutigung halten.

Dieses Hin und Her im Feedback macht Kommunikation verbindlich und verbindet sich in der Regel mit drei Zielsetzungen:

- Ich will den anderen darauf aufmerksam machen, wie ich sein Verhalten erlebe und was es für mich im positiven wie im negativen Sinne bedeutet. Damit kann ich die Verbindlichkeit der Beziehung fördern: Es gibt weniger unausgesprochene Stolpersteine und Reibungsverluste.
- Ich will den anderen in diesem Zusammenhang über meine Absichten, Bedürfnisse und Gefühle informieren, damit er besser übersieht, auf was er Rücksicht nehmen kann und mit was er von meiner Seite her rechnen muss. Dann muss er sich in seinem Verhalten weniger auf Vermutungen und Phantasien über mich abstützen.
- Ich will dem anderen deutlich machen, welche Veränderungen in seinem Verhalten mir (oder anderen) gegenüber ggf. die Zusammenarbeit oder den Umgang mit ihm erleichtern würden.

Sinngemäß gelten diese drei Zielsetzungen auch, wenn ich mir selbst Feedback hole.

Die Wirkung von Feedback soll in der Zusammenarbeit störende Verhaltensweisen korrigieren und hilfreiche verstärken. So gesehen ist es keine leichte Angelegenheit, Feedback zu geben oder Feedback aufzunehmen. Es kann weh tun, es kann peinlich sein, es kann Abwehr auslösen oder neue Schwierigkeiten provozieren.

Zudem gehört es nicht unbedingt zu den Normen unserer Gesellschaft und unserer Unternehmen, offen zu sprechen, schon gar nicht über Gefühle. Es gehört auch nicht unbedingt zu den Normen, angstfrei den Mächtigeren zu sagen, wie ich sie erlebe.

Darüber hinaus wird man erleben, dass der Empfänger von dem Feedback wenig verwerten kann, wenn er sofort beginnt, dagegen zu argumentieren und sich zu verteidigen nach dem Motto: »In gewissen Punkten haben Sie ja durchaus Recht, aber …, und außerdem sollten Sie mal lieber vor der eigenen Türe kehren …«.

Auch vorschnelle Zweifel an der Gültigkeit der Feedback-Information oder das Unterstellen von unlauteren Motiven bringen den Feedbackgeber rasch zum Schweigen: »Sie greifen jetzt einen Fall heraus, der keineswegs repräsentativ ist und außerdem wollen Sie ja nur davon ablenken, dass …«

Im Klartext heißt das: »Ich will das Feedback nicht hören!«

Zunächst muss man das akzeptieren. Der andere entscheidet immer selbst, ob er Feedback annehmen und es für Veränderungen nutzen will. Feedback sollte in jedem Fall willkommen sein und nicht aufgedrängt werden. Feedback ist ein Angebot.

Freilich: wenn sich jemand das Feedback weder anhören will noch ein störendes Verhalten ändern möchte, dann ist Konfrontation nötig, sonst müssen die falschen Leute die Kosten der ungeklärten Situation tragen.

Es gibt eine Reihe von hilfreichen Regeln und Verhaltensweisen für beide Seiten, durch deren Beachtung Menschen zu Feedback ermutigt werden und sich damit eine wichtige Quelle für gegenseitiges Verständnis erschließen. Feedback ist am wirksamsten, wenn die folgenden Hinweise beachtet werden:

- Feedback bezieht sich auf beobachtbares Verhalten und nicht auf vermutete Persönlichkeitsmerkmale. Man sollte den anderen nicht wegen des störenden Verhaltens gleich zur »störenden Person« machen. (Der Feedback-Geber kann jemandem mitteilen, dass er viel geredet hat. Das heißt noch nicht, dass er ein Vielredner sei.)
- Feedback ist nur sinnvoll, wenn es sich auf Verhaltensweisen bezieht, die der andere auch zu verändern vermag.
- Es *beschreibt* das Geschehen und die eigene Reaktion darauf und vermeidet dabei Verurteilungen oder Anklagen.
- Es bezieht sich auf konkrete Geschehnisse und vermeidet Verallgemeinerungen (also nicht: Sie unterbrechen ständig und hören nie zu …).
- Ein Feedback ist kein Gang durch die Ahnengalerie. Es sollte möglichst bald nach dem aktuellen Geschehen erfolgen, sich auf dieses konzentrieren, und nicht noch alle früheren Vorfälle mit hineinpacken.
- Feedback wird eher aufgenommen, wenn der Sender von sich spricht: Von seinem Erleben und von dem, was das Verhalten des anderen bei ihm auslöst. Der Feedback-Geber handelt nicht stellvertretend für andere und versteckt sich nicht hinter einem »Wir alle …«
- Feedback ist keine Aufforderung zur Selbstkritik.
- Die Entscheidung, Feedback zu geben, bezieht auch die Bedürfnisse und den Zustand des Empfängers mit ein.
- Die Menge der Information, die mit dem Feedback verbunden ist, muss angemessen sein. Weniger ist oft mehr.
- Im Feedback sind auch die hilfreichen Verhaltensweisen zu nennen, und nicht nur die störenden. Es ist oft leichter und schneller realisierbar, hilfreiche Verhaltensweisen bei sich zu verstärken als störende abzubauen.

Feedback-Geben geht nicht ohne ein gewisses Risiko.

Höflichkeit und Erziehung sind meist darauf ausgerichtet, ein offenes und spontanes Feedback zu vermeiden. Höfliche Beziehungen bleiben jedoch meist in der Distanz und an der

Oberfläche. Wer Feedback gibt, setzt sich damit selbst einem Risiko aus, weil er seine Gefühle preisgibt, bei denen er dann von den anderen »gepackt« werden kann. Es ist deshalb wichtig, Feedback-Austausch und den Grad des in einer Beziehung herrschenden Vertrauens in ein angemessenes Verhältnis zu bringen.

Gibt es mich denn viermal?
Eigentlich existieren wir, etwas salopp formuliert, als vier Persönlichkeiten, die im Feedback aus Selbstbild und Fremdbild zu einer Figur gebracht werden.

Joe Luft und Harry Ingham entwickelten ein graphisches Modell dieser 4fachen Persönlichkeit, um daran die Dynamik interpersonaler Beziehungen zu verdeutlichen. Bei der folgenden Darstellung des so genannten Johari-Fensters muss man sich die inneren dicken Linien als undurchsichtig vorstellen:

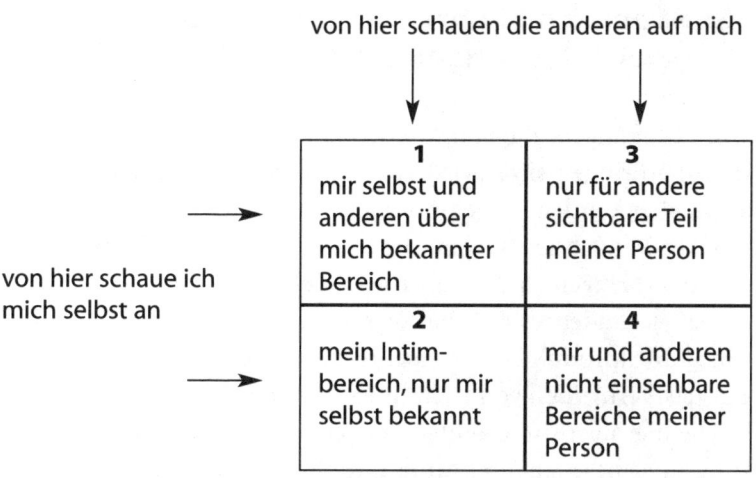

Abb. 15: Das Johari-Fenster

Der Feedback-Austausch ermöglicht, dass ich über den Bereich 1, der mir selbst und den anderen bekannt ist, in den Bereich 3 vordringen kann, der mir selbst unbekannt ist, aber von anderen sehr wohl wahrgenommen wird (blinder Fleck). Durch diesen Prozess wächst auch das Vertrauen, in steigendem Maße Dinge preiszugeben, die nur ich selbst weiß und die ich aus Scham oder Angst am liebsten verberge (Bereich 2). Zusammen können wir dadurch in den Bereich 4 vordringen, in die Entdeckung neuer Möglichkeiten, in diese Dunkelkammer, die zunächst weder mir noch den andern bekannt ist.

So ist Feedback immer in zweifacher Beziehung ein Instrument für offenere Interaktion. Ich stelle mich deutlicher dar und nehme den anderen deutlicher wahr.

Um sich in Feedback zu üben, muss man nicht auf die großen Gelegenheiten warten. Im privaten und beruflichen Alltag sind es die vielen kleinen Gesprächsanlässe, die einen sicherer machen im Geben und Nehmen von Rückmeldungen.

13. »Wenn ich könnte, wie ich wollte!«
Verzichtleistungen erbringen

Über Leistungen, die von Menschen im Privatleben und im Beruf zu erbringen sind, wird viel geschrieben und debattiert, vor allem aber werden sie gefordert.

Über Verzichtleistungen, die in zwischenmenschlichen Bezügen zu erbringen sind, erfährt man wenig.

Dabei handelt es sich bei diesen Verzichten gar nicht einmal um »Abfallprodukte« der eigentlichen sozialen Leistungen oder um das Vermeiden von schlechten Eigenschaften.

Die hier anzusprechenden Verzichtleistungen sind selbst Leistung in sich, in anderer Situation durchaus geschätzt. Erst eine ungeeignete Situation, ein inadäquates Gegenüber fordert den Verzicht.

Es geht dabei um Äußerungen, Einwände oder Statements verbaler Art, die an diesem Ort, in dieser Situation besser nicht geäußert würden, die hier für die Kommunikation abträglich sind.

Es geht auch um Rollen, die man durchaus spielen könnte, die aber in diesem »Stück«, auf dieser Bühne, vor diesem Publikum besser nicht vorkommen. Weiterhin geht es um Verhaltensweisen, die den persönlichen Kontakt stören, ohne weiterzuhelfen.

Damit aber Kommunikation generell auf fruchtbarem Boden bleibt, sollten überall zwischen Menschen Regeln gelten, die vom einen oder anderen Verzicht verlangen. Zu diesen gehören u. a.

— dem anderen nicht ins Wort zu fallen;
— den anderen nicht mit eigenen besseren oder schlimmeren Erlebnissen zu übertrumpfen; prahlen nennt man das im Volksmund;
— keine schnelle Deutung des Gehörten anzubieten, die mehr auf eigenes Erlebnis oder Erleiden abgestützt ist als auf den gesagten Inhalt des anderen.

Eine weitere generalisierbare Anregung zum Verzicht lautet — und ich halte sie für besonders wichtig:

»Gehe möglichst nie in die Verteidigung oder in den Angriff. Verzichte generell auf beides.

Du hast nahezu nie wirklich etwas zu verteidigen und noch seltener musst du jemanden angreifen. Sag statt dessen einfach, was mit dir los ist und wie du die Situation einschätzt und erlebst.«

Neben diesen generellen Verzichtleistungen stehen in spezifischen Situationen solche Interventionen unangebracht im Raum, die die Kommunikation nicht entspannen: Da ist der Vorgesetzte, der mehr Nähe anbietet, als es der Situation entspricht. Da werden private Kontakte geknüpft und toleriert, wo Distanz angebracht wäre. Da steht das Beklagen und Bearbeiten eigener Probleme im Fokus des Gespräches, das eigentlich für den anderen vorgesehen war.

Zugegeben, das alles lässt sich nicht immer vermeiden. Aber ist erst einmal die Grenze durchbrochen, so ist die Beziehung meist irreversibel verändert. In extremen Fällen ist auch die Chance für eine Sachlösung oder für unbelastete Zusammenarbeit verspielt.

Darum gehört die Frage nach den Verzichtleistungen an den Anfang einer Kommunikation: »Was will ich in diesem konkreten Fall auf der zwischenmenschlichen Ebene nicht zulassen?«

Wem Verzichtleistungen gar so schwer fallen, der sollte sich mit den Fragen zur eigenen seelischen Gesundheit ein wenig intensiver befassen (siehe Kapitel 3, Seite 62f.).

14. Verlass dich drauf!
Verbindlichkeiten einhalten

Die sozialen Kompetenzen, wie sie in diesem Kapitel beschrieben sind, wären fortzuführen und zu ergänzen, so wie das Leben seine Veränderungsprozesse fortführt. Eine letzte Kompetenz soll hier das Bündel zuschnüren:

Ein gegenseitig gegebenes Versprechen muss auch gegenseitig eingehalten werden. Bei aller Globalisierung, aller Virtuosität, erst recht beim Verlieren des Blickkontaktes, gilt es umso mehr, sich selbst zu binden. Sich dabei auch seiner eigenen Willkür zu berauben und sie anderen nicht zuzugestehen, scheint eine Grundbedingung für eine menschliche Zukunft zu sein. Gegebenes Versprechen muss die Insel der Gewissheit im Gewässer der Ungewissheiten sein. Was wäre, wenn diese Inseln zusammenwüchsen zu wirklicher Verlässlichkeit!

Zwischenstopp im Konfliktfall: Soziale Kompetenz als Teilaspekt von Konfliktfähigkeit

Im Folgenden sind vorwiegend solche Erläuterungen und Anregungen zu finden, die auf den psychosozialen Aspekt im Konfliktgeschehen hinzielen. Diesem muss besondere Aufmerksamkeit gelten, will man nicht alsbald in übersehene menschliche Fallen tappen, die bei schnellen Sachlösungen ausgeblendet wurden.

Es sollen darum Lösungsstrategien aufgezeigt werden, die besonders den psychosozialen Bereich berücksichtigen. Davon betroffen sind in erster Linie folgende Konfliktkonstellationen:

Rollenkonflikte

Ich bin gleichzeitig Mitglied verschiedener sozialer Systeme – Familie, Verein, Beruf – und gerate durch die sich ausschließenden Ziele und Anforderungen dieser Systeme in Konflikt.

Seit ca. drei Monaten habe ich die Rolle des Vorgesetzten übernommen und stelle fest, dass sich meine langjährigen Kolleginnen und Kollegen plötzlich – und für mich unerklärlich – anders und distanzierter verhalten. Dadurch erst fällt mir auf, dass wir keine Kollegen mehr sind. In meiner Rolle als Vorgesetzter muss ich beauftragen, begleiten, loben und abmahnen von anderer Ebene.

Noch schwieriger wird es in sog. »30%-Chef-Rollen«, in denen man Leitender und sachbearbeitender Kollege in einer Person ist.

Ziel- oder Bewertungskonflikte: Uneinigkeit über Ziele

Hier kann ein Beispiel aus dem privaten Bereich zeigen, was gemeint ist: Wenn es in einer Familie darum geht, ein neues Auto anzuschaffen, tauchen Zielfragen auf, die gleichzeitig Bewertung sind. Soll es wirklich ein neues Auto sein? Kann es nicht auch ein gebrauchtes Auto sein? Wollen wir nicht doch mehr für die

Umwelt tun und gleich einen Diesel mit Rußfilter kaufen? »Weil du nur an deinen technischen Komfort denkst, ...«

Verteilungskonflikte: Uneinigkeit über die Verteilung von persönlichen, finanziellen oder technischen Hilfsmitteln oder Ressourcen

Ein Verteilungskonflikt kann entstehen, wenn vor dem geplanten Kauf eines Autos plötzlich teure Neuanschaffungen am Haus nötig sind. Da kommt die Frage auf, ob das Auto nicht doch etwas billiger sein könnte oder der Kauf noch aufzuschieben sei. Was hier zunächst wie ein Finanzierungskonflikt aussieht, entpuppt sich bald als Machtkonflikt zwischen den Partnern und bekommt von daher seine Brisanz.

Beziehungskonflikte: Uneinigkeit über die sozialen Beziehungen und über die Zusammenarbeit

Bei einem Beziehungskonflikt fühlt sich ein Konfliktbeteiligter »unfair« behandelt, was sein Selbstwertgefühl angeht. Das Gegenüber verhält sich so, dass der Konfliktbeteiligte sich unterlegen, inkompetent oder hilflos empfindet.

Über den fachlich – zielorientierten Aspekt eines Konfliktes hinaus soll hier im Besonderen die Frage nach der persönlichen Betroffenheit der beteiligten Personen gestellt werden und nach deren Auswirkung auf den Bearbeitungsprozess und auf eine verträgliche Lösung.

Konflikte sind immer erst dann langfristig gelöst, wenn auf der psychosozialen Ebene Entspannung eintritt, die nicht unter Druck entstanden ist. Eine reine Sachlösung hält nie lange.

Das viel benutzte Bild eines Eisbergs, der in seiner Wirkung eher einem Vulkan gleicht, lässt uns verstehen, wie die fachlich-sachlichen Aspekte eines Konfliktes mit den persönlichen und zwischenmenschlichen Aspekten in Beziehung stehen.

Der Eisberg – ein Vulkan

»Das ist nur die Spitze vom Eisberg«, so bezeichnen wir oft Vorgänge, von denen uns längst nicht alles bekannt ist und bei denen wir die Dynamik noch im Verborgenen vermuten.

»Einsame Spitze« nennen wir denjenigen oder dasjenige, das sich von der Normalität durch eine hohe Leistung abhebt und unsere Bewunderung einfordert, ohne uns Gedanken darüber zu machen, wie viel im Verborgenen der Persönlichkeit geschehen musste, um zu dieser Spitzenleistung zu gelangen.

In diesem Oben und Unten ein und desselben Körpers sieht die Organisationspsychologie das Phänomen eines »Eisbergs« und will mit diesem Bild dreierlei ausdrücken:

1. In jeglicher Kommunikation sind es immer zwei Ebenen, auf denen man sich trifft: die Sachebene und die Beziehungsebene, auch emotionale Ebene genannt.
2. Diese beiden Ebenen sind nicht voneinander zu trennen. Sie sind einem Eisberg gleich ein kompakter Körper; oft genug müssen sie aber getrennt betrachtet und behandelt werden.
3. Die unsichtbare Ebene, im Bild der Eisbergbauch, ist der weit größere Teil. Dieses ist im Blick auf die sozialen Kompetenzen eine Art »Schlüsselwahrheit«, macht sie doch einmal mehr deutlich:
Ohne oben kein unten,
aber ohne unten
erst recht kein oben.
Auch wenn wir während einer spannungsgeladenen Debatte noch so gerne und trotz hochrotem Kopf sachlich geblieben wären, die untere Ebene hat sich längst beteiligt, die Gefühle sind im Spiel. Emotionen nicht zu zeigen, scheint aber im Wirtschafts- und Wissenschaftsleben immer noch eine geschätzte Kompetenz zu sein. So geschätzt, so tückisch und konfliktreich ist sie aber auch, denn ihre andere Hälfte, die Psychologik, meldet sich immer mit.

Mehr noch als in anderen Interaktionen ist im Konfliktfall die untere Ebene des Eisbergs der ausschlaggebende Ort. Manchmal lassen sich die Dinge auf dieser Ebene genauso einfach ausdrücken wie die auf der Sachebene. Meist aber sind sie viel komplizierter und verborgener und nur schwer in Worte zu fassen.

Abb. 16: Eisberg

Hier geht es um Freude und Sympathie, um Ärger oder Antipathie, um den Wunsch nach Anerkennung und Lob, hier geht
es um Status (wer hat welches Vorrecht, wer hat das Sagen?)
oder um Tabus. Die ganze Spannbreite der Ängste und Wünsche ist hier beheimatet. Hier entstehen Misstrauen und Zuversicht.

Die Inhalte dieser psychosozialen Ebene kennzeichnen alles,
was zwischenmenschlichen Beziehungen Charme und Lebendigkeit gibt, aber eben auch Ärger und Skepsis.

Die Vorgänge auf dieser Ebene geben die entscheidenden Impulse für die Konfliktentstehung sowie für ihre Lösung. Energie-
quellen liegen hier dicht neben Energiebremsen. Ein kleines Ereignis schon auf der Sachebene kann neue Impulse aus der
unteren Ebene wecken.

Das gilt allerdings auch in umgekehrter Richtung und bietet
eine häufig unterbewertete Chance: Ein positiver Impuls auf der
psychosozialen Ebene des Eisbergs motiviert – nicht nur im
Konfliktfall – stärker und nachhaltiger als die meisten Angebote
auf der Sachebene es können.

Das zeigt uns eine »wahre Geschichte«, die der Leser im An-
schluss an dieses Kapitel findet.

Wie groß dieser untere Teil wirklich ist und wann die Gefahr
eines Zusammenstoßes mit einem anderen Eisberg besteht, ist
nur mit einem guten Echolot – d. h. Gespür für und Kenntnis
über psychische und soziale Prozesse – auszumachen. An trag-

fähige Lösungen kommt man nur heran, wenn man sorgfältig navigiert, um nicht im emotionalen Bereich aufzulaufen. Wenn Teile des Eisberges unter Wasser abbrechen, kommt auch der obere Teil ins Schwanken. Eine gesunde psychosoziale Ebene, auf der der Einzelne auf seine »Kosten« kommt, ist eine wichtige Voraussetzung für die Problemlösung auf der Sachebene.

Oft kann man im sachorientierten Teil des Konfliktes aber nicht viel ändern. Hier scheint alles ausgereizt.

Dann lohnt es erst recht, in den psychosozialen Teil zu schauen und dort Mut und Kreativität zu wecken, um die unbefriedigende Situation auf der menschlichen Ebene zu bewältigen.

Erst wenn wir uns tatsächlich auf die Durchlässigkeit der Membran zwischen den beiden Ebenen einlassen, kann eine Vernetzung aus Sachkompetenz und Qualität des Umgangs miteinander in einer Symbiose nachhaltig wirken.

Wenn wir aus diesem Blickwinkel von Konflikt sprechen, so definieren wir ihn wie folgt:

Ein Konflikt ist eine Spannungssituation,
in der zwei oder mehr Personen,
die etwas miteinander zu tun haben,
sich zumeist ihrer Gegnerschaft bewusst sind,
und die mit Nachdruck versuchen,
scheinbar oder tatsächlich unvereinbare Ziele zu erreichen,
Interessen durchzusetzen,
Ressourcen zu erlangen
oder das Zusammenleben und Arbeiten zu ihren Gunsten zu gestalten.

Um diese Ziele zu erreichen, wollen sie sich gegenseitig beeinflussen, unterdrücken oder besiegen.

Ein sozialer Konflikt ist gelöst, wenn

– die Situation und die menschlichen Beziehungen wieder als »entstört« und entspannt erlebt werden,

- die Parteien sich wieder als Partner wahrnehmen und behandeln und
- für die Ziele, Interessen und besonders für die menschlichen Beziehungen Lösungen gefunden haben, die von beiden Seiten akzeptiert und aktiv umgesetzt werden.

Auch wenn in der Definition von Unterdrücken und Besiegen die Rede ist, entstehen die meisten zwischenmenschlichen Konflikte zunächst einmal dadurch, dass jeder der Beteiligten die ernsthafte Absicht hat, eine beide betreffende Sache zum Guten zu verändern. An Konflikt hat bis dahin noch keiner von beiden gedacht. Jeder glaubt, das Richtige zu tun, weil es ja für ihn das Richtige ist. Das ist der Boden, auf dem der Konflikt keimt.

Ehe wir uns aber der Lösung eines so definierten Konfliktes zuwenden, müssen wir zunächst einen Schritt nach rückwärts gehen, denn es kommt fast einer Gesetzmäßigkeit gleich, dass Konflikte Vorgeschichten haben, bis es – endlich – zu einem sichtbaren Zeichen kommt, auf das man zugreifen kann. Hat ein Konflikt aber gar zu lange vor sich hin geschmort, so kann er sich oft nur mit einem abrupten Ausbruch die Chance zur Bearbeitung verschaffen. Einige sind erstaunt, aber erleichtert, andere halten den Zeitpunkt für denkbar ungeeignet.

Vor dem letzten Tropfen, der das Fass zum Überlaufen brachte, ist schon eine Menge ins Fass gelaufen, ungesehen oder gesehen, aber ignoriert:

- Wo stimmt's zwischen den Personen schon lange nicht mehr?
- Wo reiben sich die unterschiedlichen Typen wie auf Seite 67ff. beschrieben? Warum wird nicht zu Toleranz gefunden?
- Welche persönlichen Erwartungen wurden nicht erfüllt, welche Befürchtungen nicht ausgeräumt?
- Wer soll oder sollte durch die Nichtbearbeitung des Konfliktes geschützt werden?

Manche Konflikte haben bereits Geschichte. Andere wurden zwar gelöst, haben jedoch mit ihrer (Sach-)Lösung einen anderen Konflikt heraufbeschworen. Inzwischen aber ist zwischen den Konfliktsituationen so viel Zeit ins Land gegangen, so viele Stellen sind mit anderen Menschen besetzt, dass niemand mehr rekonstruieren kann, wie der eine ein Produkt vom anderen ist, und wie der aktuelle Konflikt mit beiden zusammenhängt.

Eine zukunftsbezogene Konfliktlösung darf nicht im Rückblick verharren. Die Ursachenanalyse ist nur die eine Seite der Medaille. Sodann sind Voraussetzungen zu schaffen, die die Beteiligten für die Bearbeitung öffnen:

1. Die Lösungssuche sowie der gesamte Bearbeitungsweg muss von den Beteiligten freiwillig begangen werden.
2. Es muss bei allen die generelle Bereitschaft bestehen, etwas zu ändern, das heißt auch bereit zu sein, sich persönlich in Frage zu stellen.
3. Jeder der beteiligten Konfliktpartner muss eine Chance haben, mit der Lösung etwas für sich zu gewinnen.
4. Es muss Offenheit herrschen für die Frage »Wo bin ich selbst ein Teil des Problems? Und wie kann das zur Bearbeitung gelangen?«

Wenn die Vorgeschichte des Konfliktes und die Voraussetzungen zur Bearbeitung geklärt sind, so ist die Lösungsstrategie zwischenmenschlich gesehen der leichtere Teil. Da hier nicht der Ort ist, um generell Konfliktlösungsstrategien vorzustellen, beschränken wir uns auf ein einfaches wirkungsvolles Modell, welches wir das Konfliktlöse-**Z** nennen.

In aller Regel werden beim Auftauchen eines Konfliktes zwei Schritte getan:

Konflikt entdeckt ⇨ Aktion gestartet.

Nicht so bei einem Lösungsweg, der der Schreibweise des **Z** folgt:

1. Schritt: Konflikt-Definition	2. Schritt: Konflikt-Diagnose
»Wie lauten nach dem jetzigen Stand der Kenntnisse der/die Konflikt(e)?« Beachte: Erst nach der Konfliktdiagnose (→ 2A) weiß man, ob der Konflikt zu Beginn richtig definiert war. Meistens gilt: der zuerst benannte Konflikt ist nicht der eigentliche Konflikt!	*A. Datensammlung* Welche Tatsachen und Zusammenhänge können rund um den Konflikt festgestellt werden? Welche Faktoren wirken von außen auf den Konfliktherd ein? *B. Konfliktumformulierung* Wie lautet der Konflikt jetzt?
3. Schritt: Ziel-Definition	**4. Schritt: Aktionsplanung**
Welche *Ziele* will ich mit der Konfliktlösung erreichen? Welche *Priorität* haben diese Ziele im Einzelnen? Welche *Restriktionen, Grenzwerte und Bedingungen* müssen von jeder Lösung eingehalten werden? Gibt es darüber hinaus Wunschziele?	*A. Inhaltliche Ebene:* Was ist zu tun? Was muss dafür bereitgestellt werden (Geld, Zeit, Mittel etc.)? *Soziale Ebene* und Interaktion: Was muss mit und zwischen den Menschen geschehen? *Ablaufplanung:* Zeitlicher Ablauf Wer geht auf wen zu? *B. Analyse potenzieller Konflikte* Wo sind kritische Punkte im Plan, – weil etwas ungewohnt und neu ist, – weil enge Kooperation benötigt wird, – weil hohe Abhängigkeit von externen Faktoren besteht? Wer könnte den Plan kippen und warum?

Der Weg eines **Z** soll verhindern, dass der Konflikt als gelöst gilt, ehe er verstanden wurde.

Jede Lösung muss nicht nur sachlich stimmen, sondern auch simultan auf die Akzeptanz derer treffen, die sie tragen sollen und die mit ihr leben müssen. Diese Sicht einer Lösung in den Mittelpunkt zu stellen, bietet in jedem Fall eine Verbesserung auf lange Sicht.

Nicht alle Konflikte sind lösbar. Manchmal muss man damit zufrieden sein, auf der Sachebene eine Lösung gefunden zu haben, die mit einem Maßnahmenplan durchgeführt werden kann, an den sich bestenfalls die meisten halten werden. Damit bleibt die Brücke von Mensch zu Mensch nur bedingt begehbar, schon eine unerhebliche Neubelastung kann sie erneut ins Schwanken bringen! Also sollten Sachanliegen und Menschen im Auge behalten werden!

Aber auch gute, entspannende Lösungen halten das Beziehungsnetz nicht auf Dauer konfliktfrei. Jede Veränderung ist auch ein potenzielles Konfliktfeld und fordert neue Beziehungsgestaltung.

Zwischenstopp im Unternehmen: Soziale Kompetenz beurteilen – Aufgabe der Personalführung

Die Beurteilung der sozialen Kompetenz eines Mitarbeiters ist ein Teilaspekt einer Gesamtbeurteilung und sollte in überschaubaren Abständen stattfinden, mindestens aber bevor die Erinnerung ungenau wird. Beurteilung ist eine Dienstleistung am Mitarbeiter. Im Grunde zeigt ein Vorgesetzter seinerseits soziale Kompetenz, indem er diesen Dienst am Mitarbeiter gewissenhaft zu seinen Kernaufgaben zählt.

Beurteilen wofür?

- um die Vorgesetzten anzuregen, ihre Mitarbeiter besser zu begleiten, zu betreuen und kennen zu lernen;
- um eine Bestandsaufnahme der Stärken und Schwächen von Mitarbeitern im Unternehmen für die Personalplanung zu gestalten;
- um individuelle Leistungszulagen festzulegen oder Gehaltsänderungen zu begründen;
- um beim Ausscheiden von Mitarbeitern ein Zeugnis kompetent ausstellen zu können;

- um bei Versetzungen lückenlose Unterlagen über den Werdegang des Mitarbeiters im Betrieb zu haben und den neuen Vorgesetzten Anhaltspunkte für den richtigen Einsatz zu geben;
- um vor Ablauf der Probezeit zu entscheiden, ob ein Neuling sich bewährt hat und an welchem Platz er eingesetzt werden soll;
- um den Erfolg bzw. die Notwendigkeit von Aus- und Fortbildungsmaßnahmen feststellen zu können;

- um das Verhalten nach außen, auf Kunden, Anbieter oder Vorgesetzte einzuschätzen;
- um den geeigneten Anwärter für eine Beförderung herauszufinden;
- Impuls für den Vorgesetzten, von sich aus die Zusammenarbeit zu verbessern.

Was im privaten Umfeld noch relativ spontan und unkontrolliert abläuft, häufig auch eine saloppe Ausdrucksweise findet, stellt im Berufsleben höhere Ansprüche.

Unter Beurteilung der sozialen Kompetenz versteht man die Meinungsäußerung des Vorgesetzten über Verhalten und zwischenmenschliche Fähigkeit eines ihm zugeordneten Mitarbeiters, zu der dieser seinerseits Stellung bezieht. Sorgfältige und kontinuierliche Beobachtung ist die Voraussetzung.

Jede Beurteilung muss Antwort geben auf die Fragen:

»Ist dieses die richtige Person an diesem Platz?
Unter welchen Bedingungen wird sie das auch in überschaubarer Zukunft sein?
Ist dieses der richtige Platz für diese Person eingedenk ihrer Fähigkeiten und ihres Verhaltens?
Wird es diesen Platz auch morgen noch geben?«

Diese Fragen beschäftigen sowohl den Vorgesetzten als auch den Mitarbeiter selbst sowie das Team oder die Abteilung, in die er eingebunden ist.

Vorausgegangen ist immer eine zuverlässige und reflektierte Datensammlung des Vorgesetzten, auf die sich die Beurteilung abstützen kann. Beurteilen lässt sich nur, was sich beobachten lässt und was de facto beobachtet wurde.

Wenn aber soziale Kompetenz über die Verbesserung der Arbeitskultur hinaus als strategische Größe zum künftigen ökonomischen Erfolg in Unternehmen beitragen soll, so muss sie auch aus diesem Blickwinkel beurteilbar sein, soweit das für »weiche« Kompetenzen eben möglich ist.

Und hier wird es kompliziert. Hier gilt es, eindeutige, für alle Beteiligten gleicherweise verständliche Benennungen zu benutzen, die auch dem Umstand gerecht werden, dass Beurteilungen, Stellenausschreibungen und Zeugnisse von solchen Beteiligten gelesen werden, die nicht nachfragen können und den Beurteilten (noch) nicht kennen. Ebenso wie bei Beurteilung von Fachwissen muss auch hier eine Vergleichbarkeit unter Personen möglich sein.

Wie in den vorausgegangenen Texten deutlich wurde, lässt sich die Beurteilung von persönlichem Können und Verhalten nur schwerlich in allgemeingültige Kategorien einordnen und entzieht sich damit auch gern einem messbaren Erfolg. Dieses wird noch doppelt erschwert, da Beurteilen immer auch einen wertenden Teil hat. Aber Wertung ist eine weitgehend subjektive Interpretation und Konstruktion, die bestenfalls ein gewisses Maß an Intersubjektivität erreichen kann.

Um die Subjektivität so niedrig wie möglich zu halten, erfordert die Beurteilung der sozialen Kompetenz eines Mitarbeiters eine gewisse kontinuierliche Anwesenheit des beurteilenden Vorgesetzten. Informationen Dritter entbehren bei aller angestrebten Objektivität die Direktheit des persönlichem Kontaktes. Aber auch das, was Vorgesetzte selbst gesehen und miterlebt haben, sagt noch nichts über Ursachen und Motive aus. Hier wird oft spekuliert anstatt gemeinsam aufgeklärt.

Je mehr sich Vorgesetzte und Mitarbeiter gleichermaßen an eine zurückliegende Situation und an die erlebte Kommunikation erinnern können und diese abgleichen, umso verbindlicher lässt sich eine Brücke spannen von der zurückliegenden Situation zum aktuellen Stand.

Vom
Dort und Damals der vergangenen Situationen
über das
Hier und Jetzt der gegenwärtigen Wahrnehmung
zum
Da und später der zu gestaltenden Zukunft

So kann ein tragfähiges Konzept entwickelt werden, was die Verbesserung der sozialen Kompetenz angeht.

In einer Skizze ausgedrückt sieht das so aus:

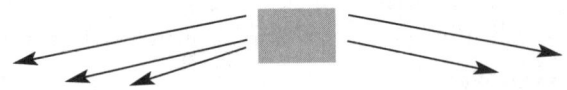

Feedback
Blick in die
Vergangenheit:
Was ist vermutlich
die Ursache für das
gezeigte Verhalten?

Aktueller Stand
Gezeigtes Verhalten

Feedforward
Nah- und Fernziele
persönlicher
Entwicklung:
Was wird aus
heutiger Sicht in
Zukunft benötigt?

Das schriftliche Festhalten bestimmter Ereignisse erhöht obendrein die Objektivität. Der Vorgesetzte läuft sonst Gefahr, der Sympathie oder der Antipathie als Beurteilungskriterien Raum zu geben, oder Überbetonungen von Einzelfällen zu favorisieren.

Ein einmal notiertes Ereignis, z. B. ein unkontrolliertes Verhalten in einer Stresssituation, darf aber noch nicht den Schluss zulassen: »Der ist immer so«, was gleichermaßen auch für besonders positive Leistungen gilt.

Eine Beurteilung, zu der der Mitarbeiter im Wesentlichen »ja« sagen kann und sich ernst genommen fühlt, kann ihn mehr motivieren, an seinen Schwachstellen zu arbeiten oder angebotene Hilfe in Anspruch zu nehmen, als aus höherer Ebene zu erfahren: »Ich weiß, wie du bist. Ich weiß, was für dich gut ist.« Darum ist es gerade im Beurteilungsgeschehen so wichtig, eine Verständigungsebene zu erreichen, auf der alle Beteiligten sich als »Gewinner« der Beurteilung erleben können. Wenn das gelingen soll, so müssen die Markierungspunkte auf der »Messlatte Soziale Kompetenz« eine eindeutige Aussage haben.

Wenn wir uns erinnern, dass der Einsatz sozialer Kompetenzen situationsabhängig ist, so müsste eine Situationsbeschreibung der Beurteilung zugefügt sein. Das könnte am Beispiel »Eingehen auf Bedürfnisse und Ideen anderer« so aussehen:

Anstatt einer Skala:	1	2	③	4	5
		wenig			ausführlich

wird die Beuteilung einer Situationsskizze zugeordnet:

Zu beurteilende Kompetenz: »Eingehen auf Bedürfnisse und Ideen anderer«

- In zielorientierter Teamarbeit: Tolerant und angemessen
- In Stresssituationen (Zeitdruck): Wenig angemessen, wird autoritär
- Im Konfliktfall: Geht ausführlich auf andere ein, weil an langfristiger Lösung interessiert

Der zu Beurteilende erfährt hiermit ein detailliertes Feedback und gleichzeitig wird eine Basis für ein Gespräch geschaffen.

Wenn Weiterentwicklung auf zwischenmenschlicher Ebene wirklich greifen soll, sind Offenheit, Eindeutigkeit und Vergleichbarkeit die Voraussetzung. Nur so wird in konflikthaften Arbeitszusammenhängen Beziehung aufrecht erhalten und situationsgerecht gefördert.

Die Beurteilungskriterien selbst haben stets einen allgemeinen Teil und variieren über diesen hinaus in Schwerpunkt und Aussage, wie es für Situation und Person angemessen ist. Es bleibt dabei Aufgabe des Vorgesetzten, auch schwierige Aspekte zur Sprache zu bringen, sind sie doch oft unreflektiert das Zünglein an der Waage:

- Wie öffnet er sich neuen Erfahrungen, die er mit und an sich selbst machen muss?
- Interessiert er sich / versteht er ausreichend den Ablauf von Prozessen und könnte gegebenenfalls eingreifen?
- Wie verhält er/sie sich im Team oder im Kontakt mit Kunden, wie dem anderen Geschlecht gegenüber?
- Wie kooperiert er mit vermeintlich Schwächeren / mit Stärkeren?
- Wie verhält er sich im Umgang mit Ausländern oder als Ausländer Deutschen gegenüber?
- Wie verhält er sich in Konkurrenzsituationen?

Fragen wie diese sollen Anregung geben, ein konstruktives Gespräch zu diesen sensiblen Inhalten zu führen, in dem auch der Vorgesetzte sich nicht scheut, Korrekturen vorzunehmen, die ihn selbst betreffen, nachdem der Mitarbeiter ihn von einer anderen Sicht der Situation überzeugen konnte.

Auf eines soll – last but not least – hingewiesen werden:

Meist hat man im Beurteilungs-, mehr noch im Kritikgespräch maximal fünf Minuten, um eine Atmosphäre zu schaffen, die das Gespräch auf der zwischenmenschlichen Ebene trägt. Nur fünf, aber fünf wichtige, schwer nachzuholende Minuten!

7 Was läuft, wenn nichts mehr läuft: Angst, Widerstand und Abwehr als Quellen der Inkompetenz

Im hier beginnenden Kapitel sollen zunächst diejenigen Aspekte im Mittelpunkt stehen, die auf der zwischenmenschlichen Ebene dafür verantwortlich sind, dass sich das Zusammenleben und Arbeiten schwierig gestalten und das Erreichen von Zielen sowie die Teamarbeit allgemein nur allzu leicht aus dem Ruder laufen.

Zunächst einmal sei festgestellt: Kommunikation zwischen Menschen geschieht immer über persönliche Grenzen hinweg, darüber hinaus auch über kulturelle, gesellschaftliche und nationale.

Wir sind Ich und Du und treten als solche in Kontakt.

Wir leben mit Abstand zueinander.

Wir erleben Spannung, Intensität und Tiefe zunächst einzeln.

Kontakt ist immer zeitlich begrenzt. Wir kommen zusammmen und gehen wieder auseinander.

Kontakt ist riskant.

Kontakt lebt von Rhythmus und von Polarität.

Kontakt entsteht aus Autonomie und Interdependenz, dieser doppelten Blickrichtung zu mir selbst und zu den anderen.

Alle diese Eigenschaften von Kontakt sind für die Beteiligten anstrengend und manchmal wenig motivierend. Während beispielsweise dem Distanzierten die »ewige Teamarbeit«, wie er es nennt, schon lange zu viel Zeit kostet, ärgert sich der Schnellentschlossene, dass er nicht allein und spontan über eine anstehende Entscheidung abstimmen kann. Häufig auch werden unbewusst Kontaktgrenzen verleugnet oder überspielt. Dadurch wird der Beteiligte dann daran gehindert, Objekte oder Vorgänge so wahrzunehmen oder selbst darzustellen, wie es der Situation förderlich wäre. Zu viel oder zu wenig Grenze ist wie eine falsche Brille vor den Augen.

Schauen wir uns diese Verhaltensweisen und Vorlieben näher an, kristallisieren sich drei wesentliche Kontakt- und damit Kommunikationsvermeider heraus, die aktiv und dauerhaft im Einsatz sind:

Die Angst, der Widerstand und die Abwehr.

Wenn wir verstehen, wie sich Angst anfühlt, wie sie sich äußert, sich steigert oder vermindert, wenn wir begreifen, was es mit dem Widerstand auf sich hat und was man tun oder vermeiden muss, um ihn abzubauen, wenn wir verstehen, welche Impulse eine Abwehr auslösen, wie diese aussehen kann und wie sie wirkt, dann finden wir den Weg zum Interesse füreinander und offenerer Kommunikation miteinander. Aus beiden erhält die Handlungskompetenz im umfassenden Sinn, die wir ja stärken wollen, wirksame Energie. Es ist wiederum der untere unsichtbare Teil des Eisbergs (siehe 6. Kapitel, Seite 156ff.), der diese Energie freigibt oder bindet.

Ehe wir uns den oben genannten Kommunikationsvermeidern gezielt zuwenden, muss noch eines vorausgeschickt werden:

Weder der Freundes- oder Kollegenkreis noch die Familie noch das Vorgesetzten-Mitarbeiter-Verhältnis ist Spielwiese für therapeutische Laienauftritte. Dennoch ist es gar nicht ungewöhnlich und oft mit Erstaunen festzustellen, wie der Einfluss eines Menschen aus oben genanntem Umfeld oder der einer zufälligen Gruppe eine heilende Wirkung hat und ein Zulassen von lange Abgewehrtem ermöglicht.

Bei solchen nicht-therapeutischen Wechselwirkungen mit trotzdem (oder gerade deshalb) therapeutisch-heilendem Resultat haben meist soziale Kompetenzen Pate gestanden:

– Einfühlsamkeit,
– die Fähigkeit, Situationen und ihre Auswirkungen frühzeitig zu erahnen,

- Verletzlichkeiten beim Gegenüber zu erspüren und im Gedächtnis zu behalten, höflich und konsequent zu intervenieren
- und nicht zuletzt der Mut zu angemessener Offenheit.

Es kann nicht oft genug gesagt werden:

»Das Tun des Einen ist immer das Tun des Anderen.«
(Nach einem Buchtitel von Helm Stierlin.)

Was man über Angst wissen sollte

Hier soll es vornehmlich um zwei Aspekte des großen Themas Angst gehen, nämlich um das Aufspüren von Angst bei mir und anderen und um Angstminderung im zwischenmenschlichen Kontext.

Angst ist zunächst einmal eine ganz natürliche Emotion, wie Freude, Zorn oder Trauer.

Jeder hat Angst: Angst, den Job zu verlieren, Angst, dass den Kindern etwas passiert. Angst vor einem Krieg, Angst unheilbar krank zu werden. Alles Unbekannte bereitet Angst, darauf weist uns schon Sigmund Freud hin. Sind wir deshalb gleich Angsthasen? Ganz und gar nicht, denn Angst hat auch beschützende Funktion. Man neigt zu erhöhter Vorsicht, Umsicht, die Aufmerksamkeit ist wach. Angst kann – in leichter Dosierung – dazu beitragen, kniffelige Situationen, wie Prüfungen zu bewältigen, und vor allem dazu beitragen, Unfälle und gefährdende Situationen zu vermeiden.

Für den Menschen in der Frühzeit sicherte die Angst sein Überleben. Heute noch stellt sich bei Angst am schnellsten der Körper auf rasches Entscheiden und Handeln ein, noch ehe der Kopf nachgedacht hat, hat der Körper schon reagiert.

Doch manchmal gerät das positive Programm gegen drohende Gefahr aus dem Ruder. Problematisch wird es, wenn ein

Mensch in seiner Angst gefangen ist, in Gedanken ständig um sie kreist und sich aus dieser Kreisbewegung nicht zu befreien vermag. Alle realistischen Begründungen und guten Ratschläge nützen nichts.

Dann erst spricht der Fachmann von Angststörung, die eine ganze Palette von Ursachen haben kann und sich in den meisten Fällen wirksam und nachhaltig behandeln lässt. Das wollen wir hier nicht weiter verfolgen.

Fast jede körperliche Unregelmäßigkeit kann ihren Auslöser in einer Angstattacke haben: Herzrasen, Schwitzen, Frieren, Atemnot (der berühmte Kloß im Hals), Magen- und Darmbeschwerden, Schwindel. Ebenso zeigt sich Angst in einer Reihe von so genannten Ersatz- oder Ausweichgefühlen: Aggression (der Angstbeißer), Wut, Ärger, Abneigung. Immer ist sie begleitet von entsprechendem Verhalten. Der eine wird hektisch und unruhig, der andere verstummt. Der eine vermeidet den Blickkontakt, der Nächste kommt zu spät.

Aber auch dieses funktioniert nicht nach dem Wenn-dann-Prinzip. Alles oben Genannte kann Reaktion auf Angst sein, muss es aber nicht.

Wie dem auch sei:

Angst ist kontrovers.

Sie macht starr oder lebendig.

Sie lässt Menschen handeln oder sie erträgt alles.

Sie stürzt sich einer Entscheidung entgegen oder sie läuft weg.

Personale, typabhängige und situative Bedingungen müssen zusammentreffen, damit überhaupt Angst ausgelöst wird und der Betroffene sich zum Handeln entscheidet. Auch Nichthandeln ist in diesem Fall Handlung. Da ist der eine, der beim leisesten Gerücht von Stellenabbau nach etwas Neuem Ausschau hält, und der andere, der fest davon überzeugt ist, dass er nicht gemeint sein kann, dagegen aber beim kleinsten Unwohlsein einen Facharzt bemüht.

Schnell aber sind die jeweilige Grunddisposition und eine vermeintliche Bedrohung eine Interaktion eingegangen. Die

Angst steht nicht mehr nur vor der Tür, sie steht ins Gesicht geschrieben, sagt der Volksmund. Widerstand und Abwehr sind in vollem Einsatz. Sie sind die Verkleidungen der Angst und gleichzeitig ihre Bekämpfungsmittel. Wir werden uns im Folgenden näher mit ihnen auseinander setzen, denn nur über diese Auseinandersetzung gelangen wir zu deutlich angstfreierer Kommunikation, zu geringerem Widerstand und weniger Abwehr.

»Hab keine Angst« bleibt schon in Zweierkonstellationen meist eine fromme Aufforderung, wie bedrohlich ist dann erst ein größeres oder gar großes soziales System für den Einzelnen, in welchem er sich als Person behaupten muss:

man muss öffentlich reden,
man steht in Konkurrenz mit anderen,
man wird beurteilt, für Auftreten mehr noch als für Inhalt,
man fällt auf oder man wird übersehen.
»Von diesem einen Mal hängt alles ab.« – »Von den Entscheidungen der anderen hänge ich ab«, so flüstert die Angst.

»Schafft eine angstfreie Atmosphäre« wird oftmals gegen alle diese Angstauslöser propagiert. Aber eine angstfreie Atmosphäre zu fordern oder zu erwarten ist eine Illusion! Die schützende, vor Unheil bewahrende Kraft, die die andere Seite der gleichen Münze »Angst« ist, wird so nur ignoriert. Angst hat schon manchen gerettet, im wörtlichen und im übertragenen Sinn, einen zu gefährlichen Weg zu gehen, eine momentan falsche Entscheidung zu treffen.

Darum sollte es realistischer heißen: »Schafft eine Atmosphäre, in der das urtümlichste aller Gefühle, die Angst, ihren Raum hat und zu Wort kommen kann.«

So unmöglich und wenig wünschenswert generelle Angstfreiheit wäre, so unmöglich wäre das Fehlen der Angst stets dann, wenn ein Prozess der Veränderung oder der Trennung ansteht. Vollzieht sich dieses scheinbar ohne Angst, meist als Widerstand und Abwehr nach außen getragen, so hat sich nichts verändert bzw. die Trennung oder Veränderung ist innerlich nicht vollzogen – oder aber schon längst vollzogen.

Wenn wir im Weiteren von Widerstand und Abwehr als den vielfältigen Verkleidungen der Angst sprechen, so bleiben wir damit im »normalen«, ja, man könnte sagen, im gesunden Bereich der Angstabwehr, der wir mit den sozialen Kompetenzen der Empathie, der Intuition, der Toleranz, mit dem offensiven Umgang von Konkurrenzsituationen, mit achtsamer Konfrontation und Sympathie begegnen können. Denn das Misstrauen, das hinter dem Widerstand steht, lässt sich am ehesten stoppen, wenn man einen Vorschuss an Vertrauen gewährt. Es ist ein fast paradoxer Balanceakt, in welchem Vertrauen sich selbst voraussetzen muss. Aber mit hoher Wahrscheinlichkeit macht diese Intervention das Klima nachhaltig angstfreier.

Widerstand als Energie verstehen

Schaut man in ein Lexikon oder in eine Sammlung von Sprichwörtern, so findet man für den Begriff »Widerstand« zunächst einmal die Definition »gewaltlos gegen etwas protestieren« oder »Kraft entwickeln, die einer anderen Kraft entgegenwirkt«. Dieser ursprünglich in der Physik beheimatete Begriff taugt ebenso für die Politik und die Psychologie, zumal sich das Unbewusste im Menschen häufig schon als Reaktion auf einen unerwünschten Zustand oder eine nicht akzeptierte Forderung eines Widerstandes bedient, ehe das Bewusstsein eingreifen kann. Dazu benutzt es die unterschiedlichsten Instrumente, die wir

<u>Abwehrmechanismen</u>

nennen.

Während elektrischer Widerstand messbar ist, entzieht sich der psychische Widerstand häufig der direkten Wahrnehmung. Aber gewaltlos, wie oben für den psychischen Vorgang definiert, ist auch diese Energie nicht, nur subtil, oft selbst für denjenigen, der sie leistet, schwer aufzuspüren, noch schwerer sich dazu zu bekennen. Die Formen des Widerstandes werden umso skurriler, je abhängiger und eingeengter sich der »Widerständler« fühlt.

Schauen wir uns die Dynamik dieses Aufbegehrens und Dagegenhaltens einmal näher an, so kommen wir auf eine übersichtliche Formel:

Widerstand enthält immer eine verschlüsselte Botschaft

Dabei handelt es sich im Wesentlichen um zwei Impulse. Entweder will derjenige, der Widerstand leistet, etwas schützen, oder er will mehr mitbestimmen können, wobei es sich letztendlich auch dabei um Schützenswertes handelt.

Wenn Menschen sich gegen etwas Sinnvolles oder gar notwendig Entscheidendes sträuben, haben sie Ängste, Befürchtungen oder Bedenken.

Das können materielle sowie ideelle Dinge sein, die ihnen schützenswert erscheinen oder die gar zur Grundlage ihrer Existenz gehören. Je mehr es dabei um Leitbilder, religiöse Überzeugungen, Philosophien und Ziele geht und am ausgeprägtesten, wenn dabei der Wert der eigenen Person betroffen scheint, umso stärker ist die Widerstandenergie und umso langsamer der Prozess, eine Veränderung zu akzeptieren, ihr zuzustimmen oder gar im Prozess mitzuwirken und ihn nach außen hin, etwa als Vertreter der eigenen Abteilung, der Institution oder der Familie, zu transportieren.

Ein langer Weg also vom passiven – oder aktiven – Widerstehen zur aktiven Mitgestaltung des Neuen.

Was wir in der Praxis sozialer Systeme leider häufig sehen, kommt einem Dreischritt gleich, der das oben genannte Mitgestalten nie erreicht:

1. Schritt: Etwas Neues kommt auf jemanden zu,
        er wird in einem neuen Projekt gebraucht,
        Arbeitsabläufe werden umstrukturiert,
        das Team bekommt neue Gesichter.

2. Schritt: Seine Bedenken werden nicht gehört,
seine Gefühle nicht ernst genommen.
seine Vorschläge nicht aufgenommen.
3. Schritt: Er schaltet auf stur. Er resigniert.
Der Widerstand ist ausgelöst.
Die Blockade hat zugeschlagen.

Um Minderung des Widerstandes und Mitgestaltung zu erreichen, müssen wir die verschlüsselten Botschaften verstehen und auf sie eingehen. Wir müssen herausfinden, was geschützt werden soll und in welcher Weise Mitgestaltung den Widerstand abbauen oder auflösen würde.

Nichtbeachtung von Widerstand führt zu Dauerblockaden, zu Bruch, Resignation, Flucht, innerer Emigration oder Destruktion. »Schilfrohrverhalten« nennen wir diese vordergründige Anpassung bei Widerstand, kommt sie doch dem Verhalten des Schilfrohrs im Garten gleich, welches sich unter der Last des Schnees, sprich des abgelehnten Ansinnens, flach legt, um nach der Schneeschmelze mit Elastizität aufzustehen und in gerader Haltung aufs Neue dem Sturm Widerstand zu leisten.

Die Signale für Widerstand sind vielfältig und begegnen uns in immer neuen Aufmachungen:

Signale für Widerstand

Flucht aus dem Feld:	– Fluktuation
	– hoher Krankenstand
	– Verabredungen vergessen
Destruktion:	– steigende Produktion von fehlerhaften Aufträgen
	– Absinken der Leistung
	– auffallend zurückhaltender Umgang miteinander
»Spiele«	– Verschweigen von Fehlern
	– Informationszurückhaltung
	– Heroisierung der Vergangenheit
	– Dienst nach Vorschrift
	– Papierkrieg

Rationalisierung:	– intensives Nachfragen nach Gültig- keit der Daten
	– »Missverständnisse«
	– Überbetonen von Nebensächlich- keiten oder potenziellen Gefahren
Innere Emigration:	– Passivität
	– Aktivität nur auf Druck
	– Desinteresse

Die Kunst im Umgang mit Widerstand heißt »Judo«

So wie beim Kampfsport Judo der Verteidiger in die Bewegung des Angreifers hineingeht und mit dieser Taktik die Szene zu beherrschen sucht, so heißt es auch im zwischenmenschlichen Gegenüber Antennen auszufahren, in Dialog zu treten, Ursachen des Widerstands zu erforschen. Dazu hilft aus der Reihe der sozialen Kompetenzen besonders Empathie (siehe Seite 144ff.) sowie Intuition (siehe Seite 131f.) oder das Bewusstmachen von Sympathie und Antipathie (siehe Seite 141ff.). Dieses Vorgehen heißt, den Widerstand ernst zu nehmen, anstatt ihn zu brechen oder zu ignorieren. Natürlich muss das Ziel immer bleiben, herauszufinden, was eigentlich verteidigt werden soll und dann darauf zu reagieren.

Nur so kann man zu Kompromissbereitschaft gelangen und ist dann auf einem leichteren Weg, um schmerzhafte Veränderungen fürs Team oder für Einzelne abzufangen – beim Judo geschieht das mit Hilfe einer abfedernden Matte und klaren, für alle geltenden Spielregeln. In der Praxis des Berufsalltags heißt das, aktiv werden, im übertragenen Sinn auch auf einer abfedernden »Matte«.

Wenn man sich bewusst macht, dass keine Veränderung, auch nicht die beste, ohne Widerstand vonstatten geht, können die Herzen getrost ruhiger schlagen und es kann Zuversicht einkehren für eine Entscheidung, die alle zumindest mittragen.

Mit den Folgen des Widerstandes, mit der Abwehr, werden wir uns im folgenden Abschnitt befassen.

Die Dynamik der Abwehr und ihre Mechanismen

Während, wie oben beschrieben, bei Widerstandshandlungen der Impuls in aller Regel von außen kommt, also in gesellschaftlichen und berufsspezifischen Systemen zu finden ist, so haben wir es bei der Abwehr mit einem innerpsychischen Phänomen zu tun.

Somit müssen wir unsere Aufmerksamkeit auf solche Vorgänge richten, die sich im Menschen selbst abspielen, ehe wir das Geschehen zwischen Mensch und Mensch verstehen und nach einer Kompetenz suchen, die hilft, das innerpsychische Erleben mit dem Geschehen zwischen den Menschen zu verknüpfen. Zunächst aber zum Verständnis des Begriffs Abwehr und dem Umgang mit ihr:

Abwehr ist, wie Widerstand, ein Begriff und Werkstück aus der psychoanalytischen Therapie. Dem wird sich im nächsten Abschnitt noch das Phänomen der Übertragung zugesellen.

Abwehr ist ein psychischer Vorgang im Menschen, der immer dann in Aktion tritt, wenn Angst oder Unlust vermieden werden sollen. Damit wird deutlich, dass die Abwehr einer direkten Ansprache nur schwer zugänglich ist. Durch ihre Unbewusstheit bindet sie permanent psychische Energie, womit sie auch das Leben des Menschen dauerhaft einschränkt. Energien, die er auf fachlicher und auf zwischenmenschlicher Ebene gebrauchen würde, sind nicht frei verfügbar. Wo Abwehr den Menschen beherrscht, hat man unter Umständen nicht mehr die Person selbst vor sich, sondern kommuniziert mit ihrer Verzerrung. Dieser komplizierte Vorgang hat seine individuelle Vorgeschichte meist in der Person selbst.

Die Psychologen gehen davon aus, dass der Mensch in den ersten Lebensmonaten und -jahren entscheidend geprägt wird.

Frühe Erfahrungen bestimmen sein Denken und Handeln ein Leben lang. Was in den ersten Lebensjahren eingeprägt wurde, bleibt lebendig, aber nicht bewusst, wird täglich umgesetzt, kann aber nicht in Worte gefasst werden. Auch die frühen Störungen bleiben lebendig, z. B. ein traumatisches Erlebnis bei der Geburt, eine schwere Krankheit im Säuglingsalter, der Verlust einer Bezugsperson. Damit der Schmerz und die Angst, das Schreckliche und doch faszinierend Unbekannte, das Aufregende, welches mit diesen frühen Erlebnissen zusammenhängt, fern gehalten wird, werden gern solche Situationen vermieden, die diese frühen Erlebnisse wachrufen. Die dazugehörenden Gefühle und Empfindungen werden ebenso nicht zugelassen. Beides wird abgewehrt, damit es sich auf keinen Fall wiederholt.

Angst- und Unlustvermeidung ist das zentrale Motiv aller Abwehr. Impulse, die in der Tat zu bedrohlich sind oder die zu bedrohlich erscheinen, haben keinen Zutritt zum aktuellen Erleben. Das wird mit der Zeit zu einem Charakterzug, der zur Person zu gehören scheint. Die Stärke der Abwehr zeigt im Allgemeinen die Stärke der Angst.

Erst wenn die Abwehr zu lästig wird und der Wille zur Veränderung aufkeimt, müssen die frühen Eindrücke, Ängste und Verletzungen aufgespürt werden und der Versuch gewagt, den im Unbewussten gespeicherten Erinnerungen wieder auf die Spur zu kommen. Dann erst lässt die Abwehr locker. Erst einmal ausgesprochen, ans Licht geholt und neu verstanden, verlieren die lebensverhindernden Verletzungen und deren Narben ihre Bedeutung. Der Mensch kann zu seiner ursprünglichen Vitalität und Kraft hinfinden.

Der Vorgang der Abwehr geschieht mit den unterschiedlichsten Mitteln und in den meisten Situationen gezielt, wenn auch nicht mit bewusster Absicht. Sie werden halb- oder vorbewusst eingesetzt, und der Abwehrende wird sich erst später über seine damit verfolgte Absicht klar. In anderen Situationen ist dem Agierenden in keiner Weise bewusst, dass er abwehrt. Darauf angesprochen, weist er schon den einfachen Gedanken daran weit von sich.

Außenstehende oder indirekt Beteiligte sehen die Abwehr aus anderen Blickwinkeln und mit anderen Vorzeichen. Sie leiden nicht unter der gleichen Angst, kennen die Erlebnisse des Abwehrenden nicht, aber ihre Empathie oder ihre Skepsis sagt ihnen, dass hier ein Problem liegen könnte, über das sie nicht einfach hinweggehen dürfen.

Geht es aber um den Abbau von Abwehr, so ist weder mit plumper Direktheit noch mit Herunterspielen der Angst und der Unlust etwas gewonnen.

Zunächst einmal bedarf es einer

> stressfreien zugewandten Atmosphäre, die die unterschwellige Angst eher vermindert anstatt sie ungeschützter Konfrontation auszusetzen und die darüber hinaus den Abwehrenden zu genauerem Wahrnehmen des Abgewehrten motiviert.

Dann bedarf es einer

> klaren, aber vorsichtigen Konfrontation mit der abgewehrten Realität, die hinführt zur Wirklichkeit der Situation.
>
> Eine zugewandt ausgesprochene Formulierung: »Könnte es sein, dass …!« hilft eher als konfrontative Ansprache und rasches Abstempeln, etwa im Sinne von »Da übersehen Sie aber total, dass …«

Das innere Ziel des Menschen heißt, wie wir gehört haben, zunächst einmal Nicht-Veränderung! Da hilft auch alles Entgegenkommen nichts.

Erst wenn die Anforderungen der Umwelt (Markt, Kunden, Mitarbeiter) nicht mehr durch Verfeinerungen der Abwehr bewältigt werden können, entsteht wirkliche Energie zur Veränderung.

Dann gilt es Folgendes zu beherzigen:

- Neues ist unvertraut – Altes gibt Sicherheit.
  Die Hilfe heißt:
  Zeit zum Einüben geben,
  Erfolge feiern,
  Toleranz anbieten.

- Veränderung kostet Kraft, Mehrarbeit steht an.
  Die Hilfe heißt:
  ungesundes Tempo vermeiden,
  menschliche Anreize geben,
  Resignation vorbeugen.
- Vieles ist noch nicht (nicht mehr) planbar.
  Die Hilfe heißt:
  Verbindlichkeit, wo möglich,
  Hierarchie klären,
  Offenheit über die Sicherheit des Arbeitsplatzes,
  Offenheit über die Sicherheit der Freundschaft.

Zuletzt sei noch darauf hingewiesen, dass auch beim Umgang mit Abwehr der Einzelne auf die Stärken und vermeintlichen Schwächen, die ihm aus seinem Grundtyp (Seite 67ff.) zuwachsen, zurückgreift.

So wird der Schwungvolle lange leugnen, dass man Regeln verabredet hat und dass sie ihn betreffen, während der Ordnend-Strukturierende, möchte er abwehren, auf jeder nur möglichen Regel besteht.

Einige ausgewählte Mechanismen der Abwehr

Die für unseren Kontext wichtigsten Abwehrmechanismen sind, hat man sie erst einmal gelesen und auf sich wirken lassen, bald verstanden, zumal, wenn man sich auf einen Satz von Georg Groddeck einlässt: »Den nicht salonfähigen eigenen Verhaltensweisen Zutritt gewähren, somit die eigene ›Menschlichkeit‹ akzeptieren, weckt Verständnis für die Abwehr, die man bei anderen erlebt.«

Hier nun die Mechanismen einzeln besprochen:

Leugnen – nicht wahrhaben wollen
Hierbei setzt ein Ausschlussmechanismus ein und verursacht eine Wahrnehmungsstörung.

Leugnen bedeutet auf der einen Seite ein verzerrtes Bild der eigenen Person (»Ich doch nicht!«) und auf der anderen Seite ein Losgelöstsein von der Umgebung: »Ich habe die Situation, in der ich dem Mitarbeiter die Entlassung mitteilen musste, gar nicht richtig wahrgenommen.« – »Ich war wie benommen: Das habe ich getan, sagt mein Gedächtnis. Das hab ich nicht getan, sagt mein Stolz und bleibt unerbittlich. Endlich – gibt das Gedächtnis nach.« (F. Nietzsche, »Jenseits von Gut und Böse«)

Leugnen ist häufig eine Notfallmaßnahme in Stresssituationen. Sie schützt vor unerträglichen Situationen oder zu schwer erscheinenden Entscheidungen, vor zu erwartenden Schmerzen: »Nein, meine Galle habe ich noch nie gespürt«, belügen wir den Arzt, wenn wir eine ungünstige Diagnose fürchten.

Wer sich auf solche Bewältigungsstrategien zurückzieht, zieht sich damit aus dem Bereich bewusster Wahrnehmung zurück. Im Extremfall leugnet er einen ganzen Lebensbereich.

Verschiebung

Bei dieser Form von Abwehr wird der eigentliche Ärger, auch die eigentliche Zuneigung, auf jemanden anderes verschoben. Der Mann, der sich im Dienst nicht gewürdigt fühlt, straft seine Frau mit Nichtbeachtung oder Herabwürdigung. Ein wichtiges Gespräch wird aus Furcht vor den Konsequenzen auf ein anderes Thema gebracht und da möglichst auch gehalten.

Ein »Kommen wir doch mal zur Sache« hilft auch nicht weiter. Der Abwehrende hüpft mit erstaunlicher Geschicklichkeit auf ein weiteres unverfängliches Thema.

Hier kann nur ein mutiger Hinweis auf das Geschehen helfen: »Mir fällt auf, dass wir vom Thema abkommen, ich würde gerne bei unserem verabredeten Thema bleiben oder erfahren wollen, warum Sie abweichen?«

Regression

Solange ich nicht erwachsen war, konnte ich nur für Teilbereiche meines Tuns und Denkens verantwortlich gemacht werden. Daran habe ich gute Erinnerungen. Also flüchte ich mich doch klugerweise in meine auf Hilfe angewiesene Kindlichkeit, wenn es als Erwachsener schwierig wird: »Das hab ich nicht gewusst. Das konnte ich nicht einschätzen. Ich kann doch nichts dafür. Man müsste mir doch helfen.« So und noch viel einfallsreicher lässt man sich zurückfallen in das bequeme Ich-kann-doch-nicht-Schema, das einen nicht verantwortlich macht. Die Forderungen an die Person werden reduziert, so hofft man.

Anders dagegen die passive Regression, die wir in Zeiten schwerer Krankheit erfahren, besonders dann, wenn man bitter erleben muss, dass normale Lebensvollzüge nicht mehr funktionieren. Häufig wird dann schon Hilflosigkeit signalisiert, wo eigentlich noch Selbstständigkeit zu erwarten wäre.

So ist Regression immer auch die inadäquate Wiederbelebung von Konstellationen früher Entwicklungsstufen. Um Veränderung herbeizuführen, ist es notwendig, den Abwehrenden konsequent in seinem Erwachsenen-Ich zu halten oder dorthin zu führen.

Verdrängung

Die Verdrängung nimmt eine Sonderstellung unter den Abwehrmechanismen ein. Sie kann noch bewältigen, was andere Mechanismen nicht mehr schaffen. Verdrängung braucht nicht ständig neu in Betrieb gesetzt zu werden. Die unerwünschten Antriebe und Bedürfnisse sind soweit aus dem aktuellen Erlebnisfeld ins Unbewusste abgedrängt, dass sie nicht mehr erlebnisfähig sind. Bereits auf ein erstes Angstsignal setzt der Verdrängungsmechanismus ein. Er antwortet sofort auf eine so genannte Signalangst, manchmal mit einem ablenkenden Scherz (Medizinerwitze), manchmal, indem er die Aufmerksamkeit auf andere Themen lenkt.

Das ist in manchen Fällen sehr barmherzig. Niemand denkt gerne allzu lange auf der Problemschiene. Aber verdrängte Ängste oder peinliche Erlebnisse werden leider durch die Verdrängung nicht unwirksam, sie arbeiten im Verborgenen und zeigen sich in verhüllter und verschlüsselter Form, in körperlichen Symptomen, auch in neurotischen Auffälligkeiten. Aber wie immer ist das Unbewusste immens ehrlich, es macht sich z. B. in Versprechern und Fehlhandlung Luft oder inszeniert im ungeeigneten Augenblick eine ungeeignete Szene.

Auch hier bei der Verdrängung gilt, dass sie erst nachträglich rekonstruierbar ist. Hier kann frühzeitige aufmerksame Wahrnehmung in manchen Fällen zum Erfolg führen.

Rationalisierung – Intellektualisierung – Isolierung

Hier wird emotionale Unsicherheit und das Unvermögen, Gefühle auszudrücken in einen fest umrissenen, beschreibbaren Ausdruck verwandelt. Die Gefühlsregung wird sozusagen in ein festes Gewand gekleidet und damit beherrscht, rationalisiert. »Vernünftige« Gründe rechtfertigen das Verhalten. Notfalls diskutiert man über die Stichhaltigkeit verschobener Gründe stundenlang, anstatt zum Eigentlichen zu gelangen In mehr kopfgesteuerten Kulturen sind Trauerfeiern ein Anlass zu dieser Art von Abwehr, während in Mittelmeerkulturen wenig rationalisiert wird. Gefühlsausbrüche haben dort in Jubel und Trauer ihr direktes Ventil.

Wenn man bei vermuteten Rationalisierungen ganz gezielt nach den Gefühlen fragt, bekommt man zur Antwort: »Nein, nein, da liegen Sie völlig falsch. Ich habe keine Ahnung, wovon Sie sprechen.« Nicht selten ist der Gefühlsbereich wie abgespalten.

Nicht weit entfernt von der Rationalisierung finden wir die Isolierung als Abwehrfunktion sehr strukturierter, ordnungsliebender Menschen. »Wir müssen uns der Vernunft unterordnen« heißt es bei ihnen, indem sie die Gefühle und Empfindungen vom tatsächlichen Geschehen abkoppeln, isolieren.

Ebenso zerlegen sie einen Gesamtvorgang in viele kleine Arbeitsschritte bzw. Details, um den affektbeladenen Teil in geringerer Menge zu verkraften.

Verkehrung ins Gegenteil

Hier wird Wut zur Überfürsorge, wird Liebe zu Hass.

Wird zu dieser Haltung und Handlung gegriffen, so handelt

es sich zumeist um eine starke Kränkung des Betroffenen, z. B. unerwiderte Liebe, oder um ein großes Verlusterlebnis, dessen Inhalt ins Gegenteil umgewandelt wurde. Es sind die Trauben, die zu hoch hängen, aber sowieso sauer sind. Gelegentlich wird derjenige, auf den man eigentlich Wut hat, auch überversorgt. So soll erreicht werden, dass die Wut auf gar keinen Fall zutage tritt. Öfter noch müssen Unbeteiligte herhalten und werden zu Adressaten eines fehlgeleiteten Impulses.

Abwertung – Bagatellisierung

»Es hätte ja doch nichts getaugt.«

»Von dem ist ja gar nichts anderes zu erwarten.«

»Wenn du das schon als Problem ansiehst.«

Wie immer Abwertung auch ausgedrückt wird, verbal oder gar nonverbal, sie schafft eine Barriere, bei der Aufeinanderzugehen nur noch schwer möglich ist.

Abwertung ist eine Quelle von Blockierungen im zwischenmenschlichen Bereich, zumal auch zunächst unerheblich scheinende Abwertungen allzu rasch im unteren Teil des Eisbergs (siehe Seite 157f.) auf nicht aufgearbeitete Erlebnisse ähnlicher Art stoßen und diese aktualisieren. Schon verstärken alte Geschichten das aktuelle Geschehen.

Darum sollten Abwertungen besonders aufmerksam behandelt werden. In aller Regel will Abwertung Schuldgefühle oder Minderwertigkeitsgefühle in Schach halten. Auch hier findet man die hoch hängenden Trauben.

Projektion

Anderen Menschen oder Gruppen zuschreiben, was einen eigentlich selbst betrifft, an anderen entdecken, was man an sich selbst nicht wahrhaben will oder nicht mag, das sind die Aktionen der Projektion (lat.: vorauswerfen). So schützen sich Menschen vor der Wahrnehmung von Impulsen und Gefühlen bei sich selbst, die ihnen unerwünscht erscheinen oder die sie an sich verkennen. Wesensfremde Elemente werden nach außen verlagert und anderen Personen angehängt (projiziert). Der andere gilt dann als berechnend, egoistisch oder aggressiv. Dieser Vorgang bewirkt eine doppelte Störung: Ich verstehe mich selbst nicht adäquat, und der andere ist überrascht von meiner Sicht von ihm. Das führt zu starker Selbsteinkapselung beider Seiten. »Sozialer Autismus« prägt dann die Grundstimmung der Kommunikation. Der »Nutzeffekt« einer solchen Haltung kann vielschichtig sein. Auf jeden Fall aber spielen zwei Komponenten eine Rolle:

– Die Projektion kann eine gewisse Ersatzbefriedigung bewirken, weil man sich über die als verderblich empfundenen Regungen entrüsten darf, ohne selbst betroffen zu sein.
– Projektion kann auch dazu dienen, die eigenen Schattenseiten zu bestrafen, indem man sie nun im anderen – aber eben an der falschen Stelle – bekämpft (»Sündenbock«), oder indem man sich mit der vermeintlichen Verderbtheit des anderen »geschlagen« fühlt.

»Wie kannst du sagen zu deinem Bruder: Halt still, Bruder, ich will den Splitter aus deinem Auge ziehen, und du siehst selbst nicht den Balken in deinem Auge?«, heißt es in der Bibel (Lukas 6,42).

»Fass dich mal an die eigene Nase«, sagt der Volksmund.

Die meisten Abwehrmechanismen unterliegen kaum einer willentlichen Kontrolle. Es versteht sich daher von selbst, dass es sich dabei selten um Objektivität handeln kann. So kann das Hinführen zu objektiven Wahrnehmungen und Tatbeständen eine Hilfe für den Abwehrenden sein.

Wir könnten die Reihe der Abwehrmechanismen noch erweitern, wollen hier aber den Schwerpunkt bei oben genannten belassen, da diese die Hauptmitspieler in der zwischenmenschlichen Kommunikation sind.

Werkzeuge zur Bewältigung

Nun ist die Frage offen, wie in zwischenmenschlichem Umgang die Abwehr aufgespürt und möglichst gering gehalten werden kann. Dagegen steht die Annahme und die Erfahrung, dass Abwehr durchaus auch positive Hilfestellung leistet, wo das Geschehen in der Tat sonst zu angstauslösend, zu bloßstellend oder aus anderen Gründen zum Scheitern verurteilt wäre. Eine starke Abwehr macht vermeintlich stark für Anforderungen, mit denen Erwachsene konfrontiert werden, lässt gleichzeitig aber auch das Kind im Erwachsenen verdorren, diese Instanz, die gefühlsbegabt ist, die spontan, kreativ und unkontrolliert handelt.

Je mehr kindliche Elemente im Erwachsenen leben dürfen, umso spontaner bricht der Triebimpuls durch und lässt die Abwehr zusammenbrechen. Auf solche spontanen Reaktionen sind wir angewiesen, wenn wir auf die verborgenen Gründe der Abwehr reagieren wollen.

Um damit Angst abbauend und Beziehung schaffend umzugehen, bedarf es einer einfühlsamen Übersetzungstechnik, bei der uns ein hohes Maß an Empathie ebenso zur Seite steht sowie Intuition und eine grundsätzlich positive Einstellung zur eigenen Stärke und zu der des anderen, in schwierigen Situationen offen zu reagieren.

Bei sich selbst wie beim anderen ist es immer sinnvoll zu erfragen, wovor diese Abwehr schützen soll, was diesen Schutz unnötig machen würde und wie das zu erreichen wäre.

In seltenen Fällen nur muss Abwehr erhalten bleiben.

Auch bei der Auflösung von Abwehr fängt der Weg immer bei mir selbst an. So kann sich auch nur jeder selbst folgende Fragen stellen, deren Antworten ihm helfen werden, sich und seine Wirkung auf andere besser zu verstehen und so Kommunikation intensiver zu gestalten.

— Welche Anforderung aus dem Über-Ich musste ich als Kind und Jugendlicher am dringendsten abwehren? Welchen Bedürfnissen durfte ich auf gar keinen Fall nachgeben und wa-

rum nicht? Schildern Sie sich die damalige Konstellation und achten Sie darauf, welches Gefühl dazu aufkommt.
– Mit welcher Abwehr habe ich früher am meisten erreicht?
– Wenn ich an meine Kommunikationspartner denke: Mit welchem Verhalten des anderen kann ich nur schwer umgehen, fühle ich mich ausgehebelt? Was hat das mit mir zu tun? Wie könnte ich mir Zugang verschaffen?

Vom Umgang mit Übertragungen und ihre Folgen – Wie löse ich mich vom zwischenmenschlichen Irrtum?

Wenn ich etwas übertrage, so wechselt ein Objekt den Besitzer,

etwa eine Aufgabe zur selbstständigen Erledigung an einen Mitarbeiter,
eine Entscheidungsvollmacht an eine andere Person
oder mein Besitz an die Kinder.

Wenn man dagegen im Zusammenhang mit Kommunikation von einer Übertragung spricht, handelt es sich um eine Verwechslung, um einen Irrtum. Eindruck und Verhalten, die ich bei einer Person oder einer Situation empfinde oder zeige, werden ohne Reflexion auf eine andere übertragen. Man nimmt an, es müsse genauso sein. Das passiert häufig im alltäglichen Umgang von Mensch zu Mensch: Der eine ist so blond wie der andere. Also muss dieser selbstverständlich auch Norddeutscher sein. Oder: Eine schlechte Erfahrung mit dem ersten Partner wird bei allen folgenden Beziehungen auch unreflektiert vorausgesetzt: »Alle Männer sind eben …«

Der Begriff der Übertragung stammt aus dem theoretischen Verständnis Sigmund Freuds, und er beschreibt diesen Sachverhalt wie folgt:

»Wenn der Patient anfängt, seine unbewussten Tendenzen zu

erfassen, tritt ein merkwürdiger Zustand ein. Er beginnt z. B. den Analytiker zu lieben, und seine Liebe wird nach einiger Zeit zu leidenschaftlicher Verliebtheit, oder sie schlägt in Hass um. Diese Emotionen haben selten mit der Person des Analytikers zu tun, sie sind die ›Übertragungen‹ von tief verdrängten Gefühlskonflikten der Kindheit, von Liebe und Hass gegen die frühesten Objektbesetzungen (meistens gegen die Eltern), die jetzt in anderer Form wiederholt werden.«

Diesen Begriff der Übertragung wollen wir auch hier übernehmen und uns mit ihm auseinander setzen, weil er sich allzu häufig in die Alltagswelt zwischenmenschlicher Begegnungen mischt und seine Wirkung eine nicht unwesentliche Rolle im Umgang spielt. Zumal da, wo es sich um Kommunikation in Hierarchien handelt, ist Übertragung eine der häufigsten Wahrnehmungsverzerrungen, auf beiden Seiten.

Auch hier sprechen wir, wie im therapeutischen Bereich, von positiver oder negativer Übertragung, die beide gleichermaßen die Beziehung verzerren. Bei einer positiven Übertragung wird die verwechselte Person hoch gelobt und/oder idealisiert, während diese sich bei negativer Übertragung unerwartet in der Rolle des Bösewichtes findet, ohne zu wissen, warum.

In privater wie beruflicher Situation treffen wir auf Menschen, die uns in irgendeiner Weise an Personen erinnern, die uns im Guten wie im Schlechten in früheren Zeiten geprägt haben: Eltern, Geschwister, Lehrer, Freunde, Freundinnen, Chefs usw. Je früher das geschah, desto nachhaltiger ist die Prägung durch sie. Diese Erinnerungen werden ausgelöst durch die Art zu denken oder zu argumentieren oder durch äußerliche Ähnlichkeiten z.B. in der Gestik, der Sprache, der beruflichen Position. Wir sehen plötzlich im anderen die entsprechende frühere Person und verhalten uns ihm gegenüber so, wie wir uns jener Person gegenüber verhalten haben oder gern verhalten hätten, es aber nicht durften.

Subjektive Erfahrungen aus der Biographie werden in das aktuelle, objektive Geschehen hineingeflochten, ohne dass es bewusst wäre. Diesen Vorgang nennen wir Übertragung.

Dabei werden nicht nur negative Erinnerungen, Gefühle und Handlungsmuster aus der Vergangenheit in die momentane Situation hineingenommen, sondern auch positive. Beides ist, wie gesagt, gleich störend und verzerrt die Beziehung.

Eine Übertragung ist immer ein »Irrtum« in Zeit, Ort und Person! Ehe diese falsche Einschätzung nicht aufgedeckt und, so gut es geht, aufgelöst wird, kann die gegenwärtige Situation und der gegenwärtige Mensch nur verzerrt wahrgenommen werden. Es wird dann dementsprechend unangemessen gehandelt. Viele Enttäuschungen entstehen in diesem Moment des Handelns, in dem man erkennt, dass der andere nicht der ist, für den man ihn gehalten hat. Durch unbewusste Selbsttäuschung hat man den anderen nicht in seiner Realität erkennen können.

Weiterhin leiten wir aus der Übertragung Verhaltenserwartungen an den Anderen ab. Unser Gegenüber »soll« (Anforderung) oder »wird« (Prognose) sich so verhalten, wie Vater, Mutter, der große Bruder, die Lehrerin sich damals uns gegenüber verhalten haben.

Während in der therapeutischen Situation die Arbeit an der Übertragung eine der wichtigsten Aufgaben für den Klärungsprozess der unbewussten psychischen Dynamik und der daraus resultierenden Konflikte ist, äußert sich eine Übertragung in Arbeitsgruppen ebenso wie in der Therapie in positiven und negativen Affekten, in zärtlichen oder feindseligen Einstellungen, gelangt aber in Arbeitszusammenhängen nicht ins Zentrum der Aufmerksamkeit, sondern wird nur, wenn sie das aktuelle Geschehen stört oder behindert, vorübergehend zum Problem, das gelöst werden muss.

Nicht bei jedem Ärger oder bei jedem anziehenden Gefühl handelt es sich gleich um eine Übertragung.

Anzeichen für eine Verwechslung, für einen Irrtum in Situation und Person liegen erst dann vor, wenn jemand mit übertriebener Hartnäckigkeit und Intensität oder sehr plötzlich und unangemessen stark agiert oder reagiert. Wenn schon ein freundliches Wort beim Gegenüber als ein Angebot zu intensiver Freundschaft gedeutet wird oder ein fehlendes Lächeln gleich Ängste oder wilde Phantasien hervorruft, liegt wahrscheinlich eine Übertragung vor.

Sobald jemand in Führungsposition steht, als Vorgesetzter, Lehrerin, Arzt dem Patienten gegenüber, selbst als Polizist, werden fast unvermeidlich Übertragungen ausgelöst, vor allem im Hinblick auf Autoritäten, wie Menschen sie im Laufe ihrer Sozialisation erlebt haben. Vom Therapeutischen her ist diese Situation von großem Vorteil, kann sie doch als Material für die Besserung psychischer Störung genutzt werden. Im Arbeitsverhältnis ist sie dagegen noch weniger von Vorteil wie im privaten Umgang, verstellt sie doch den Blick auf die aktuelle zwischenmenschliche Realität und führt zu einer unnützen Abhängigkeit aller Beteiligten.

An all diese Übertragungen knüpfen sich unreflektierte Erwartungen an, ja mehr noch: man glaubt fest daran, dass das Gegenüber so und nicht anders reagieren wird und ist nicht mehr offen für die tatsächliche Reaktion. Zu deutlich hat sich die spontan wiederbelebte alte Affäre in den Vordergrund gedrängt.

Ob positiv oder negativ besetzt, Übertragungen verstellen das wirkliche, aktuelle, gültige Bild, und es kann nicht der Weg sein, über eine Übertragung zum erwünschten Erfolg zu gelangen.

Wird man in eine Übertragung wie oben geschildert verwickelt, so sollte man sich hüten, in einer so genannten

Gegenübertragung

zu verharren Diese ist nichts weiter als eine Gegenreaktion an Gefühlen, Gedanken und Handlungsimpulsen und entspricht ebenso wenig der momentanen Situation, sondern liegt in der eigenen Biographie aller Betroffenen begründet und wird nun wieder belebt.

Mit Übertragungen und Gegenübertragungen konstruktiv im Sinne von persönlicher und sozialer Kompetenz umzugehen, erfordert kontinuierliche Aufmerksamkeit, erfordert die eigenen und die Gefühle des anderen zu identifizieren und auf ihre Angemessenheit zu überprüfen.

Ein verbindliches Lern- und Trainingsprogramm kann es nicht geben und sowohl Übertragungen als auch Gegenübertragungen werden nie aufhören, weil Früherfahrungen des Menschen immer ihre Spuren hinterlassen.

Folgende Fragen und Tipps können aber helfen, bewusster dem beschriebenen Phänomen gegenüberzustehen.

1. Woran erkennt man eine Übertragung?

Wichtigstes Werkzeug, um einen Hinweis auf einen dieser Irrtümer zu bekommen, ist ein sensibler Blick auf das aktuelle Geschehen und ein sensibles Ohr, welches die übliche zwischenmenschliche Musik kennt und falsche Töne heraushört: »Das, was ich da als Antwort höre und sehe, kann durch das, was ich gesagt und getan habe, eigentlich gar nicht ausgelöst worden sein!

Wieso werde ich so hoch gelobt?

Wieso wird meine Leistung so klein gehalten?

Die Wortwahl ist merkwürdig überschwänglich oder unvermutet cool.«

Oder einfach: »Komisch«

So etwa gelangt man auf die Fährte einer Übertragung und damit häufig auch auf eine Konfliktspur.

2. Was tun, wenn es zu Übertragungen kommt?

1. Zeit nehmen und Zeit geben:

Menschen neigen im Allgemeinen dazu, am Bekannten und Gewohnten auch dann festzuhalten, wenn es nicht nur angenehm für sie ist. Zeit, gepaart mit begleitenden Maßnahmen von außen, ist darum ein wichtiger Faktor, um von der gewohnten Blickrichtung zu einer neuen zu kommen. Schließlich müssen ja die Gedanken eine Änderung erfahren. Ebenso müssen die Gefühle dem Neuen entsprechen. Und letztlich muss ein neues

Handlungskonzept entworfen und eingeübt werden, welches dem aktuellen Gegenüber, dem jetzigen Chef, dem tatsächlichen Partner entspricht, und nicht der Übertragungsfigur (s. auch Abb. 17).

2. Konfrontieren, Einsichten ermöglichen

Zeit allein tut es nicht. Anders als in der entsprechenden Therapiemethode, in der die Übertragung zunächst als Vehikel zur Gesundung genutzt wird, sollten vermutete Übertragungen so früh wie möglich angesprochen werden, die Betroffenen sollten konfrontiert werden mit den Fakten, die beim andern zu Vermutung und Phantasie führen. Hier gilt: Sprechen miteinander anstatt sprechen übereinander. Nur so kann Einsicht und Klärung ermöglicht werden, die dann zu einem weiteren Schritt der Auflösung führt.

3. Gegenseitige Absprachen treffen

Auf der Grundlage der Klärung der realen, aktuellen Situation kann ein Regelwerk von Absprachen helfen, wie es auch für andere Situationen der Veränderung gilt: von engmaschigen Regeln bis hin zu losen Absprachen, so wie sich der Gegenstand der Übertragung auflöst.

Diesen Idealfall haben wir nicht immer. Wo sich die Übertragung hartnäckig hält, ist es umso wichtiger,

- dass der davon Betroffene authentisch und einschätzbar ist: »Ich bin ich!«,
- dass er sagt, was er tun wird und dann tut, was er gesagt hat,
- dass er sein Gegenüber zur Realität erzieht, und nicht zuletzt,
- dass er sich mit seiner Gegenübertragung beschäftigt, mit den Gedanken, Gefühlen und Impulsen, die die Situation bei ihm auslöst.

Nur, wenn dieses alles keinen Erfolg zeigt, ist es an der Zeit, die unheilvolle Übertragungssituation mit Hilfe eines Coaches oder Therapeuten zu klären. Aber erst dann.

Teil 3

8 Es ist noch kein Meister vom Himmel gefallen

Wie Lernen sozialer Kompetenzen gestaltet werden kann

In diesem Kapitel sollen Erklären und Verstehen ins Umsetzen und Trainieren weitergeführt werden. Das Aneignen von Wissen über Aspekte der sozialen Kompetenz hilft noch nicht, um sich selbst und andere ernst zu nehmen und das Zusammenleben so zu gestalten, dass es nachhaltige Qualität in den Handlungen erlangt.

Erst der Schritt über das Verstehen hinaus, das Einüben, ohne Eile, beharrlich und ohne zu frühe Benotung kann Veränderung bewirken. Wozu Hänschen in vielen Jahren keine Gelegenheit hatte, dazu muss Hans jetzt Geduld aufbringen.

Um soziale Kompetenz zu erlernen oder zu trainieren braucht man keinen neuen Knigge oder gar neue Managementinstrumente. Man kann einfach auf die alten Klassiker zurückgreifen,

⇨ auf das Gespräch in seinen vielen Varianten;
⇨ auf geschulte Wahrnehmung;
⇨ auf das Herstellen von Situationen;
  die ein persönliches Lernfeld bieten;
⇨ auf das Einüben von förderndem Feedback.

Nicht zuletzt greift das Lernen sozialer Kompetenz wie von selbst auf alte und neue Vorbilder zurück, auf solche, mit denen man selbst positive zwischenmenschliche Erfahrungen gemacht hat oder bei denen man solche beobachten kann. Damit sind andere Qualitäten gemeint als ein bloßes Rhetoriktraining.

Forschungsergebnisse haben gezeigt, dass nicht nur Wissen und Fertigkeiten, sondern ebenso Verhaltensweisen während des ganzen Lebens gelernt und verändert werden können, wenn auch der Prozess langwierig ist. Schüler werden in fast allen Fächern aufgefordert, für später, für das Leben zu lernen. Soziale Kompetenz lernt man nie für später, immer für jetzt, ob man noch Kind oder schon erwachsen ist. Die Erprobung und die Rückmeldung findet direkt statt. Wir erfahren sie als Echo aus dem Verhalten der anderen. Würde man nur für später lernen, würde das Hier- und Jetzt-Dasein der Zukunft geopfert. Trennung von Leben und Lernen ist ein unguter kultureller Tatbestand und keine biologische Notwendigkeit. Anders als bei Kindern und Jugendlichen betritt der Erwachsene außerdem bei diesem Lernen kein Neuland. Er muss neben dem Erlernen von Neuem auch alte Verhaltensweisen verlernen, muss »vergessen«, was er nicht mehr braucht. Dummerweise gibt es keine Verlern-Lehrpläne. Wie viel schwerer aber ist bei individuumsbezogenen Inhalten, was schon im technologischen Bereich Schwierigkeiten bereitet, nämlich lange praktizierte Zusammenhänge zu ignorieren und sich dem aktuellen Lösungsweg zuzuwenden: Der Kopf muss es verstehen, das Gefühl muss es akzeptieren und eine Handlungsstrategie muss entwickelt und geübt werden.

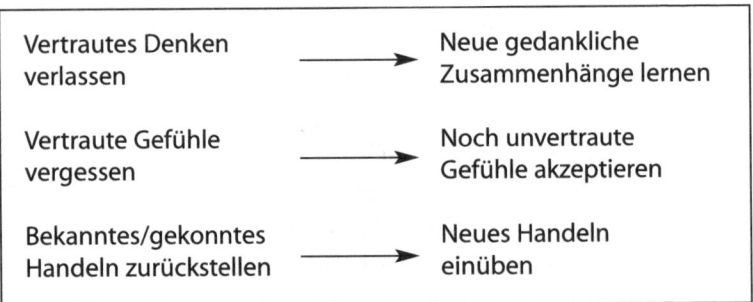

Abb. 17: Veränderung gestalten

Obendrein wird diese Weiterentwicklung von Außenstehenden oft gar nicht gern gesehen, sind sie doch selbst zu einer Auseinandersetzung mit der Veränderung ihres Gegenüber herausgefordert.

Auch darum bleibt das Angebot des lebenslangen Lernens oft nur eine schöne Idee. Aber die reiche Ernte, die eine gut entwickelte soziale Kompetenz für den Einzelnen wie für sein Umfeld bedeutet, ist aller Mühen wert.

Über die angeführten Aspekte hinaus ist eine gewisse Intimität des Lernstoffes, welche unmittelbar auf das subjektive Empfinden des Lernenden trifft, ein möglicher Schwierigkeitsgrad. Es ist der Geschicklichkeit und dem Einfühlungsvermögen des Lehrenden aufgetragen, hier eine solche Lehrmethode zu wählen, die dem Lernenden als Mensch Respekt entgegenbringt und ihn auf seinem Lernweg ermutigt. Sich selbst zur Disposition zu stellen und dabei Schutz zu erfahren, macht diesen Weg des Lernens schwierig und erfolgreich zugleich.

Lernen von neuen sozialen Kompetenzen heißt immer auch Eingestehen von derzeitigem Unvermögen und Abschiednehmen von bekannten Gewohnheiten, mit denen man wenig Erfolg hatte. Manchmal konnte man den Nicht-Erfolg wenigstens teilweise auf andere Schultern verteilen. »Mit dem kann man sowieso nicht reden« oder »Die Strukturen lassen anderes nicht zu«, hieß es dann. Das machte es aber auch nicht leichter.

Hier nun muss ein Prozess ausgelöst werden, in dem der Einzelne erfährt, in welcher Weise er Auslöser und Mitgestalter von zwischenmenschlichen Prozessen ist. Er lernt seine eigene Rolle, die Rolle der anderen und die Wirkung von beidem.

Welches also können die Lernorte für soziale Kommunikation über den Alltag hinaus sein? On the job – off the job – near the job, alles wird diskutiert. Wie die Entscheidung auch ausfallen mag, jedes Konzept sollte auf den Erfahrungen aus der eigenen Sozialisation sowie auf dem aktuellen Beziehungsgeschehen in Privatleben und Beruf aufbauen und das daraus resultierende Feedback auswerten. Auf diesem Hintergrund ergibt sich ein Konzept aus drei Schwerpunkten:

Wissensvermittlung

Praxisbegleitung

Angeleitetes Training

In einem Schema ausgedrückt kann das so aussehen:

Eigene Sozialisation mit biographischen Daten
als Ausgangspunkt oder Grundlage

Wissensvermittlung
Literatur
Studium
Konzepte

Angeleitetes Training
Seminare
Übungen
Rollenspiele
Videofeedback

Aktuelle Situation des Lernenden
Begleitete Praxis
Coaching
Supervision
Erfolg, Misserfolg
und seine Auswertung

Persönliche Entwicklung
Bewusstmachen und Prüfen
– des Selbstkonzeptes
– der Werteeinstellung
– der Kommunikationsmuster
– des sozialen Handelns
– der Reaktion auf das Umfeld

Kontinuierliche Begleitung
Kontinuierliches Lernen

Wie wir wissen, wird soziale Kompetenz immer wichtiger und kann gleichzeitig immer weniger als selbstverständliches Ergebnis von Erziehung und Sozialisation vorausgesetzt werden. Daraus ergibt sich eine hohe Erwartung an nachhaltig und wirksam organisierte Fortbildungsangebote.

Diese wiederum können nicht im Kurzverfahren nachholen, was in Jahren wenig Aufmerksamkeit erhielt. Auch jetzt im Nachlernen und Umlernen kann man den Erfolg nicht einem 3- oder 5-Tage-Training abverlangen. Nach einem wichtigen Anstoß bleibt immer der noch wichtigere Schritt der Übertragung des Gelernten, der sich erst in Einstellung, Haltung und Handlung zeigen wird.

Die Lern- und Trainingsmöglichkeiten sind umfangreich, jedoch dürfen wir auch keine überhöhten Ansprüche an einzelne Personen stellen. In eindeutigen Überforderungssituationen sollte man darum besser die Situation ändern, im äußersten Fall sie umgehen, anstatt lehren zu wollen, was nicht lernbar ist.

Erster Lernort Familie

Viele und wechselnde soziale Situationen kommen im Laufe des Lebens auf die Menschen zu. Vor allem aber hat die Entwicklung in früher Kindheit den Grundstock für soziales Verhalten und Handeln gelegt.

Kein Mensch ist eine Augenblickspersönlichkeit. Er ist ausgestattet mit der Energie, die aus der Herkunft stammt, aus persönlicher und kollektiver Geschichte, aus Erlebnissen, die seine Familie und damit auch ihn geprägt haben.

Im Schutze und durch Einflüsse von Elternhaus und Schule entwickelt er sich zu einem sozialen Menschen besonderer Prägung. Früh schon wird deutlich, welcher Grundtyp dieser Mensch sein wird und wie er seine Einstellung zum Leben gestalten wird. Durch bewusste Erziehung, mehr noch durch Vorbildfunktionen anderer wird er Schritt für Schritt zum Dirigent seiner eigenen Person und gewinnt dabei Eigenständigkeit im sozialen Umfeld.

Kinder lernen über Jahre hinweg durch die unterschiedlichsten Interaktionsmuster, sich in verschiedensten Situationen »richtig« zu verhalten. Dabei ist die Breite der angebotenen Verhaltensweisen unterschiedlich bemessen. Einer sehr rigiden Verhaltensskala steht in anderem Umfeld ein frühes Selbsterkunden von Verhalten gegenüber. So muss jeder im Laufe des Heranwachsens seine eigenen Erfahrungen sammeln, um zu sozialen Orientierungsmustern zu gelangen, die auch weiterhin für das zu erwartende Umfeld Gültigkeit haben.

In jeder aktuellen Situation sind die frühen Erfahrungen Mitgestalter zwischenmenschlicher Strukturen, geben Erlaubnis zu bestimmtem Verhalten oder verbieten sie. Es bedarf meist erst eines besonders gravierenden Anlasses, um alte Muster nachhaltig zu korrigieren. Es ist gerade die sehr frühe Verwurzelung von Verhaltensweisen aus affektiver Lernphase, die sich nachträglicher Anpassung widersetzt.

Schon im Babyalter (genau genommen schon vor der Geburt) beginnt die zunächst nonverbale Gestaltung des Kontaktes, hier schon erfährt der Mensch das Gebundensein und das Sich-lösen-Können auf emotionaler Ebene. Mit der Zwiesprache von Mutter und Kind werden erste Schritte in das soziale Netzwerk des Lebens getan. Besonders deutlich wird diese frühe Verankerung erst recht, wenn man in problematische Situationen gerät, wenn Stress, persönliche oder soziale Überforderung den Lebensfluss stoppen. Auch andere emotional stark besetzte Situationen wie eine neue starke Bindung, ein Verlust oder eine Krankheit lassen Menschen zurückfallen in kindliche Verhaltensmuster. Dann erst recht sollen die alten Verbindlichkeiten gelten. Manch einer bleibt so sein Leben lang der kleine Liebling, auch wenn er längst in Führungsverantwortung steht und genau weiß, dass hier der Liebling nicht immer Liebling sein kann.

So sehr wir uns auch bemühen, Entwicklung offen zu gestalten, immer bleibt die Auswahl der Aktionsmöglichkeiten in sozialen Situationen begrenzt.

Aber das Leben fordert mehr. Umso dringender müssen Kinder und Jugendliche in persönlicher Kontaktpflege geschult werden und in die unterschiedlichsten sozialen Situationen hineinwachsen. Keine Theorie kann hier das Übungsfeld ersetzen.

Feste Gruppen sowie wechselnde Situationen in Kindergarten, Schule und Jugendeinrichtungen sind das unverzichtbare Aktionsfeld, um zu erlernen,

- wie man sich ohne den Schutz der Eltern arrangiert,
- wie man sich in gleichrangigen Beziehungen behauptet,
- wie Konkurrenz und Rivalität gestaltet werden,
- wie man Freunde findet und Freundschaften pflegt, und wie es ist, wenn man eine ältere Bezugs- und Autoritätsperson mit anderen teilen muss.

Besonders wichtig sind diese Lernanstöße, weil in den vorherrschenden Kleinfamilien diesen Situationen gar nicht begegnet wird. Selten nur noch erleben Kinder einen Geschwisterkreis. Auch wenn dieser keineswegs durch Harmonie und Gleichrangigkeit geprägt ist, bietet er einen schwer zu ersetzenden Lernort für das Leben. Intensiver, weil kompromissloser kann hier erfahren werden, was es heißt, Lust und Leid teilen zu können oder teilen zu müssen, seinen Platz zu behaupten und zugewiesene Rollen auszugestalten oder nur zu verändern.

Vor allem aber ist die Geschwisterkonstellation der Ort, an dem man lernt, als einer unter mehreren mit höher gestellten Personen umzugehen. Ob man sich versteht oder nicht, Geschwister bleiben Geschwister, und aus dieser Sicht sind Eltern, deren Zuwendung man sich teilen muss, mit erheblicher Macht ausgestattet. Das erinnert dann schon einmal an den Berufsalltag, in dem man den Vorgesetzten mit anderen teilt.

So findet man aus dem Material der eigenen Geschichte mehr oder weniger gradlinig zu einem Platz in der Gesellschaft und zu verbindlichen Konzepten des Umgangs.

Zwischenstopp bei den Eishockeyspielern:
Soziale Kompetenz – sportlich gesehen

Jeder, der sich in den letzten ca. 7 Jahren mit dem wirtschaftlichen Auf und Ab in Europa beschäftigt hat, muss bemerkt haben, welchen unerwarteten Aufschwung Finnland genommen hat, dieses Land am Rande Europas. Kaum eine Konjunkturstatistik, in der Finnland nicht führend wäre.

Dafür soll es eine ziemlich ungewöhnliche Erklärung geben:

Der finnische Philosoph Esa Saarinen ist sich sicher, dass ein »Liebesbrief« der Auslöser für diesen Domino-Effekt war. Er bedachte dieses Ereignis mit einem Buch, das den Titel »Poppamies« trägt, der Wunderheiler.

Welche Geschichte verbirgt sich hinter dem Wunder und der Person, die es vollbrachte:

Jumalan selän takana, hinter dem Rücken Gottes, mit dieser Redewendung beschrieben die Finnen lange Zeit die Lage ihrer Nation. Geographisch, sozial und vor allem wirtschaftlich im Schatten.

Dann aber, in der Mitte der 90er Jahre, und in der Nacht vor einem wichtigen Spiel, schrieb der Eishockeytrainer Curre Lindstrom jedem einzelnen seiner Spieler einen »Liebesbrief«.

»Glaub an dich, du bist gut«, so lautete die Botschaft. »Es ist nicht falsch, zu gewinnen, auch Finnen dürfen gewinnen, entspann' dich, du kannst genug und du hast verdient zu gewinnen.« Viel mehr Worte waren es nicht und schon gar keine technischen Hinweise, aber diese wenigen Worte und die Tatsache, dass jeder Spieler seinen eigenen Brief bekam, setzte das noch schläfrige psychische Potenzial für den so ersehnten Sieg frei und schweißte die Mannschaft auf dieser Ebene zusammen.

Das lässt sich nur von zwei Komponenten her verstehen: Aus der Landesgeschichte und aus der Mentalität dieses Volkes.

Der Sieg gelang nämlich über die stets eleganten Schweden, diese gleichzeitig beneideten und verhassten Nachbarn, wurde doch die finnische Provinz über 600 Jahre lang von Stockholm aus, dem Ort, in dem das Spiel diesmal stattfand, regiert. Noch nicht einmal 100 Jahre ist die Befreiung zu einem eigenen Staat her. Diese lange Fremdherrschaft hat zwar bei den Finnen zu starkem Zusammenhalt und zu bescheidener Bestimmtheit geführt, aber auch jenes »hinter dem Rücken Gottes wohnen«, wach gehalten, was die Fähigkeit betrifft, auf der Seite der Gewinner zu sein.

Erst der kleine Brief, an die einzelne Person gerichtet, gab die Erlaubnis und das Selbstbewusstsein, Ehrgeiz und Erfolgswillen offen zu zeigen, durch Können aufzufallen und sich abzuheben von den anderen.

Curre Lindstrom setzte ganz auf die Stärkung der persönlichen und der sozialen Kompetenz. Er gab sozusagen die emotionale Erlaubnis zu gewinnen und überwand derart unkonventionell die erfolgshemmenden Elemente, die, wie jeder wusste, nicht im Leistungsbereich zu finden waren. Der menschliche Teil der Zusammenarbeit konnte zum Zuge kommen. Nicht nur hiermit, aber vor allem hiermit, haben sie gesiegt, über sich selbst, über die gegnerische Mannschaft und über den alten schwedischen Schatten.

Von da an soll die Wirtschaft nach oben gegangen sein. Vielleicht stimmt es sogar.

Als Beispiele aus der Praxis werden im Folgenden drei Lernorte für soziale Kompetenz von drei Autoren vorgestellt. Das erste Beispiel führt uns in eine Schule. Sodann führt ein Autor in die berufliche Erstausbildung und in einem Interview erleben wir die Fortbildung von Führungskräften einer Behörde. Alle drei geben damit Antwort auf die Frage: »Wie muss Aus- und Fortbildung in sozialen Kompetenzen gestaltet sein, wenn diese als Schlüsselqualifikation im privaten und beruflichen Alltag gelten soll?«

Soziales Lernen im Schulprogramm der Jahrgänge 5 und 6

Ein Praxisbeitrag von *Feliks F. Hoff*

Vorüberlegungen

Als im Juni 2000 die Peter-Petersen-Schule (PPS) in Hamburg ihr Schulprogramm verabschiedete, war ein wesentlicher Programmpunkt das »Soziale Lernen« und krönte damit eine 7-jährige Entwicklung.

Ausgangslage

Gesamtschulen unterscheiden sich weiterhin von dem dreigliedrigen Schulwesen dadurch, dass sie in sehr komplexer Weise versuchen, Kinder mit unterschiedlichen Begabungen und Leistungsfähigkeiten, die aus allen sozialen Schichten stammen, gemeinsam zu unterrichten.

Statt Selektion zu betreiben, wird unter den gegebenen Möglichkeiten versucht, einerseits individuelle Förderung durch ein *differenziertes Lernangebot* zu schaffen, andererseits durch die Entwicklung von sozialen Fähigkeiten gewissermaßen die *Schlüsselqualifikation für Selbstständigkeit und Kooperation* zu entwickeln. Aus der Einsicht, dass »Soziales Lernen« nicht nebenher geschehen kann, ist an der PPS ein Modell entstanden, welches davon ausgeht, dass »Soziales Lernen« in allen Unterrichtssituationen stattfindet.

Angefangen hatte es mit einigen Kollegen 1993, als diese vor der Entscheidung standen, erneut Klassenlehrer für eine der 5. Klassen zu sein. Alle diese Kollegen hatten in den Vorjahren versucht, den so genannten »neuen Kindern« gerecht zu werden, indem geöffnete Formen des Unterrichts – als Fortsetzung der Grundschulpraxis – zu Beginn der Sekunda I praktiziert wurden. Allerdings erlebten sie sich dabei oft als Einzelkämpfer gegenüber den mitunterrichtenden Kollegen, so dass die Frage der Teambildung – mit der Hoffnung auf die gemeinsame Umsetzung – für den neu zu besetzenden Jahrgang eine Rolle spielte.

Zeitgleich erreichten die Schule Klagen aus der Wirtschaft, dass die Schule Einzelkämpfer ausbilde, die erst gruppenfähig gemacht werden müssten. Teamfähigkeit und Kooperationsbereitschaft sind jedoch Verhaltensweisen, die bei Firmen schon bei der Einstellung geprüft werden und bei der Vergabe von Ausbildungsplätzen mitentscheidend sind.

In den gleichen Zeitraum fiel die Entscheidung der Behörde, die Beratungsdienste zu reduzieren, so dass sich aus der Sicht von Beratung die Frage stellte, wie unter den veränderten Bedingungen weiterhin eine Betreuung zu leisten wäre. Könnten andere pädagogische Konzepte auch wirksame Prävention leisten? Könnten bislang von schuleigenen Spezialisten übernommene Arbeiten anders sichergestellt werden, z. B. durch Redelegation an die Lehrerkollegen im Bereich der Berufsorientierung oder an externe Praxen für therapeutische Angebote? Oder könnte ein Programm wie »Soziales Lernen« auffangend wirken?

Eher zufällig ergab sich diesmal die Konstellation, dass sich Kollegen zu einem Team zusammenfanden, um verschiedene pädagogische Absichten verwirklichen zu können, aber auch um neue Organisationsformen zur gegenseitigen Unterstützung zu erproben.

Die Vorplanung

ergab ein Modell, dass sich auf drei Säulen stützt:

Planung

1. Arbeit im Lehrerteam,
2. Anwendung von geöffneten Formen des Unterrichts,
3. Soziales Lernen.

Relativ früh würde die Wechselwirkung zwischen den folgenden Elementen deutlich:

- Das angestrebte pädagogische Konzept und seine Begleitung durch Dritte (Beratungsdienst und/oder IfL).
- Ausweitung des Methodenrepertoires der Unterrichtsformen (mehr Interaktion und Kommunikation).
- »Lernen lernen« und ein entsprechendes Methodentraining für die Schüler.
- Entwicklung von Strukturen, die Arbeitsverhalten und Kommunikation fördern.
- Weiterführung von Lern-, Arbeits- und Zusammenlebensformen, wie sie in der Grundschule schon begonnen wurden (Tischgruppen, Kreisgespräche, Streitschlichtung usw.).
- Reduzierung der Bezugspartner durch entsprechende Stundenplangestaltung.
- Schaffung von organisatorischen und materiellen Voraussetzungen, um das Konzept umsetzen zu können.

Die in diesen Prozess einbezogene Beratung entwickelte zusammen mit den Kollegen folgendes Modell:

Die beiden Religionsstunden sollen aufgrund der inhaltlichen Übereinstimmung von vielen dort benannten Lernzielen für das »Soziale Lernen« mitgenutzt werden.

Die Klassenlehrerstunde soll neben den organisatorischen Belangen ebenfalls die Prinzipien des »Sozialen Lernens« fortführen, außerdem soll in allen Fachunterrichten angestrebt werden, die Inhalte des »Sozialen Lernens« weiterzuführen, bestmöglich zu nutzen.

Als Sozialform in den Klassen soll die Tischgruppe mit 4–6 Kindern favorisiert werden.

Die Klassen des Jahrgangs sollen räumlich dicht beieinander liegen.

Es sollen möglichst wenige Kollegen in einer Klasse unterrichten, die sich durch »Verschränkung« (Klassenlehrer A ist Fachlehrer in B) gegenseitige Hilfe geben. Klassenübergreifende Unternehmungen sollen das Kennenlernen besser ermöglichen.

Die KlassenlehrerInnen des Jahrgangs treffen sich einmal wöchentlich, um organisatorische und aktuelle pädagogische Inhalte auszutauschen und Absprachen zu treffen. An diesem Treffen soll ein Beratungsdienst-Mitglied teilnehmen.

Alle zwei Wochen treffen sich die Klassenlehrer mit Mitgliedern des Beratungsdienstes für drei Stunden zur »Supervision«.

Darüber hinaus bleibt die Betreuung jeder Klasse der Jahrgänge 5 und 6 durch ein Mitglied des Beratungsdienstes erhalten, nach Bedarf kann Einzelfallarbeit in den Jahrgängen 7 bis 10 geleistet werden.

Mit dieser Konstruktion wurde die Erwartung verbunden, dass die intensive Arbeit mit den Kindern von Beginn der Sek. I an mit der zwar reduzierten, aber in diesen Jahrgängen verstärkt eingesetzten Beratungskapazität neben den pädagogischen Zielen auch die bislang typischen Problemlagen verändern würde.

Diese Hoffnung hat sich im Nachhinein bewahrheitet: Der Beratungsdienst wurde nicht erst als »Reparaturstelle« angefordert, sondern durch das Programm »Soziales Lernen« wurde wirksame Prophylaxe geleistet, so dass sich die »Fälle« für den Beratungsdienst reduzierten.

Angebote für Klassen- oder Teilgruppen sind zu Gunsten der Arbeit mit der gesamten Klassengruppe oder mit Tischgruppen fast völlig aufgegeben worden. Die Einzelfallarbeit hat sich dagegen kaum verändert.

Inhalte

Sechs Jahrgänge sind die Basis für den entstandenen Eindruck.

In den ersten Tagen des Schulneubeginns steht das *Kennenlernen* im Mittelpunkt. Das Kennenlernen untereinander, Kennenlernen der LehrerInnen und der PPS mit ihren Räumen und Möglichkeiten, aber auch Regeln und Bedingungen.

Im nächsten Schritt werden bei zunehmender Vertrautheit neben den zwischenmenschlichen Beziehungen auch die Arbeitsbeziehungen entwickelt. Arbeit in der Schule erfordert heute – mehr noch als zu der Schulzeit von Lehrern und Eltern – vor allem die Fähigkeit zu selbstgesteuertem Lernen als individuelle Leistung und darüber hinaus die Bereitschaft und Fähigkeit zur Zusammenarbeit in Gruppen und Teams. In Tischgruppen untergliedert wird das eigene Lernen und Arbeiten sowie die Zusammenarbeit gefordert und gefördert.

Das Zusammenarbeiten mit anderen ist der *schwierigste* Schritt, denn dies muss in seinen Bedingungen erst einmal verstanden sein und soll dann nach exemplarischer Einführung in Soziales Lernen anschließend in den jeweiligen Fächern praktiziert werden.

Im Sozialen Lernen werden statt »schneller«, in der Regel fremdbestimmter Lösungen *das eigene Bedingungsgefüge für das Zusammenleben, sowie Lernen und Arbeiten aufgegriffen* und konstruktiv gestaltet.

Verschiedene *Übungsreihen*, Arbeitsbögen und die »Lernmappe« geben ein Gerüst für das *Gestalten des eigenen Lernens* und seiner Organisation vor. Auch hier ist eine enge Verzahnung zwischen dem »Sozialen Lernen« und dem übrigen Unterricht notwendig, damit das Gelernte umgesetzt, eingeübt und gefestigt wird.

Die Umsetzung erfolgt im Unterricht, bedarf jedoch der Begleitung durch das Elternhaus. Nur in dem gemeinsamen erzieherischen Bemühen und der Wertsetzung für das »Soziale Lernen« können die grundsätzlichen Dinge auf den Weg gebracht werden, die neben dem Fachwissen für den Erfolg in der Schule und im späteren Leben von Bedeutung sind.

Es gibt für das »Soziale Lernen« keine Zensuren, doch wird es als Fach mit gleichem Ernst wie andere Fächer betrieben, in den Kommentaren zum Zeugnis gibt es eine Beurteilung wie in den übrigen Fächern.

Auswertung

In Interviews mit Klassenlehrern und Beratern entstand bei allen Verschiedenheiten der Eindruck, dass folgende Faktoren für das Gelingen bei der Umsetzung des Programms »Soziales Lernen« von Bedeutung sind:

- Als Hauptfaktor wird die zur Verfügung stehende Zeit von 2 bis 3 Stunden für »Soziales Lernen« genannt, nämlich Zeit zu haben, sich um Bedürfnisse, Problemlagen und die Einführung von bestimmten Arbeitsformen und -techniken kümmern zu können. Sich Zeit zu nehmen hat wohl wesentlich zur Verbesserung des Klimas zwischen allen Beteiligten beigetragen.

- In der Begleitung durch den Beratungsdienst wurde nicht nur in Bezug auf aktuelle Konflikte, sondern mit langem Atem ein pädagogisches Konzept erlebt. Auch wenn viele Übungen und Methoden schon bekannt waren, so wurden sie wieder erinnert und mit einem neuen Bewusstsein versehen.

  Hier waren die »Supervisionstreffen« ein tragendes Element. Die Entscheidung, das »Soziale Lernen« nicht als Programm oder »Lehrgang« anzubieten, sondern sich an der aktuellen Situation von Schülern und Lehrern sowie am System Schule per »Supervision« zu orientieren, erscheint zwar aufwendiger, hat aber eine breitere und nachhaltigere Wirkung auf alle Beteiligten.

- Welche Ämter/Verantwortlichkeiten gibt es in der Klasse und wie wird ihre Ausfüllung sichergestellt?

- Welche bisher erprobten Arbeitsformen wurden nicht angewendet und warum nicht?

- Welche Verfahren wurden entwickelt, Schüler auf die Mitarbeit in schulischen Gremien vorzubereiten?

- Die Änderung der eigenen (Lehrer-)Rolle stellt ein wesentliches Element der Veränderung dar.

- Die Betrachtungs- und Vorgehensweisen des Beratungsdienstes haben sich ebenfalls verändert: weniger einzelfallorientiert, stattdessen die Prozesse der Klasse und deren Arbeitsbeziehungen in den Mittelpunkt der Interventionen gestellt.

- Der Ansatz, über die Tischgruppen eine Kommunikationsstruktur zu schaffen, die im Hinblick auf die Arbeitssituationen und mit dem Leben in der Schule Zufriedenheit erzeugt, kann als zutreffend bewertet werden.

  Die Kinder dieser Klassen werden in Bezug auf »Freude an der Arbeit«, Übernahme von Verantwortung und Initiative eingeschätzt.

- Es entsteht der Eindruck, dass durch das Programm des »Sozialen Lernens« offensichtlich ein Zugewinn entstanden ist, der nicht erst als Reaktion auf Konfliktlagen Bedingungen für das Leben in der Schule geschaffen hat, um den Beziehungsanforderungen und Notwendigkeiten zu genügen.
- Die Diskussion um das »Soziale Lernen« hat u. a. auch dazu geführt, dass sich an der Schule 1996 eine Gruppe gegründet hatte, die sich mit einem »Schul-Ethos« beschäftigte, dies formulierte und zum Thema eines pädagogischen Planungstages für das gesamte Kollegium erhob.

  Daraus ergab sich weiterführend eine Konzeptgruppe, die an dem Schulprogramm, wie es das neue Hamburger Schulgesetz vorsieht, arbeitete.

  Als Folge dieses Prozesses wurde das »Soziale Lernen« ein Punkt im Schulprogramm der PPS und führte auch dazu, dass der Programmpunkt »Erziehung zum selbstverantwortlichen Handeln und zu aktiver Mitgestaltung des Schullebens« (SV, Klassensprecher-Seminare, Streitschlichter-Programm, Patenschaften, Einführung in die Gremienarbeit, Mitarbeit in AG etc.) sowie die »Grundsätze des Zusammenlebens an der PPS« (Schul-Ethos-Papier) Teil des Schulprogramms wurden.
- Sowohl beim »Sozialen Lernen« als auch bei der Entwicklung des »Schul-Ethos« und den Arbeitsansätzen der Konzeptgruppe konnte beobachtet werden, dass diese Ansätze immer eine Mischung aus organisatorischer **und** pädagogischer Schulentwicklung darstellten und, dass ihre Stärke vermutlich ist, sich nahe am Bedarf der Schule und ihrer Bedingungen zu orientieren.

Es darf aber auch nicht verschwiegen werden, dass es Schwierigkeiten gab, die als Aufträge für die Berater bestehen blieben:

- Die Veränderung der Lehrerrolle im Verhältnis zu Kollegen und Kindern ist in der Praxis weit schwieriger als ursprünglich angenommen. Es scheint recht ungewohnt zu sein, sich ebenfalls in den Prozess des »Sozialen Lernens« zu begeben und miteinander Teampartner zu werden. Zwar wird die tradierte Rolle des Einzelkämpfers in der Klasse beklagt, es werden Unterstützungssysteme vermisst, aber Konflikte im Lehrerteam oder mit der Klasse sind immer wieder Gelegenheit, zu versichern, dass man diese Probleme alleine nicht oder schneller im Griff hätte. Das Gewinnen einer positiven Einstellung zu Teamarbeit wird als zu zeitaufwendig und »zu persönlich« erlebt. Kompromisse eingehen, wird als wichtiges Lernziel für die Kinder angesehen, gilt aber im Hinblick auf die Person als Lehrer als weniger anerkanntes Lernziel.

- Die unterschiedlichen Auseinandersetzungen mit dem »Sozialen Lernen« führte im Kollegium auch zu ideologischen Positionen wie »Soziales Lernen statt Leistung«. Die begründete Gegenposition »Durch Soziales Lernen zur Leistung« wurde mit repräsentativer Mehrheit erst nach einem mehrjährigen Prozess nachvollzogen. »Soziales Lernen« **ist** Leistung!

- »Soziales Lernen« ist kein Trick, mit dem man besser disziplinieren kann, sondern verlangt gerade bei Konflikten Präsenz und weniger Standardlösungen bzw. auf Hierarchie begründete Vorgehensweisen. Wenn die Chance, sich auch mit Konflikten lernend auseinander zu setzen einen Wert darstellt, dann lohnt sich der Prozess des »Sozialen Lernens« auch wenn er zeitaufwendig ist.

- Die Planungsphase sah aufgrund der Personalsituation eine Schwerpunktsetzung in den Jahrgängen 5 und 6 vor, jedoch wurde der Bedarf nach Fortführung des Konzeptes, insbesondere unter dem Aspekt der Pubertät gewünscht. Diesem Wunsch konnte aber aufgrund der bestehenden Bedingungen kaum Folge geleistet werden. Erst 2001 war es mit Mitteln aus dem Innovationsfond möglich – eine Fortsetzung des »Sozialen Lernens« in den Jahrgängen 7 und 8 zu erreichen.

Ausblick

Fasst man den derzeitigen Stand der Entwicklung des »Sozialen Lernens« zusammen, so hat sich »Soziales Lernen« als Alternative gegen Personalabbau nicht in dem Maße bewahrheitet, wie es angenommen worden war. Aber Beratungsarbeit konnte sich unter dem Schwerpunkt des »Sozialen Lernens« neu orientieren und hat eine Erweiterung und Verbesserung in der Qualität des Angebotes erfahren.

Das Bewusstsein darüber, dass »Soziales Lernen« eine der Gelingensbedingen für Gesamtschule ist, konnte deutlich geschärft werden und zeigt positive Effekte.

Die dem »Sozialen Lernen« innewohnende Prozesshaftigkeit kann als akzeptiert gelten und ist eindeutig ein Zugewinn für den Beratungsdienst.

Es ist die Natur von prozessorientierten Projekten, dass sie sich schwierig darstellen lassen und ihnen immer eine gewisse Unsicherheit innewohnt, aber ungeachtet dessen bewerte ich den bisherigen Verlauf des »Sozialen Lernens« an der PPS als einen Fortschritt.

Evaluation

Die Ergebnisse des »Sozialen Lernen« lassen sich nicht messen wie der Zuwachs an Vokabeln oder die Verbesserung der Rechenfertigkeit.

Eine wissenschaftliche Begleitung hat bislang nicht stattgefunden.

Ein Instrument der Evaluation bilden die erwähnten 14-tägigen Jahrgangskonferenzen. Themen und Verabredungen der Sitzungen werden in einem Ergebnisprotokoll festgehalten.

Schulinterne Überprüfungen sind außerdem möglich durch regelmäßige Konferenzen aller Klassen- und Fachlehrer einer Klasse oder aber des ganzen Jahrgangs (halbjährlich), in denen Erfahrungen ausgetauscht, erreichte Ergebnisse benannt und Ziele für das nächste Halbjahr abgesteckt werden. Darüber hinaus sind Eltern und Schüler durch Klassenkonferenzen in die Diskussion einzubeziehen.

In diesen Konferenzen können Fragen behandelt werden, wie:

- Welche Ämter/Verantwortlichkeiten gibt es in der Klasse und wie wird ihre Ausfüllung sichergestellt?
- Welche bisher erprobten Arbeitsformen wurden nicht angewendet und warum nicht?
- Welche Verfahren wurden entwickelt, Schüler auf die Mitarbeit in schulischen Gremien vorzubereiten?
- Wie häufig und mit welchem Erfolg werden in den einzelnen Fächern Gruppenarbeiten durchgeführt?
- Sind die Schüler in der Lage, selbstständig mit Arbeitsmitteln umzugehen und ihre Ergebnisse selbst zu kontrollieren? Wie häufig werden solche Arbeitsmittel eingesetzt?
- Welche Verfahren wurden entwickelt, Konflikte aufzuarbeiten?

Förderung sozialer Kompetenzen an der Hochschule

Ein Praxisbeitrag und seine theoretischen Grundlagen von *Sebastian Walzik*

Ein Beispiel aus einer Veranstaltung

Fünf Studenten sitzen in der Mitte des Seminarraumes um einen Tisch, sie haben Namenskarten vor sich stehen und lesen, jeder für sich, in einigen Unterlagen: ein Blatt mit einer Fallbeschreibung, weitere Blätter mit einzelnen Informationen. Die anderen, etwa 15 Studenten des Kurses sitzen in einem großen Kreis um die fünf in der Mitte. Je drei von ihnen bilden eine Gruppe und haben sich so positioniert, dass sie jeweils einen der Fünf gut im Blick haben. Auch sie lesen die Fallbeschreibung und haben sich Papier und Stift bereit gelegt. Zusätzlich haben sie noch einen Beobachtungsbogen, der ihnen bereits aus vorhergehenden Stunden bekannt ist. Nach einer Weile sind die ersten mit dem Lesen fertig. Der ein oder andere blättert noch einmal in den Unterlagen oder tauscht sich mit seinem Nachbarn aus. Auch die Fünf in der Mitte sind inzwischen soweit, sie wechseln Blicke, die etwa besagen »Alles klar? Können wir anfangen?«. Dann ergreift der Erste von ihnen das Wort: »Guten Morgen, ich begrüße Sie im Namen unseres Konzerns Energy International. Als Leiter des Komitees zur Gründung eines neuen Zweigwerks in Brasilien freue ich mich, dass Sie alle kommen konnten.« Er stellt sich und die anderen Personen vor, alles Mitarbeiter von Energy International, die speziell für diese Konferenz zusammengekommen sind – ein Rollenspiel also. Anfangs herrscht noch etwas Belustigung – oder ist es Unsicherheit? – darüber, ob man sich wirklich siezen soll, aber sie verfliegt bald. Später wird sich an diese Nebensächlichkeit kaum einer erinnern. Der Leiter des Komitees fährt fort: »Zuoberst auf der Tagesordnung steht die Entscheidung über einen Geschäftsführer für das neue Werk. Die Bewerbungsunterlagen der Kandidaten haben Sie im Vorfeld erhalten. Ich gehe davon aus, Sie sind soweit informiert und kennen auch die besonderen Bedingungen in Brasilien …«.

Die Fünf steigen in die Diskussion ein. Ihre Unterlagen enthalten die Bewerbungsinformationen und einige Angaben über die Anforderungen an die Stelle des Geschäftsführers und die Verhältnisse in Brasilien. Dabei hat jeder leicht unterschiedliche Angaben, die sich – wie im »richtigen Leben« – ergänzen, teilweise aber auch widersprechen. Dies ist den Studenten bekannt. Ihre Aufgabe besteht nun darin, sich gemeinsam auf einen Geschäftsführer zu einigen, möglichst gute Kooperation ist also gefragt. In den vorausgehenden Stunden wurden bestimmte soziale Kompetenzen – speziell Kommunikation in Gruppenprozessen und Gruppendynamik – eingehender thematisiert und geübt. Die Diskussion um den Geschäftsführer verläuft nun ganz ungezwungen. Die

Fünf versuchen dennoch, Inhalte und Anregungen aus der bisherigen Veranstaltung umzusetzen, bisweilen noch in dieser Stimmung zwischen Belustigung und Unsicherheit, manchmal aber schon ganz selbstverständlich. Beginnt jemand einen Satz mit »Verstehe ich Sie richtig, dass …« müssen alle grinsen – diese Formulierung erinnert noch zu stark an eine Übung zum aktiven Zuhören, bei der es darum ging, Standpunkte und Gefühle des Gegenübers zu verbalisieren. Das tut der Diskussion jedoch keinen Abbruch. Nach etwa einer halben Stunde haben sie sich auf einen Kandidaten geeinigt, das Rollenspiel ist beendet. Die Beobachter haben während der Diskussion ihre Bögen ausgefüllt und sich ergänzende Notizen gemacht. Sie geben einen kurzen Applaus für die fünf Kommilitonen in der Mitte. Diese bleiben auf ihren Plätzen sitzen, denn nun folgt – mindestens genauso spannend – Teil zwei der Übung: die Feedbackrunde.

Je drei Beobachter geben nun reihum jeweils »ihrem« Sitzungsmitglied eine Rückmeldung auf sein Verhalten. Dabei beginnt immer der Kandidat in der Mitte, indem er zuerst seine eigene Sicht darstellt, dann folgen die Beobachter. Oft entwickelt sich eine Diskussion, an der sich auch die gesamte Runde beteiligen kann. Der Dozent moderiert die Diskussion. Das Feedback erfolgt anhand bestimmter Kriterien, die vorher gemeinsam erarbeitet und besprochen wurden. Bei dieser Übung kommt es speziell darauf an, gruppendynamische Prozesse und das Verhalten der Beteiligten in diesen Prozessen zu analysieren (für die Seite der Beobachter) bzw. einzuüben (für die Seite der fünf Akteure). Daher wird in der Diskussion nun reflektiert, wie die unterschiedlichen Informationen für die Auswahl des Kandidaten zusammengetragen wurden, nach welchen Regeln die Gruppe Teilentscheidungen gefällt hat und wie sich die Einzelnen in der Diskussion eingebracht haben. Die Feedbackrunde dauert etwa eine Dreiviertelstunde und kann sehr intensiv sein. Danach brauchen alle erst einmal eine kurze Pause.

Dies ist ein Ausschnitt aus einer Veranstaltung an der Universität St. Gallen mit dem Thema »Kooperation in Gruppen und Teams« und gehört zu einer neuen Reihe von Veranstaltungen. Seit dem Wintersemester 2002/2003 sieht die Studienordnung vor, in einem separaten zeitlichen Gefäß parallel zu den »konventionellen« Fächern – dem so genannten »Kontextstudium« – überfachliche Kompetenzen zu fördern. Damit sind im Sinne eines »studium integrale« Kompetenzen gemeint, die quer zu den universitären Fachrichtungen liegen, u. a. auch Sozialkompetenzen. Während des Semesters werden neben den »klassischen« Veranstaltungen auch solche angeboten, in denen speziell soziale Kompetenzen gefördert werden.

Warum diese Neuerung? Auch an den Universitäten gewinnen soziale Kompetenzen derzeit stark an Bedeutung. Die Begründungslinien gleichen verständlicherweise denen in der Wirtschaft: die Auflösung starrer Führungshierarchien verlangt eine immer größere Selbstständigkeit der Mitarbeiter. Ein bloßes Ausführen vorgegebener Anweisungen und Hinarbeiten auf »von oben« festgesetzte Ziele wird vermehrt von Strukturen abgelöst, die Selbstständigkeit der Mitarbeiter erfordert. Mitarbeiter müssen heute mehr denn je ihre Arbeiten selbstverantwortlich planen und umsetzen. Diese Umstände stellen an Mitarbeiter zum einen den Anspruch, sich selbst die jeweils nötigen Fähigkeiten und Fachinhalte anzueignen. Dies wird unter dem Stichwort »Lebenslanges Lernen« oder »Selbstlernkompetenzen« diskutiert. Die größere Verantwortung des einzelnen Mitarbeiters über seinen eigenen Arbeitsprozess macht es zum anderen zunehmend notwendig, sich mit Kollegen, Vorgesetzten und Geschäftspartnern abzustimmen. Daher werden heute Fähigkeiten für den zwischenmenschlichen Umgang immer wichtiger. Verstärkt wird diese Tendenz zudem durch die gewachsene Bedeutung von Kundenorientierung im Dienstleistungssektor. Schlagworte wie »Teamkompetenz« oder »Konfliktfähigkeit« gewinnen an Bedeutung und vereinigen sich schließlich in Begriffen wie »soft skills«, »emotionale Intelligenz« oder »Sozialkompetenzen«.

Über diesen Beitrag

Als Mitarbeiter am Institut für Wirtschaftspädagogik der Universität St. Gallen (IWP) habe ich an der Vorbereitung dieser Veranstaltungen mitgewirkt und führe sie auch durch. Ich werde in diesem Beitrag die didaktischen Hintergründe näher beleuchten. Es wird also im Folgenden um die Frage gehen, wie soziale Kompetenzen gefördert werden können. Dabei soll auch der Lernprozess genauer ins Auge gefasst werden.

Der Beitrag ist in zwei Abschnitte geteilt. Im ersten Abschnitt wird ein Konzept von Sozialkompetenzen vorgestellt, wie wir es am IWP (übrigens nicht nur für die Ausbildung der Studenten) einsetzen. Dies ist ein wichtiger Ausgangspunkt, da man Sozialkompetenzen nicht fördern kann, ohne sich darüber im Klaren zu sein, was man genau darunter versteht. Der globale Begriff »Sozialkompetenz« wird im Detail betrachtet. Dabei wird sich zeigen, dass Kommunikation eine wichtige Rolle spielt, dass soziale Kompetenzen von Situation zu Situation unterschiedlich sein können und dass Kommunikation immer von Werten getragen ist. Am Ende des ersten Teils wird beschrieben, wie man vom diffusen Begriff »Sozialkompetenz« zu konkreten Lernzielen gelangt.

Der zweite Abschnitt fokussiert dann auf den Lernprozess. Er beginnt mit einem Ausflug in die Lerntheorie und hält wesentliche Punkte für die Gestaltung von Lernprozessen fest. Vor diesem Hintergrund wird dann das obige Beispiel genauer beleuchtet. Der Beitrag schließt mit einigen allgemeinen Überlegungen über den Lernprozess auf dem Weg zu sozialen Kompetenzen.

1. Soziale Kompetenz – was ist das?

Was bedeuten »Sozialkompetenzen« eigentlich genau? Oder anders gefragt: was weiß und kann jemand, der »Sozialkompetenzen« besitzt? In Zeitschriften und in der einschlägigen Literatur findet sich eine Vielzahl von Meinungen und Definitionen. Einigkeit besteht zurzeit vor allem darüber, dass man sich über den Begriff nicht einig ist, weswegen er bisweilen wie ein großer »Eintopf« wirkt – ein Begriff, dem jeder seine Meinungen und Definitionen nach Belieben zufügen kann. Sehr konkrete Definitionen sind ebenso zu finden wie mehr oder weniger vollständig erscheinende Auflistungen von Begriffen wie »Teamfähigkeit«, »Kommunikationsfähigkeit« oder »Konfliktfähigkeit«, die nach Aussage ihrer Autoren unter Sozialkompetenz zu subsumieren sind.

Eine grobe Übereinstimmung der meisten Ansätze liegt jedoch darin, dass soziale Kompetenzen immer den Bereich zwischenmenschlichen Umgangs umfassen. Dies ist leicht nachvollziehbar, aber dennoch weniger trivial als es auf den ersten Blick scheint: aus anthropologischer Sicht lässt sich die Überlegung anstellen, dass ein Mensch sich mit seinem Handeln auf drei elementare Bereiche beziehen kann, nämlich auf sich selbst (der Bereich der »Selbstkompetenzen«), auf unbelebte »Sachen« seiner Umwelt (der Bereich der »Sachkompetenzen«) und schließlich auf seine soziale Umwelt (der Bereich der »Sozialkompetenzen«). Soziale Kompetenzen umfassen damit zunächst einmal alles, was den Umgang eines Menschen mit seiner sozialen Umwelt betrifft. Dies ist ein sehr weites Feld, wie lässt es sich genauer fassen?

Kommunikation als Kern sozialer Kompetenzen

Paul Watzlawick ist unter anderem durch die Behauptung bekannt geworden, man könne nicht *nicht* kommunizieren (Watzlawick et al. 2000, S. 50 ff.). Er begründet dies durch die Überlegung, dass Verhalten kein Gegenteil hat. Es ist für einen Menschen *un*möglich, sich in Bezug auf einen anderen *nicht* zu verhalten. Ob ich will oder nicht, ob es bewusst geschieht oder nicht: sobald ich es mit einem anderen Menschen zu tun habe, hat dieser die Möglichkeit, sich einen Reim darauf zu machen, was ich tue oder (vermeintlich!) nicht tue. Auch Schweigen oder unerwartete Abwesenheit kann von meinem Gegenüber interpretiert werden. Entsprechend findet Kommunikation statt, sobald sich mindestens zwei Personen in einer Situation befinden, denn:

- Kommunikation ist mehr als nur das gesprochene Wort (verbale Kommunikation), sondern umfasst immer auch die Mimik und Gestik (nonverbale Kommunikation). Nicht umsonst heißt es: »Ein Blick sagt mehr als 1000 Worte.«
- Kommunikation ist – in den meisten Fällen – ein ständiges *Zusammen*spiel zwischen Personen, die sich *gleichzeitig* artikulieren *und* die Artikulationen ihres Gegenübers interpretieren. Abgesehen von der Möglichkeit, dass zwei Personen auch aufeinander einreden können, ohne einander zuzuhören und sich anzusehen, so wird in der Regel immer eine Person sprechen (sich durch Sprache, Mimik und Gestik verbal und nonverbal artikulieren) und dabei auch gleichzeitig – bewusst oder unbewusst – beobachten, wie sich die andere Person verhält (Interpretation der verbalen und nonverbalen Äußerungen der anderen Person). Die andere Person wird Worte, Gestik und Mimik der ersten Person interpretieren, sich aber auch durch ihr eigenes Verhalten nonverbal (z. B. Kopfnicken), wenn nicht sogar verbal (z. B. zustimmende Kommentare) artikulieren. Jede beteiligte Person hat also immer *gleichzeitig* die Rolle des Senders *und* Empfängers von (verbalen und nonverbalen) Nachrichten inne. Artikulation und Interpretation sind daher zwei wesentliche – und vor allem gleichwertige – Teilfähigkeiten von sozialer Kommunikation.

In diesem Sinne ist Kommunikation das Kernelement sozialer Kompetenzen. Vor dem Hintergrund dieser Betrachtungen kann auch die Frage beantwortet werden, ob soziale Kompetenzen überhaupt erlernbar sind: Die Art, wie wir miteinander kommunizieren, mag zwar in frühen Lebensjahren durch Eltern, Geschwister und das weitere soziale Umfeld stark geprägt worden sein, sie ist jedoch nicht unveränderbar festgelegt. Dies kann jeder erfahren, der beispielsweise zum ersten Male mit einem

»Morgenmuffel« zu tun hat. Früher oder später wird er gelernt haben, das abweisende Verhalten dieses Morgenmuffels in den frühen Stunden des Tages nicht als persönliche Abneigung, sondern als Eigenart dieser Person zu verstehen.

Sozialkompetenz – ein diffuser Begriff

Was würden Sie von jemandem halten, der von sich behauptet »Ich kann Mathematik« oder »Ich beherrsche Wirtschaft«? Abgesehen davon, dass dieser Satz ein wenig prahlerisch klingt, würden Sie wohl nicht davon ausgehen, dass der betreffende das Fachgebiet *in vollem Umfang* und *mit all seinen Details* beherrscht. Auch würde man einem Lehrer, der behauptet, er fördere die »Wirtschaftsfähigkeit« seiner Schüler eher kritisch gegenübertreten. Man würde ihn wahrscheinlich zur Rede stellen und fragen, was er denn *genau* unterrichte, und er würde mit einzelnen Teilgebieten der Betriebswirtschaftslehre oder des Rechnungswesens antworten oder sogar Lernziele seines Unterrichts nennen.

Ähnlich verhält es sich mit dem Begriff »Sozialkompetenz«. Der Anspruch »soziale Kompetenzen an sich« fördern zu wollen ist ebenso diffus und unglaubwürdig wie der Anspruch, »Wirtschaftsfähigkeit« zu fördern. Auch das Lernziel »Sozialkompetenzen« muss mit feineren Lernzielen präzisiert werden, nur dann kann es gefördert werden. Am Institut für Wirtschaftspädagogik der Universität St. Gallen (IWP) wurde unter der Leitung von Prof. Dr. Euler ein Konzept entwickelt, welches diese Präzisierung entlang der oben beschriebenen Auffassung, die Kommunikation als Kern sozialer Kompetenzen versteht, ermöglicht. Dieses Konzept wird nicht nur in der Lehre an der Universität St. Gallen umgesetzt, sondern auch im Rahmen der Berufsbildung und der Führungskräfte-Weiterbildung in Deutschland und der Schweiz. Nachfolgend werden einige Grundgedanken des Konzepts umrissen.

Artikulation, Interpretation und Metakommunikation

Aus dem beschriebenen Verständnis von Kommunikation ergibt sich, dass Artikulation und Interpretation die wesentlichen Teilfähigkeiten von Sozialkompetenzen sind. Am IWP wird in diesem Zusammenhang zusätzlich von dem weithin anerkannten Kommunikationsmodell nach Schulz von Thun (2000) ausgegangen. Dementsprechend findet Kommunikation immer auf vier Ebenen gleichzeitig statt. Jede Nachricht hat vier Seiten: Sie enthält immer eine Aussage über einen Sachinhalt (Sachseite der Nachricht), eine Aussage über die Befindlichkeit des Sprechers (Selbstkundgabeseite), eine Aussage darüber, wie Sender und Empfänger zueinander stehen (Beziehungsseite) und eine Aufforderung an den Empfänger (Appellseite)*. Fähigkeiten zur gezielten Artikulation und Interpretation auf diesen vier Ebenen sind demnach eine Grundlage für sozialkompetentes Verhalten.

Solange eine Kommunikation störungsfrei verläuft, gibt es keine Probleme. Kommt es jedoch zu Störungen, ist es hilfreich, wenn die Rahmenbedingungen und der Kommunikationsprozess reflektiert werden können, um Hinweise zur Lösung der Störung zu erhalten. Häufig kann dies en passant geschehen: ein Anlageberater in einer Bank bemerkt, dass die geöffnete Tür zum Zimmer seines Kollegen seinen Kunden verunsichert und nervös macht. Mit einer kurzen kommentierenden Bemerkung kann er aufstehen und die Tür schließen, bevor er das Gespräch mit ihm fortsetzt. Tief greifendere Konflikte lassen sich bisweilen durch so genannte Metakommunikation, also Kommunikation über Kommunikation, klären, wenn die Gesprächspartner in der Lage sind, sich Fragen wie »Was hast du eigentlich mit deiner Aussage gemeint/bewirken wollen?« oder »Was ist davon bei mir angekommen?« zu widmen und diese zu beantworten. Dabei können die vier Seiten einer Nachricht von Schulz von Thun hilfreich sein. Metakommunikation ist natürlich nur dann angebracht, wenn ein wirkliches Kommunikationsproblem besteht

---

* Auf Einzelheiten dieses Modells wird an dieser Stelle nicht eingegangen. Dem interessierten Leser sei Schulz von Thun (2000) empfohlen.

und beide Seiten dazu bereit sind. Sozialkompetenz beinhaltet also grundlegend Artikulations- und Interpretationsfähigkeiten, Sensibilität für Kommunikationsstörungen, die Fähigkeit, Kommunikationsstörungen zu antizipieren oder zu reflektieren und schließlich die Fähigkeit zur Metakommunikation. Darüber hinaus kommt der Situation, in der die Kommunikation stattfindet, eine wichtige Bedeutung zu.

Die Bedeutung der Situation

Denken Sie an einen Kollegen oder Bekannten, den Sie für besonders sozialkompetent halten. Ist er *immer* sozialkompetent? Gegenüber jeder Person, die er kennt? In jeder Situation? Sicherlich nicht. Es wird auch in seinem Leben Situationen geben, in denen er eher gereizt oder abweisend reagiert – also ganz und gar nicht für sozialkompetent gehalten wird. Jemand, der Meinungsverschiedenheiten und sachliche Konflikte mit seinen Kollegen sachlich und souverän zu bewältigen weiß, kann dennoch zu Hause mit seinem Lebenspartner immer wieder den gleichen Streit darüber austragen, ob der Mülleimer nun schon voll ist und wer dafür zuständig ist, ihn zu entleeren. Ist eine solche Person nun sozialkompetent oder nicht?

Nach unserer Auffassung – die stark von pädagogischen Ansätzen geprägt ist – ist die Frage global gar nicht zu beantworten. Der soziale Umgang mit einem Kollegen am Arbeitsplatz ist eine völlig andere Situation als der soziale Umgang im privaten Bereich, auch wenn es sich um die gleichen Inhalte dreht – beispielsweise den Mülleimer im Büro. Unterschiedliche Situationen stellen unterschiedliche Anforderungen an das soziale Handeln der beteiligten Personen. Umgekehrt bedeutet dies, dass Sozialkompetenzen auch nicht global gefördert werden können. Es ist lediglich möglich, Personen auf das Handeln in genau beschriebenen sozialen Situationen vorzubereiten.* Genau genommen sprechen wir von »Typen von Situationen«. Damit ist gemeint, dass sich

---

* Dies bedeutet wiederum nicht, dass eine Person aufgrund ihrer Sozialisation nicht auch ohne eine gezielte Förderung in vielen Situationen sozialkompetent handelt.

eine Förderung nicht auf eine singuläre Situation bezieht, sondern sinnvollerweise auf mehrere Situationen, die eine Reihe gemeinsamer Eigenschaften aufweisen. Wie eng oder weit nun ein Situationstyp gefasst wird, ist wiederum von didaktischen Überlegungen abhängig, wie beispielsweise den Lernvoraussetzungen der Zielgruppe oder den zeitlichen Rahmenbedingungen. Für die berufliche Erstausbildung von Bankkaufleuten ließe sich beispielsweise der Situationstyp »Beratung von Kunden für einfache Geldanlagen« formulieren. Für die Studenten im dritten und vierten Semester an der Universität St. Gallen haben wir z. B. die Situationstypen »Moderieren und Präsentieren« oder »Kooperation in Gruppen und Teams« formuliert.

Werte in der Kommunikation
Bei näherer Betrachtung einzelner Situationen rückt ein weiteres Element ins Blickfeld: Kommunikationssituationen werden meist von Werten beeinflusst, die sich teilweise auch widersprechen können. Die kundenorientierte Beratung in einer Bank verlangt vom Angestellten, dass er den Kunden nach dessen Interessen bestmöglich berät. Empfiehlt er jedoch ein Produkt der Konkurrenz, entgeht ihm die Abschlussprovision. Ähnliche Wertkonflikte erfährt im Privatleben, wer beispielsweise in einer Auseinandersetzung mit einem Freund vor dem Problem steht, ihm zwar einerseits offen die Meinung sagen zu wollen, dabei aber genügend Takt wahren zu wollen, um ihn nicht zu verletzen – wie ehrlich soll man sein? Wie viele »höfliche Lügen« lassen sich vertreten? Kommunikation wird also von Werten getragen. Entsprechend definiert Euler »Sozialkompetenzen als Potenzial eines Menschen, in bestimmten Typen von Situationen über bestimmte Inhalte wertbewusst kommunizieren zu können« (Euler/Hahn 2004, Kap. IV, 9).

Vom Konzept zu konkreten Lernzielen
Diese Auffassung von Sozialkompetenzen überwindet ein diffuses Verständnis des Eintopfbegriffes und ermöglicht es, konkrete Ziele einer Förderung von Sozialkompetenzen zu formulieren.

Sollen Studenten auf einen bestimmten Situationstyp (z. B. »Kooperation in Gruppen und Teams«) vorbereitet werden, können nun ganz konkrete Lernziele präzisiert werden? Dieser Prozess ist relativ aufwendig und zu unattraktiv und zu umfangreich, um ihn im Rahmen dieses Beitrages in aller Breite auszuführen. Er wird daher an dieser Stelle nur kurz skizziert. Abbildung A enthält beispielhaft einige Lernziele als Ergebnisse dieses Prozesses.

Zunächst wird der Situationstyp möglichst genau beschrieben. Im Idealfall handelt es sich dabei um eine sehr detaillierte Beschreibung, welche die grundlegende Problemstellung des Situationstyps, Situationscharakteristika, typische Prozessphasen, die der Situationstyp gegebenenfalls enthält, und mögliche Wertausrichtungen aufnimmt. In einem weiteren Schritt werden vor dem Hintergrund des dargestellten Verständnisses von Sozialkompetenzen relevante Anforderungen an den Situationstyp formuliert. Diese Lernziele können sich auf drei Handlungsdimensionen beziehen, die in den vorgängigen Ausführungen angelegt sind:

— Wissen über Kommunikation. Dies unterstützt die Sensibilität für Kommunikationsstörungen und deren Reflexion.
— Fertigkeiten des aktiven kommunikativen Umgangs, d. h. Artikulations- und Interpretationsfähigkeiten sowie die Fähigkeit zur Metakommunikation.
— Werte und Einstellungen, die einer Kommunikation zugrunde liegen.

Eine solche Differenzierung liefert nun klare Ziele für die Förderung sozialer Kompetenzen. Bezogen auf einen Situationstyp können Lernziele auf allen drei Handlungsdimensionen formuliert werden. Je nach Interesse kann der Schwerpunkt dabei auf eine der Handlungsdimensionen gelegt werden. Die folgende Abbildung enthält beispielhaft einige Lernziele der Veranstaltung »Kooperation in Gruppen und Teams«.

Beispiele für Lernziele aus der Veranstaltung
»Kooperation in Gruppen und Teams«

Lernziele für die Handlungsdimension **Wissen:**
- *Die Studenten kennen und verstehen typische Phasen des Gruppenprozesses in Kooperationssituationen und können sie analysieren. (w_1)*
- *Sie verstehen Hintergründe für Konfliktpotenziale in Gruppen, d. h. sie können mit verschiedenen Rollenkonzepten, die in Gruppensituationen zum Tragen kommen, umgehen und können diese zur Analyse von Spannungen in Gruppen anwenden. (w_2)*
- ...

- Lernziele für die Handlungsdimension **Fertigkeiten:**
- *Die Studenten sind in der Lage, persönliche Ziele der Gruppenarbeit (›hidden agenda‹) zu erkennen; sie transparent zu machen und entsprechend individuelle Ziele und jene der Gruppe offen auszuhandeln (f_1)*
- *Sie sind in der Lage, Entwicklungsphasen einer Gruppe bewusst in der Kommunikation aufzunehmen, zu gestalten und abzuschließen. (f_2)*
- ...

- Lernziele für die Handlungsdimension **Einstellungen:**
- *Die Studenten erkennen die Unterschiedlichkeit verschiedener Persönlichkeiten in der Gruppe als Potenzial für die Leistungsfähigkeit einer Gruppe und akzeptieren sie. (e_1)*
- *Sie sind bereit, eigene Fähigkeiten zur Erreichung des gemeinsamen Gruppenzieles gezielt einzubringen. (e_2)*
- ...

Abbildung A: Beispiele für Lernziele in drei Handlungsdimensionen.

Bei der Begründung der Lernziele handelt es sich jedoch nicht um ein Verfahren, welches mit einer mathematischen Ableitung vergleichbar wäre. Es gibt also nicht nur eine korrekte Lösung. Eine solche curriculare Grundlegung von Lernzielen ist immer ein Begründungsprozess. Dies bringt zwar eine gewisse Subjektivität mit sich, führt jedoch nicht zu einer völligen Willkür: durch diese transparente Begründung wird der Zusammenhang zwischen einer abstrakten Definition von Sozialkompetenz und konkreten Teilkompetenzen klar. Damit hat dieses Konzept sowohl Vorteile gegenüber einfachen Auflistungen von Teilkompetenzen als auch gegenüber einer bloßen Definition. Ausgehend von den Lernzielen aus Abbildung A wird im folgenden Abschnitt beschrieben, wie diese gefördert werden können.

2. Wie lassen sich Sozialkompetenzen fördern?

Wenn geklärt ist, welche Sozialkompetenzen im Einzelnen als Lernziele verfolgt werden sollen, stellt sich die Frage, wie eine Förderung genau zu gestalten ist. Dabei ist erstrebenswert, die Lernenden zu befähigen, die angestrebten sozialen Kompetenzen auch noch lange nach dem eigentlichen Lernprozess in ihrem beruflichen oder privaten Alltag anwenden zu können. Dies ist im Grunde dasselbe Ziel, das die »klassischen« (Berufs-)Schulfächer und auch fachlich bezogene Fort- und Weiterbildungen ohnehin verfolgen: Haben die Schüler (Teilnehmer) die Inhalte bereits ein paar Wochen nach der Prüfung (nach Ende des Seminars) wieder »verlernt«, bleibt der ganze Aufwand fragwürdig.

Nun gibt es in der Pädagogik eine ganze Reihe von theoretischen Ansätzen, die sich mit der Analyse und Gestaltung von Lernprozessen beschäftigen. Diese sollen jedoch im Rahmen dieses Beitrags nicht weiter ausgeführt werden.* Nachfolgend

---

* Für den interessierten Leser bietet der Artikel »Manche lernen es – aber warum« von Euler (2001) einen guten Überblick über Lerntheorien in Bezug auf die Förderung von Sozialkompetenzen.

soll der Ansatz, der am IWP verfolgt wird, vorgestellt und an Beispielen veranschaulicht werden. Zum besseren Verständnis des Ansatzes soll zuvor noch ein kurzer Blick auf Lerntheorien geworfen werden.

Ein kleiner Ausflug in die Lerntheorie

Am IWP wird Lernen als grundsätzlich konstruktivistischer Prozess begriffen. Was bedeutet das? Der Konstruktivismus geht nicht davon aus, dass es eine allgemeingültige (objektive) Wahrheit gibt, die von jedem Menschen in gleicher Weise erkannt werden kann, sondern, dass sich jeder Mensch seine eigene subjektive Wahrheit *konstruiert* (daher die Bezeichnung »Konstruktivismus«). Jeder Einzelne nimmt seine Umgebung also auf ganz individuelle Weise wahr und macht sich sein persönliches Bild von der Welt. Dieses wird zwar dem Bild anderer Personen ähneln, jedoch nie völlig gleich sein. Mit einer solchen Vorstellung lässt sich erklären, warum zwei Personen an ein und dasselbe Ereignis ganz unterschiedliche Erinnerungen haben können oder mit den gleichen Begriffen vollkommen andere Assoziationen verbinden. Ein Schreiner wird bei dem Wort »Tisch« vielleicht an die Hölzer, aus denen ein Tisch gemacht sein kann, denken. Ein Designer denkt wohl eher an moderne Formen und neue Werkstoffe. Keiner von beiden hat dabei mehr oder weniger Recht als der andere.

Bedeutet dies nun, dass jeder denken kann, was er will, dabei alles relativ wird und wir am Ende eigentlich immer nur aneinander vorbeireden? Offensichtlich nicht, denn wenn jeder Europäer beispielsweise seine eigene Vorstellung vom Wert einer Zehn-Euronote hätte, würde dies sicher zu größeren wirtschaftlichen Problemen führen. Dieses Beispiel klingt abwegiger als es in Wirklichkeit ist: Angeblich unterschätzt man in Griechenland zurzeit den Wert der Euromünzen, da Münzen in der alten Währung, der Drachme, kaum einen Wert besaßen. Das Ergebnis ist, dass einige nun – im Euro – das Wechselgeld nicht annehmen und ihre besonderen Probleme mit der Verteuerung der Produkte haben. Aus konstruktivistischer Sicht wäre es sicher interessant, diese Entwicklung weiter zu verfolgen und zu beobachten, wie sich das »Konstrukt vom Wert der Euromünzen« in Zukunft verändert.

Im Konstruktivismus ist zwar die »Wahrheit« abhängig vom Betrachter, jedoch ist nicht alles relativ. Denn wenn mehrere Personen mit der gleichen Sache (z. B. dem Euro) zu tun haben, werden sie sich auch gemeinsam ein Bild von ihr machen. So erklärt sich, warum die meisten Menschen eine sehr ähnliche Vorstellung von den Begriffen haben, mit denen sie tagtäglich umgehen. Sie werden alle wissen, was eine Kreditkarte ist, und darüber, was eine Steuererklärung ist, dürften nur wenige unterschiedliche Meinungen bestehen (*wie* man mit ihr umgeht schon eher).

Der Lernprozess im Konstruktivismus

Welche Bedeutung hat nun diese konstruktivistische Auffassung für das Erlernen von Sozialkompetenzen? Mit diesem Lernverständnis gehe ich nicht mehr davon aus, dass Wissen über soziale Kompetenzen oder sozialkompetentes Verhalten »eins zu eins« von einem Lehrer auf einen Schüler übertragen werden kann. Stattdessen gestehe ich als Lehrer jedem Lernenden zu, sich seine eigenen Vorstellungen zu konstruieren und sie mit den Vorstellungen anderer zu vergleichen und gegebenenfalls gemeinsam neue Konstrukte zu bilden.

Ich kann also als Lehrender den Lernprozess der Lernenden nicht vorhersagen. Ein bestimmtes Lehrerverhalten muss nicht zwangsläufig zu einem bestimmten Lernerfolg bei den Schülern führen. Der Lehrende kann lediglich versuchen, eine Umgebung zu gestalten, die den Lernprozess möglichst günstig beeinflusst. Es entsteht nun etwa folgendes Bild des Lehr-Lern-Prozesses.

Ausgehend von den Lernvoraussetzungen, welche die Lernenden mitbringen, werden neues Wissen und auch neue Möglichkeiten des Handelns, also auch soziale Kompetenzen, als *aktiver* Prozess von den Lernenden *konstruiert/erworben*. Diese Lernergebnisse der Schüler können sich dennoch von den angestrebten Lernzielen des Lehrers unterscheiden. Die »Schnittmenge«

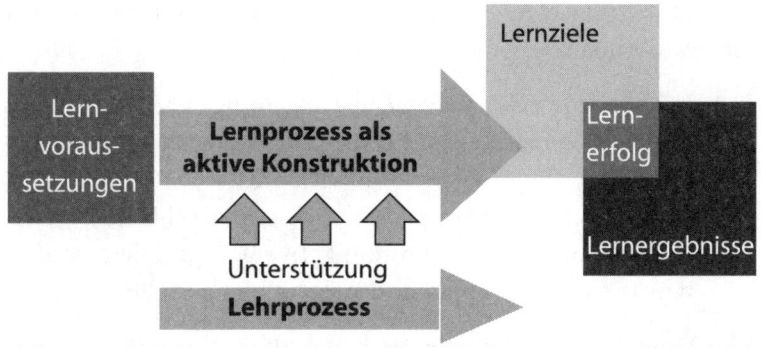

Abbildung B: Beispiel für einen Lernprozess im Konstruktivismus*

wird als Lernerfolg bezeichnet. Der Lehrende kann diesen Prozess nur unterstützen, jedoch nicht im Detail exakt beeinflussen.

Prinzipien zur Gestaltung des Lernprozesses
Diese Überlegungen führen schließlich dazu, den Lernprozess als ständigen Wechsel zwischen aktivem Handeln und Reflexion über dieses Handeln zu gestalten, damit ein aktives Konstruieren ermöglicht wird. Aktionen und Reflexionen sollen sich gegenseitig immer wieder ablösen. Auf diese Weise soll aktiv und anhand der eigenen Erlebnisse und Erfahrungen, anhand des eigenen Verhaltens, gelernt werden. Dem Lehrenden kommt dabei die Aufgabe zu, Situationen zu schaffen, die besonders geeignet sind, den Lernenden Erlebnisse und Erfahrungen im Hinblick auf die angestrebten sozialen Kompetenzen zu ermöglichen. Außerdem muss er den Reflexionsprozess der Lernenden unterstützen. Er muss sie also anleiten, in sinnvoller Weise über das eigene soziale Handeln nachzudenken und es mit den angestrebten sozialen Kompetenzen zu vergleichen. Damit sich erlernte Sozialkompetenzen – wie oben gefordert – auch später auf alltägliche Situationen übertragen lassen, sollte die Lernsituation möglichst realitätsnah und authentisch gestaltet sein.

---

* In Anlehnung an Euler (1994), S. 161.

Zur Gestaltung einer authentischen Lernumgebung gehen wir von zwei Annahmen aus:

1. Jede private oder berufliche Umgebung setzt Sozialkompetenzen voraus – aus diesem Grunde bietet sie auch Potenziale zu ihrer (Weiter-)Entwicklung.
2. Jede Lernumgebung hat neben kognitiv-fachlichen unverzichtbar auch sozial-kommunikative Bezüge. Diese können bewusst aufgenommen und zielgerichtet gestaltet werden.

Eine *komplexe* Lernumgebung bietet dem Lernenden zudem mehr Möglichkeiten, eigene Vorstellungen zu konstruieren und mit denen anderer Lernender abzugleichen.

Ich fasse zusammen: Eine »gute« Lernumgebung soll

- möglichst realitätsnahe und authentische Situationen bieten,
- durchaus komplex gestaltet sein,
- die Lernenden aktivieren, damit diese ihre eigenen Konstrukte entwickeln können,
- einen ständigen Wechsel von Aktion und Reflexion bieten.

Nun mag sich all dies reichlich abstrakt anhören: »Lernumgebungen schaffen, in denen angestrebte Sozialkompetenzen erlebt und erprobt werden können«. Im Folgenden werde ich daher diese Prinzipien zur Gestaltung des Lernprozesses erläutern. Ich werde dabei auch auf die Lernziele aus Abbildung A und das Beispiel vom Beginn dieses Beitrags eingehen.

Reflexion über ein Beispiel aus der Praxis
In den Veranstaltungen des IWP zur Förderung sozialer Kompetenzen wird versucht, Situationen zu gestalten, die einen möglichst großen Bezug zum Alltag der Studenten haben oder zu Situationen, auf die die Studenten vorbereitet werden sollen. Nach der Studienordnung erfordert auch der studentische Alltag immer mehr Kooperation, inzwischen gibt es für jeden Studenten in jedem Semester mehrere Veranstaltungen, in denen sie oder er nicht – wie früher – eine Hausarbeit alleine verfassen

muss, sondern mit anderen zusammen ein Projekt betreut oder eine Fallstudie zu bearbeiten hat. Solche Kooperationssituationen können in der Veranstaltung mit ähnlich realen Gruppenaufträgen erzeugt werden. Um nun wesentliche Phasen eines Gruppenprozesses (z. B. Kennenlernphase, Konfrontationsphase, Beschlussphase, Arbeitsphase, ...*) zu erarbeiten, können mehrere Gruppen eingeteilt werden, die die wesentlichen Charakteristika jeweils einer Phase erarbeiten und an Beispielen darstellen müssen. Die einzelnen Ergebnisse werden dann vorgestellt und diskutiert. Auf diese Weise wird bei allen Teilnehmern ein erstes Konzept der einzelnen Gruppenphasen aufgebaut (Lernziel w_1). In einem zweiten Durchgang können die einzelnen Gruppen dann die Arbeit ihrer eigenen Gruppe nochmals anhand dieser Phasen reflektieren. Diese Erfahrungen können dann wiederum mit den Erfahrungen der anderen Gruppen ausgetauscht werden. Auf diese Weise wird der Gedanke des aktiven Konstruierens verfolgt.

Das zu Anfang dieses Beitrags beschriebene Rollenspiel sollte sich weniger auf den studentischen Alltag, sondern eher auf zukünftig mögliche Besprechungssituationen beziehen. Vor allem aber sollten die Konfrontations- und Beschlussphase vertieft werden. Genauere Überlegungen, welches Verhalten in diesen Phasen besonders förderlich oder hinderlich sein kann, und worauf es besonders ankommt, würden vorher besprochen. Das Rollenspiel gab nun einigen Teilnehmern die Möglichkeit, konkrete Fertigkeiten (Lernziele f_1 und f_2) selbst zu erproben, während die Beobachter dazu angehalten waren, den Gruppenprozess gezielt zu analysieren. Dadurch sollten v. a. die Lernziele w_1 und w_2 vertieft werden. Die Reflexionsrunde diente dazu, die eigene Wahrnehmung eines jeden Rollenspielers mit der Wahrnehmung seiner Beobachter zu vergleichen und insbesondere unterschiedliche Wahrnehmungen zu diskutieren. Gemeinsam wird besprochen, was gut und was weniger gut ablief und wel-

---

* Die einzelnen Phasen sollen hier nicht näher dargelegt werden. Interessierten Lesern sei Langmaack/Braune-Krickau (2000), S. 138 ff. oder Stahl (2002) empfohlen.

ches Verhalten beim nächsten Mal günstiger sein könnte. In der Reflexionsrunde können zudem die Einstellungen (Lernziele e_1 und e_2) besprochen werden, unter denen die einzelnen Akteure gehandelt haben. Auch hier geht es nicht darum, eine vorgefertigte Meinung zu übernehmen, sondern die eigene Einstellung zu reflektieren, zu begründen, mit den Auffassungen anderer zu vergleichen und gegebenenfalls abzuändern oder zu erweitern.

Damit diese Reflexion nicht ausufert, damit Kritik auch konstruktiv formuliert wird und damit die Inhalte, die in der Veranstaltung vorher erarbeitet wurden, sinnvoll vertieft werden, muss diese Diskussion vom Dozenten genau moderiert werden. Er ist dafür verantwortlich, dass die Ziele im Auge behalten werden. Zudem kann er, wenn es sich anbietet, weiteren theoretischen Input anbieten, also zuvor besprochene Modelle vertiefen oder weitere Ansätze vorstellen. Auf diese Weise können in der Feedbackrunde Lernziele vertieft werden, es können aber auch neue Wissensstrukturen aufgebaut werden.

Der gesamte Lernprozess ist damit ein Wechselspiel zwischen agentiven und reflexiven Phasen. Situationen werden erlebt und reflektiert. Das Gelernte wird dann in neuen Situationen erprobt und vertieft (siehe Abb. C).

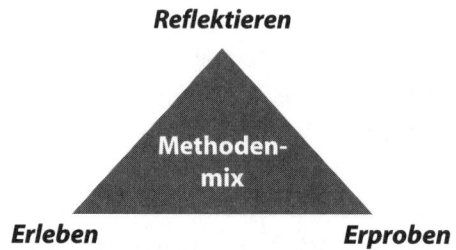

Abbildung C: Erfahrungslernen als Prinzip zur Förderung sozialer Kompetenzen und möglicher Gestaltungselemente*

---

* Vgl. Euler/Hahn (2004), Kap. IV, 9.

Die Phasen »Erleben« und »Erproben« sind eher von Aktion geprägt, in der Reflexionsphase wird über das Erlebte »nach-gedacht« und es wird »vor-gedacht«, welches Verhalten in ähnlichen Situationen in der Zukunft erprobt werden kann. Nun ist ein Rollenspiel nicht die einzige Möglichkeit, diesen Dreischritt zu gestalten. Nicht alles muss vollständig real in einer Veranstaltung erlebt werden. *Erlebnissituationen* können auch geschaffen werden, indem die Teilnehmer aufgefordert werden, eigene Erlebnisse zu schildern. Auch können Filme gemeinsam betrachtet werden, oder eine Situation kann schriftlich geschildert und gelesen werden.* Wenn es der zeitliche Rahmen erlaubt, könnte man auch Situationen in der Praxis aufsuchen und beispielsweise, wenn entsprechende Beziehungen bestehen, eine Abteilungssitzung einer lokal ansässigen Firma besuchen, um dort Gruppenprozesse zu beobachten.

Die *Phase des Reflektierens* lässt sich gestalten, indem all diese Situationen im Hinblick auf die jeweils gesetzten Lerninhalte besprochen werden. Diese Fokussierung kann beispielsweise durch konkrete Beobachtungsaufträge geschehen. Durch die im Beispiel genannten Beobachtungsbögen werden die Lernenden angehalten, auf bestimmte Merkmale besonders zu achten. Wo es möglich ist, kann das Rollenspiel auch per Video aufgenommen werden. Um einzelne Lernziele besonders zu vertiefen, können dann geeignete Filmsequenzen ausgewählt und analysiert werden. Ein Video bietet den Vorteil, dass die Situation sich immer wieder exakt reproduzieren lässt. Eine weitere Möglichkeit, die Reflexion zu unterstützen, sind schriftliche oder mündliche Kommunikationsübungen. Durch sie können Situationen auf wesentliche Lernziele reduziert werden. Ausgewählte Videoclips oder textliche Darstellungen bieten einen Ausschnitt aus einer realen Situation. Hierzu können dann gezielt Aufgaben formuliert werden. Die Lernenden können diese Aufgaben nutzen, um zunächst für sich Lösungen für mögliches so-

---

* Die Situationsbeschreibung am Beginn dieses Beitrags (kursiv gedruckt) ist ein Beispiel dafür, wie »Erleben« durch eine schriftliche Schilderung gestaltet werden kann.

zialkompetentes Handeln zu finden. Dann können diese Lösungen verglichen und diskutiert werden. »Nach-Denken« und »Vor-Denken« lassen sich in der Reflexionsphase beliebig kombinieren, je nach dem, wie die Aufgaben gestellt werden. Für das *Erproben* eignen sich am besten wiederum möglichst vollständige Situationen wie Situationen aus dem Alltag und Rollenspiele. Sie werden genutzt, um Erkenntnisse aus der Reflexionsphase (»Vor-Denken«) einzuüben und zu vertiefen. Im obigen Beispiel erfüllte das Rollenspiel genau diesen Zweck. Die Lernenden werden dabei aufgefordert, bestimmtes Verhalten auszuprobieren. Der aufmerksame Leser könnte sich nun fragen, wo genau der Unterschied zwischen dem Erleben und dem Erproben liegt, und ob bestimmte Situationen besser für das eine oder andere geeignet sind. Die Antwort ist, dass es hier keine absolute Zuordnung geben kann. Ob eine Situation (ein Rollenspiel, eine Kommunikationsübung) nun für die Phase des Erlebens oder Erprobens genutzt wird, hängt davon ab, wie man sie didaktisch anlegt, mit welchen Zielen man sie also gestaltet, und wie man Problemstellungen und Aufgaben dazu formuliert. Dasselbe Rollenspiel kann dazu dienen, Erfahrungen zu sammeln und später zu reflektieren. Es kann aber auch genutzt werden, um nach einer Reflexion bestimmtes Verhalten einzuüben und zu vertiefen.

Die didaktische Reflexion dieses Beispiels ließe sich nach Belieben vertiefen. Die oben dargestellten Prinzipien zur Gestaltung des Lernprozesses lassen sich noch an vielen anderen Stellen aufzeigen. Auch könnte man die Gestaltungselemente, die in 3 nur angedeutet sind, noch erweitern und ihre Bezüge zu einem konstruktivistischen Lernprozess »einzeln durchdeklinieren«. Ich möchte jedoch an dieser Stelle schließen und stattdessen den Leser dazu anregen seine eigenen Ideen zu entwickeln, zu überlegen, welche anderen Bezüge zum Lernprozess sich herstellen lassen oder zu fragen, welche konstruktivistischen Anschlüsse es zu »traditionellen Lehrformen« gibt – auch Frontalunterricht lässt sich konstruktivistisch gestalten. Abschließend möchte ich – bildlich gesprochen – noch einen Schritt zurücktreten und weniger die Details des Lernprozesses als den Prozess im Ganzen betrachten.

Der lange Weg zur Kompetenz

Wann ist man nun »sozialkompetent«? Wann kann man davon ausgehen, dass soziale Kompetenzen – wie zu Anfang dieses Abschnitts gefordert – auch über den speziell gestalteten Lernprozess hinaus angewendet werden können? Dies ist eine schwierige Frage. Der Bereich der so genannten »Lernerfolgsprüfung« ist sehr komplex und soll hier nicht dargestellt werden. Ein Grundgedanke ist jedoch interessant: Wie so viele Dinge des täglichen Lebens lernt man auch Sozialkompetenzen nicht »von heute auf morgen«. Und man kann sie auch nur beibehalten, wenn man sie täglich gebraucht. Fragen Sie einen Sportler oder einen Musiker, wie lange er gebraucht hat, bis er seine Disziplin oder sein Instrument so gut beherrscht hat, wie er es heute tut – wahrscheinlich Jahre. Und wie wird es ihm gehen, wenn er vier Wochen nicht trainiert oder sein Instrument nicht in der Hand gehabt hat? Er wird Ihnen wahrscheinlich versichern, dass er einiges »verlernt« hat.

Bei Sozialkompetenzen verhält es sich so, dass viele Menschen sicher bereits »sozialkompetent« handeln, sonst wäre die Welt kaum da, wo sie heute ist. Viele werden aber auch merken, dass es in manchen Situationen mit Kollegen oder im privaten Bereich »irgendwo klemmt«, ohne dass sie sagen könnten, was im Einzelnen »klemmt«. Man könnte diese Stufe nun »unbewusste Inkompetenz« (vgl. Abb. D) nennen, da der Person nicht bewusst ist, *was* »nicht richtig läuft« oder *wer* sich nicht »sozial kompetent« (egal, welches Verständnis von Sozialkompetenz man dabei zugrunde legt) verhält.

Wer nun eine gewisse Sensibilität für Kommunikationsstörungen entwickelt hat, ist vielleicht in der Lage, solche Probleme zu analysieren. Mit Schulz von Thun ließe sich beispielsweise erklären, dass es bei der Frage, wer den Mülleimer zu entleeren hat, weniger darum geht, *wer* diese unliebsame Pflicht zu tun hat, sondern eher darum, *wie* derjenige zu dieser »Ehre«

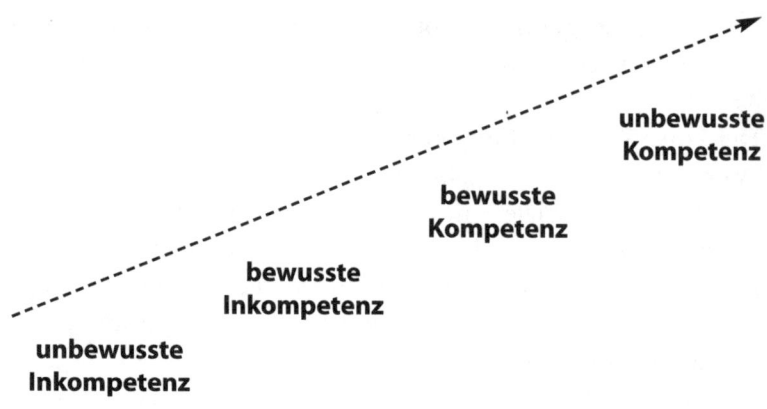

unbewusste
Kompetenz

bewusste
Kompetenz

bewusste
Inkompetenz

unbewusste
Inkompetenz

Abbildung D: Lernen als Weg von der unbewussten Inkompetenz
zur unbewussten Kompetenz

kommt: Keiner führt gerne einen Befehl aus, und keiner stellt
gerne fest, dass es sich nach und nach eingebürgert hat, dass er
»immer die Drecksarbeit« zu tun hat – es ist also weniger eine
Frage des Mülls als eine Frage der Beziehung, eine Frage darüber, wie man miteinander umgeht. Wer dies nicht nur erkennen, sondern auch entsprechend handeln kann, hat bereits eine
bewusste Kompetenz für solch eine Situation entwickelt. Diese
entsteht jedoch nicht von selbst, sondern muss in ähnlichen Situationen immer wieder geübt und verfeinert werden. Schließlich ist vorstellbar, dass sich gewisse Verhaltensweisen automati-
sieren, sozusagen im Repertoire des selbstverständlichen
Handelns aufgenommen werden. Wer unbewusste Kompetenzen besitzt, muss schließlich nicht mehr überlegen, wie er in einer bestimmten Situation reagiert (wie jemand auch beim Au-
tofahren nicht jedes Mal erneut darüber nachdenken muss, wie
er Fuß und Hand zu bewegen hat, um die Gänge zu schalten).
Sein »sozialkompetentes Handeln« hat sich in den unbewussten
Bereich »eingeschlichen«, es hat sich automatisiert. Solange die
Person dann keine schlechten Erfahrungen mit diesem Verhalten macht, wird sie es auch (unbewusst) beibehalten.

Entlang dieser Differenzierung sprechen wir von Sozialkompetenzen, wenn die Stufe bewusster Kompetenz für einen Situa-

tionstyp erreicht ist. Unbewusste Kompetenzen sind schließlich solche, die langfristig stabil sind und selbstverständlich angewendet werden.

Literatur

Euler, D. (1994): *Didaktik einer sozio-informationstechnischen Bildung.* Wirtschafts-, Berufs-, und Sozialpädagogische Texte, Band 22, Köln: Botermann & Botermann.

Euler, D. (2001): *Manche lernen es – aber warum?* In: Zeitschrift für Berufs- und Wirtschaftspädagogik, 97. Band (Heft 3), S. 346–374.

Euler, D.; Hahn, A. (2004): *Wirtschaftsdidaktik.* Bern: Haupt-UTB.

Langmaack, B.; Braune-Krickau, M. (2000): *Wie die Gruppe laufen lernt: Anregungen zum Planen und Leiten von Gruppen; ein praktisches Lehrbuch.* Weinheim: Psychologie Verlags-Union, 7., vollständig überarbeitete Auflage.

Schulz von Thun, F. (2000): *Miteinander reden 1 – Störungen und Klärungen: Allgemeine Psychologie der Kommunikation.* Band 1, Augsburg: Weltbild Verlag, genehmigte Lizenzausgabe.

Stahl, E. (2002): *Dynamik in Gruppen: Handbuch der Gruppenleitung.* Weinheim, Basel, Berlin: Verlagsgruppe Beltz, 1. Auflage.

Watzlawick, P.; Beavin, J.; Jackson, D. (2000): *Menschliche Kommunikation: Formen, Störungen, Paradoxien.* Bern: Hans Huber Verlag, unveränderte Auflage.

Entwicklung sozialer Kompetenzen als Fortbildung von Führungskräften der Landesregierung Schleswig-Holstein

Ein Interview mit *Irmgard Gloatz*

Barbara Langmaack (BL) – Irmgard Gloatz (IG)

BL: Frau Gloatz, Sie arbeiten als externe Psychologin bei der Qualifizierung von Führungskräften mit, die bei der Landesverwaltung die soziale Kompetenz der Führungskräfte stärken soll.

IG: Ja, aber die Ausgangssituation war eine andere.
Man wollte die Leistungsfähigkeit der Landesverwaltung durch Einführung moderner Managementmethoden steigern. So allgemein hieß am Anfang mal die erste Aussage dazu.

BL: Konnten Sie erfahren, ob Defiziterfahrungen den Anstoß gaben, und wenn ja, welche? Oder gab es andere Anlässe?

IG: Anfang der 90er Jahre sollte die Effizienz und Qualität der Verwaltungsleistungen gesteigert werden. Dazu wurden Experten aus Wirtschaft und Politik einbezogen; sie entwickelten Vorschläge für Maßnahmen. Die Modernisierung der Personalarbeit wurde von Beginn an als Hebel für die Umsetzung der Verwaltungsmodernisierung gesehen: Es wurde – wie in vielen Firmen auch – ein neues Leitbild entwickelt, in dem ein wesentliches Kapitel die Personalentwicklung war.

BL: Ja, das waren die Jahre, in denen die Veränderungen am Markt und in der Firmenstrategie ziemlich rasch stattfanden und vor allem auch das Bewusstsein vom Zusammenhang von Leben und Arbeit stärker in den Vordergrund kam. Wir haben es im 2. Kapitel (Seite 31ff.) im Buch erwähnt.

IG: Ja, das traf wohl auch für Behörden zu. Aber als das Leitbild beschlossen war – nach einem langen Prozess, an dem sehr, sehr viele Mitarbeiter aus verschiedenen Bereichen beteiligt waren –, fing die Arbeit erst richtig an: Um es umzusetzen, wurden Projekte zu den Hauptthemen ins Leben gerufen, die Ideen zur Umsetzung sammelten. In der Gruppe Personalentwicklung war eine Mitarbeiterin aus dem Frauenministerium vertreten, die etwas zur Frauenförderung beitragen wollte. Dabei ging sie von der Grundthese aus, dass Frauen noch sehr viel ungenutztes Führungspotenzial besitzen, es müsse nur besser genutzt werden, wenn man das täte, sei das die beste Frauenförderung. Damit hatte sie ja wahrscheinlich Recht. Daraus entwickelte sich – aufbauend auf bereits eingeführten Instrumenten zur Personalentwicklung – ein Konzept zur Potenzialanalyse und Personalentwicklung, das tatsächlich Frauen die Chance gibt, ihre Möglichkeiten zu entdecken und zu zeigen. So fing das an – und heute weiß fast niemand mehr, dass es ursprünglich zur Frauenförderung entwickelt wurde. Jetzt wird es allgemein zur Führungskräfteentwicklung ausgeschrieben. Die Frauen profitieren davon, genau wie vorgesehen – und die Männer auch.

In der Entwicklung des Konzeptes wurden dann wieder sehr viele Entscheidungsträger aus verschiedensten Bereichen einbezogen, so dass das Produkt sehr breit mitgetragen und gestützt wird.

BL: Da wurden ja – sehr gut auf die Einzelnen eingehend – aus Betroffenen Beteiligte gemacht.

IG: Genau. Und dann ging's weiter: 1997 wurde die Konzeptentwicklung extern ausgeschrieben und von da an von der Unternehmensberatungsfirma, für die ich in diesem Projekt arbeite, begleitet.

BL: Die Projektentwickler aus der Behörde zogen sich aus der Planung ganz zurück?

IG: Für sie ist das Konzept in seiner Entwicklung abgeschlossen.

BL: Also kann man annehmen, dass das Projekt auch ideell gut mitgetragen wird? Und wie geschieht die Finanzierung?

IG: Durch die breite Basis, auf der das Verfahren entwickelt wurde, stehen viele maßgebliche Führungskräfte dahinter. Dies gilt vor allem für die Abteilungsleiter der Allgemeinen Verwaltungen. Das Innenministerium organisiert und finanziert auch zentral die Personalentwicklungsseminare.

BL: Ich möchte die Frage vom Anfang hier noch einmal variiert stellen: Wer möchte denn eigentlich mit diesem Projekt etwas erreichen, welches Ziel wird angestrebt?

IG: Da ist erstmal die Landesregierung, die möchte ihre mittleren und höheren Führungskräfte qualifizieren, um die Arbeit der Verwaltung insgesamt zu verbessern. Dabei geht man davon aus, dass die Qualität der Leistungen, die die Landesverwaltung für die Bürger erbringt, wesentlich von der Qualität der Zusammenarbeit aller Mitarbeiterinnen und Mitarbeiter abhängt. Nicht nur für die Arbeit, besonders auch für die Zusammenarbeit übernehmen Führungskräfte eben eine besondere Verantwortung. Um wirklich gute Führung sicherzustellen und weiterzuentwickeln, ist es wichtig, dass sich Führungs(nachwuchs)kräfte rechtzeitig auf diese Aufgabe vorbereiten können.

BL: Ja, besonders den Umgang mit solchen sozialen Kompetenzen, die für Teamarbeit und für die Fähigkeit mit Konflikten umzugehen gebraucht werden, lernt man immer noch unzureichend in der Ausbildung.

IG: Die Führungskräfte haben ja auch selbst ein Interesse daran, sehr spezifisches Feedback zu ihren Stärken und Entwicklungsmöglichkeiten zu bekommen: Das ist lebendig und spannend und man bekommt es im Alltag so wenig. Da auf das Feedback in der Regel weitere Entwicklungsmaßnahmen folgen, zum Beispiel Seminare, werden sie konkret, umfassend und individuell gefördert, was ihnen natürlich gefällt. Die Mitarbeiter der Teilnehmer unserer Seminare haben natürlich ihrerseits Interesse daran, dass ihre Vorgesetzten die Führungsfähigkeiten weiterentwickeln, weil dann die Zusammenarbeit einfach besser klappt. Also haben alle etwas davon.

BL: Und die Auftraggeber? An deren »Gewinn« über eine verbesserte Arbeitsqualität hinaus haben wir jetzt noch nicht geredet.

IG: Der Auftraggeber möchte seine Mitarbeiter polyvalent qualifizieren. Damit soll auch die Befähigung für einen Wechsel von Aufgabengebieten zu Arbeitsplätzen erreicht werden. Es soll ein Anreiz geschaffen werden, sich mit seinen Fähigkeiten weiterzuentwickeln. Das ist nicht nur wichtig vor Beförderungen, sondern auch für die Stelle, die man hat. Es ist auch durch Umstrukturierungen und Stellenkürzungen heute sehr viel schwerer geworden als früher, sich stellenmäßig weiterzuentwickeln. Zuerst war es die Staatskanzlei, die sich darum kümmerte, jetzt ist es das Innenministerium. Aber eigentlich habe ich das Gefühl, ich arbeite wirklich für die Teilnehmenden selbst, um ihnen Lernerfahrungen zu ermöglichen und um es für sie lohnend zu machen.

BL: Das hat ja auch mit Ihren persönlichen Zielen zu tun, die Sie mit diesen Projekten haben?

IG: Ja, für mich geht es darum: Ich möchte, dass die Teilnehmenden ihre Handlungsmöglichkeiten erweitern. Das funktioniert bei diesem Seminar besonders gut dadurch, dass es eine Kombination von Lernerfahrungen bietet: Die Teilnehmenden erleben sich erst einmal selbst ganz bewusst in typischen Alltagssituationen. Die spielen wir im Seminar nach; sie bekommen ein sehr ausführliches Feedback; sie bekommen ein kleines Coaching mit ganz individuellen Hilfen, Tipps und Tricks; und am Ende bekommen sie sogar noch ein Förderprogramm gestrickt, das auf sie persönlich zugeschnitten ist. Ich sehe in diesem Seminar, wie sehr die Menschen unmittelbar davon profitieren, und das gibt mir das Gefühl, etwas wirklich Sinnvolles zu tun. Das motiviert mich immer wieder sehr.

BL: … was bestimmt von Teilnehmern und Auftraggebern wahrgenommen und geschätzt wird.
Es wäre schön, wenn wir noch etwas vom konkreten Konzept erfahren könnten.

IG: **Das Konzept**

Die Potenzialanalyse funktioniert so, dass innerhalb von zwei Tagen ein typischer Führungsalltag in der Landesverwaltung dargestellt wird. In Übungen wie Rollenspielen, Gruppendiskussionen, Präsentationen und einer Postkorbübung werden Kompetenzen gebraucht, die auch im Führungsalltag eingesetzt werden.

Acht Führungskräfte oder künftige Führungskräfte nehmen pro Seminar teil; sie sind in der Regel von ihren Vorgesetzten für dies Seminar empfohlen worden.

Sie werden bei den einzelnen Übungen beobachtet von einer Gruppe von internen Beobachtern, das sind meist Führungskräfte eines höheren Levels, aber auch andere Mitarbeiter, um einen möglichst breiten Blickwinkel der Beobachtung zu erreichen. Alle sind für diese Aufgaben extra ausgebildet.

Geleitet wird die Veranstaltung von zwei externen Psychologinnen, die das Verfahren moderieren und am Ende die Rückmeldungen an die Teilnehmer geben.

Nach den Übungen tragen die Beobachter ihre Beobachtungen zusammen. Dabei orientieren wir uns an Kriterien, die lernbare Fähigkeiten beschreiben, z. B. »Kommunikationsfähigkeit«, »Konfliktfähigkeit«, »Prioritätensetzung«, nicht so etwas wie z. B. »Intelligenz« – was würde es irgendjemandem nützen, wenn ich rückmelden sollte: »Sie sind offenbar nicht besonders helle«?, daran kann man nicht sehr viel verändern. Wenn ich jemandem allerdings sagen kann: »Bestimmte Formulierungen, die Sie benutzen, haben den Konflikt eskalieren lassen – wenn Sie das nicht möchten, können Sie Folgendes tun: …«, damit kann man arbeiten, das hilft, Handlungsmöglichkeiten zu erweitern.

Es geht dabei nie um ein ideales Verhalten, sondern immer darum, ein Spektrum von Möglichkeiten zur Verfügung zu haben, aus denen man die passende auswählen kann, die zu einem selbst, zur Situation und zum Gegenüber passt.

Die Rückmeldungsgespräche finden immer am folgenden Tag statt, jeweils eine Stunde pro Person. Es sind jeweils eine Teilnehmerin/ein Teilnehmer, eine Beobachterin/ein Beobachter und eine Moderatorin dabei.

Nach einigen Wochen folgt dann noch das so genannte Entwicklungsgespräch, bei dem zusätzlich die direkte Führungskraft und jemand aus der Personalabteilung dazukommen. In diesem Gespräch werden Fördermaßnahmen vereinbart, die sich aus dem Seminar ableiten, und darüber hinaus können die Perspektiven der beruflichen Entwicklung besprochen werden.

Gruppendynamische Aspekte kann ich, ehrlich gesagt, wenig beschreiben: Dadurch, dass eine Reihe von Übungen Einzelübungen sind, sind wir Beobachter andauernd beschäftigt, während die Teilnehmenden durchaus auch Leerlaufzeiten haben. Sie scheinen sich ganz überwiegend gut zu verstehen und dadurch, dass sie nicht in Konkurrenz miteinander stehen, viel Solidarität zu entwickeln – ich weiß, dass sich schon mehrere Gruppen hinterher weiter getroffen haben. Sie werden von uns auch dazu ermutigt, sich in einer Art »Buddy-System« gegenseitig zu beraten, jeweils nach den Übungen und während des Wartens auf ihren nächsten »Einsatz«.

BL: Wie reagieren/agieren Männer und Frauen unterschiedlich?

IG: Ich finde, es gibt keine krassen Unterschiede. Die typischen Differenzen im Verhalten (so wie »Männer beanspruchen mehr Redezeit«, »Frauen gehen eher auf soziale Faktoren im Miteinander ein«) gibt es zwar natürlich auch, aber nicht besonders auffallend. Durch die Struktur des Seminars kann man seine Fähigkeiten zeigen, ohne sich in den Vordergrund spielen zu müssen – das kommt vielen Frauen entgegen, dadurch wird das ursprüngliche Ziel der Frauenförderung erreicht.

Im Feedback empfinde ich Männer wie Frauen als sehr aufgeschlossen, offen, neugierig und veränderungsbereit.

Evaluation

Weil dies Verfahren so erfolgreich ist, hat es die Hochschule für Verwaltungswissenschaften in Speyer mit ihrem angesehenen Qualitätspreis ausgezeichnet. Wir haben gerade zu Anfang das gesamte Verfahren extrem genau evaluiert. Das Innenministerium begleitet die Personalentwicklungsseminare zudem in einer Arbeitsgruppe, die mit Vertretern unterschiedlicher Ressorts besetzt ist, um das Verfahren ständig weiterzuentwickeln. Bei der Evaluation ist zum Beispiel herausgekommen, dass sämtliche Teilnehmenden – 100 Prozent – sagten, sie hätten Wirkungen des Seminars in ihrer täglichen Arbeit wahrgenommen. 97 Prozent sagen, sie werden daraufhin ihr Führungsverhalten verändern – das sind Werte, von denen ich als Trainerin in herkömmlichen Seminaren nur träumen kann.

9 Ausblick und Rückblick

Soziale Kompetenz alt und neu verstanden

Das erste Lehrbuch zu Sozialer Kompetenz ist 215 Jahre alt. 1788 erschien das Werk des Freiherrn von Knigge »Über den Umgang mit Menschen«, und heute gibt es sie wieder, die verordneten Anstandsregeln, die diesem freiherrlichen Werk in aktueller Form in etwa entsprechen.

Man setzt wieder auf Benimm und mehr Höflichkeit; respektvoller Umgang miteinander, Zuhören-Können und Danke-Sagen wird als Modellkurs in einigen Bundesländern gelehrt. Die Angebote firmieren unter »Gutes Benehmen« – und das ist »in«, auch wenn wir keine neue Knigge-Welle erwarten dürfen.

Bei Knigge und im Modellkurs geht es beim ersten Hinschauen um eher oberflächliche Regeln. Beim zweiten Hinsehen heißt damals wie heute die Frage: »Was gehört als Bindeglied unerlässlich zwischen Mensch und Mensch?«.

Schon damals konnte man nichts weiter tun, als ausbilden im Sinne von Lernprozesse anstoßen, die persönlich sind und auf den anderen bezogen.

»Wann ist man sozial kompetent«, fragt auch Sebastian Walzik in seinem Beitrag in diesem Buch und er weist auf den langen Weg hin, der zu diesem Können führt.

Es scheint zu stimmen: Jedes gelernte Verhalten muss sich zunächst vom Kopf her im Körper herumsprechen, um Material zum Handeln zu werden. Dann erst ist es den Weg von unbewusster Inkompetenz zu unbewusster Kompetenz wirklich gegangen.

Eines ist jedenfalls sicher:

Gehört – gelesen – gelernt	muss auch verstanden sein.
Verstanden haben	muss »einverstanden« werden.
»Einverständliches Verhalten«	muss angewandt und beibehalten werden und von Zeit zu Zeit auf seine Aktualität überprüft werden.

In unserer unmittelbaren Umwelt, in der die materiellen Bedürfnisse der Menschen über lange Zeit als befriedigt gelten konnten und in der auch das Überflüssige Bedeutung hat, in der Wissen und Information einerseits im Eiltempo weitergegeben, andererseits geheim gehalten werden, haben die zwischenmenschlichen Unarten, so scheint es, immer mehr zugenommen. Neben allem beschriebenen und praktizierten Hinwenden zu mehr Zwischenmenschlichkeit sind Übertölpeln, Übersehen, Beleidigen an der Tagesordnung.

Auch oder gerade deshalb muss sich Sozialkompetenz, dieser Geheimcode für Zwischenmenschlichkeit, neu in aller Munde herumsprechen und in allen Herzen ausbreiten.

Sozialkompetenz muss wieder eines der wichtigsten Statussymbole des Menschen werden.

10 Literatur

Adler, Alfred: Menschenkenntnis. Fischer, Frankfurt 1966.

Antoch, Robert E.: Von der Kommunikation zur Kooperation. Fischer, Frankfurt 1989.

Bierhoff, Hans W.: Sozialpsychologie. Beltz, Weinheim und Basel 2002.

Bion, Wilfred: Erfahrungen in Gruppen und andere Schriften. Klett-Cotta, Stuttgart 1991.

Bodenheimer, Aron Ronald: Warum? Von der Obszönität des Fragens. Reclam, Stuttgart 1985.

Brocher, Tobias: Gruppendynamik und Erwachsenenbildung. G. Westermann, Braunschweig 1980.

Bühler, Charlotte: Psychologie im Leben unserer Zeit. Droemer Knaur, München 1962.

Burkhard, Gudrun: Das Leben in die Hand nehmen. Verlag Freies Geistes Leben, Stuttgart 1992.

Cohn, Ruth C.: Autismus oder Autonomie. Ernst Klett, Stuttgart 1975.

Cohn, Ruth C.; Farau, Alfred: Gelebte Geschichte der Psychotherapie. Klett-Cotta, Stuttgart 1991.

Dahm, K. W.: Riemannsche Grundformen. Unveröffentlichtes Arbeitspapier. 1979.

Dechmann, Birgit; Ryffel, Christiane: Soziologie im Alltag. Beltz, Weinheim und Basel 1981.

Donnert, Rudolf: Soziale Kompetenz. 3. Auflage. Lexika, Würzburg 2003.

Euler, D.: Didaktik einer sozio-informationstechnischen Bildung. Wirtschafts-, Berufs-, und Sozialpädagogische Texte, Band 22. Botermann & Botermann, Köln 1994.

Euler, D.: Manche lernen es – aber warum? In: Zeitschrift für Berufs- und Wirtschaftspädagogik, 97. Band (Heft 3), S. 346–374, 2001.

Euler, D.: Bestandsevaluation: Förderung von Sozialkompetenz. St. Gallen: Institut für Wirtschaftspädagogik der Universität St. Gallen 2001.

Euler, D.; Hahn, A.: Wirtschaftsdidaktik.: Haupt-UTB, Bern 2004.

Fatzer, Gerhard: Ganzheitliches Lernen. Jungfermann, Paderborn 1998.

Fisher, Roger; Brown Scott: Gute Beziehungen. Campus, Frankfurt 1992.

Frankl, Viktor E.: Das Leiden am sinnlosen Leben. Herder, Freiburg 1977.

Frindte, Wolfgang: Einführung in die Kommunikationspsychologie. Beltz, Weinheim 2001.

Fromm, Erich: Die Entdeckung des gesellschaftlichen Unbewußten. Beltz, Weinheim und Basel 1990.

Furman, Ben: Es ist nie zu spät, eine glückliche Kindheit zu haben. borgmann publishing, 1999.

Geramanis, Olaf: Soziale und unsoziale Kompetenz. In: Organisationsentwicklung, 1, 2002, S. 37.

Ginger, Serge und Anne: Gestalttherapie. Beltz PVU, Weinheim 1994.

Hahn, Karin (Hrsg).: Körpererfahrungen. Grünewald, Mainz 1991.

Hampden-Turner, Charles: Modelle des Menschen. Beltz PVU, Weinheim 1982.

Hentig von, Hartmut: Der technischen Zivilisation gewachsen bleiben. Beltz, Weinheim und Basel 2002.

Keupp, Heiner: Identitätskonstruktionen. Rowohlt, Reinbek 1999.

Klages, Helmut. Edition Interform, Zürich 1988.

Knigge, Adolph Freiherr von: Über den Umgang mit Menschen. Insel, Frankfurt 2001.

König, Oliver (Hrsg.): Gruppendynamik. 2. Auflage. Profil-Verlag, München 1997.

Langmaack, Barbara; Braune-Krickau, Michael: Wie die Gruppe laufen lernt. 7. Auflage. Beltz PVU, Weinheim 2000.

Langmaack, Barbara: Einführung in die Themenzentrierte Interaktion. Beltz, Weinheim, Basel, Berlin 2001.

Lohse, Timm H.: Das Kurzgespräch in Seelsorge und Beratung. Vandenhoeck und Ruprecht, Göttingen 2003.

Lotmar, Paula; Tondeur, Edmond: Führen in sozialen Organisationen. 2. Auflage. Verlag Paul Haupt, Bern und Stuttgart 1991.

Ludwig, Karl Josef (Hrsg.): Im Ursprung ist Beziehung. Matthias Grünewald Verlag, Mainz 1997.

Malik, Fredmund: Führen – Leisten – Leben. Wirksames Management für eine neue Zeit. DVA, Stuttgart und München 2000.

Maslow, Abraham H.: Psychologie des Seins. Kindler, München 1973.

Nietzsche, Friedrich: Jenseits von Gut und Böse. Reclam, Ditzingen 1988.

Nolting, Hans-Peter; Paulus, Peter: Psychologie lernen. 2. Auflage. Beltz, Weinheim und Basel 1999.

Perls, Fritz: Grundlagen der Gestalt-Therapie. Klett-Cotta, Stuttgart 2002.

Pohlmann, Friedrich: Die soziale Geburt des Menschen. Beltz, Weinheim und Basel 2000.

Rattner, Josef: Klassiker der Tiefenpsychologie. Beltz PVU, München und Weinheim 1990.

Rieckmann, Heijo: Führungs-Kraft und Management Development. Murmann-Verlag, Hamburg 2000.

Riemann, Fritz: Grundformen der Angst. Ernst Reinhardt, München 1961, 36. Auflage 2004.

Rogers, Carl: Entwicklung der Persönnlichkeit. Klett-Cotta, Stuttgart 1984.

Rubner, A.; Rubner, E.: Entwicklungsphasen einer Gruppe. In: Zeitschrift für Themenzentrierte Interaktion, 5. Jahrgang, Heft 2, Mainz 1991.

Ryffel, Christiane; Dechmann, Birgit: Soziologie im Alltag. 5. Auflage. Beltz, Weinheim 1995.

Satir, Virginia: Selbstwert und Kommunikation. Pfeiffer, München 1988.

Schneider, Elias (Hrsg.): Handlungsfeld Kommunikation. Stam, Köln 1999.

Schreyögg, Astrid: Coaching. Campus, Frankfurt 1998.

Schulz, Martin: Humanität und Menschenwürde. Die Faehre, Düsseldorf 1946.

Schulz von Thun, F.: Miteinander reden 1 – Störungen und Klärungen: Allgemeine Psychologie der Kommunikation. Band 1, Weltbild Verlag, Augsburg 2000.

Schwenk, Theodor: Das sensible Chaos. Verlag Freies Geistesleben, Stuttgart 1962.

Seyfried, B.: Team und Teamfähigkeit. In: Seyfried, B. (Hrsg.):»Stolperstein« Sozialkompetenz. Berichte zur beruflichen Bildung. Heft 179. Berlin und Bonn 1995.

Shaffer, John B. P.; Galinsky, David: Handbuch der Gruppenmodelle. Burkhardhs. Verlag, Gelnhausen 1977.

Spitz, René: Vom Säugling zum Kleinkind. Klett Verlag, Stuttgart 1967.

Stahl, E.: Dynamik in Gruppen: Handbuch der Gruppenleitung. Beltz, Weinheim, Basel, 1. Auflage, 2002.

Stiefel, Rolf Th.: Lektionen für die Chefetage. Klett-Cotta, Stuttgart 1996.

Stierlin, Helm: Das Tun des Einen ist das Tun des Anderen. Suhrkamp, Frankfurt 1976.

Vogt, Gudrun G.: Nomaden der Arbeitswelt. Versus, Zürich 1999.

Watzlawick, Paul; Beavin, Janet H.; Jackson, Don D.: Menschliche Kommunikation. 4. Auflage. Hans Huber, Stuttgart und Wien 1971.

Wimmer, Rudolf (Hrsg.): Organisationsberatung. Gabler, Wiesbaden 1995.

Yalom, Irvin D.: Theorie und Praxis der Gruppenpsychotherapie. J. Pfeiffer, München 1970.

11 Register

12. Adressen der Autoren

Langmaack, Barbara
An der Alster 39
20099 Hamburg

Co-Autoren:

Gloatz, Irmgard
Am Mühlenberg 42
24551 Quickborn
Irmgard.Gloatz@t-online.de

Hoff, Feliks F.
Volksdorfer Weg 50 R
22393 Hamburg
FHoff@t-online.de

Walzik, Sebastian
Guisanstraße 9
Institut für Wirtschaftspädagogik
CH-9010 St. Gallen
iwphsg@unisg.ch
www.iwp.unisg.ch